思想觀念的帶動者

文化現象的觀察者

本土經驗的整理者

生命故事的關懷者

Psychotherapy

探訪幽微的心靈，如同潛越曲折逶迤的河流
面對無法預期的彎道或風景，時而煙波浩渺，時而萬壑爭流
留下無數廓清、洗滌或抉擇的痕跡
只為尋獲真實自我的洞天福地

心靈工坊 PsyGarden

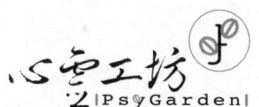

精神分析視角下兒童與家庭的心理治療

Finding a Way to the Child

selected clinical papers 1983-2021

走進孩子的內心

Margaret Rustin
瑪格麗特・羅斯汀——著

Kate Stratton
凱特・史崔騰

Simon Cregeen
西蒙・克雷格恩——編

王映淳——譯

愛・兒・學 合作出版

獻給麥克

感謝促使我從事這份工作的孩子、

青年朋友和他們的家庭

目次

第四部 ● 與父母工作

【推薦序】兒童靈魂的探索者

洪素珍

國立臺北教育大學心理與諮商學系副教授

作為一個兒童治療師，你是否曾面對孩子情緒混亂或者行動失控時感到無能為力？又或者，當透過孩子的遊戲與表達隱隱看見他內在世界的傷痛時，是否渴望找到一線可以觸及他靈魂曲徑的曙光？又抑或，與家長合作時，觸及家庭問題錯綜交疊，不禁懷疑當下最需要治療幫助的是誰？反而一時無法確認哪位才是個案。瑪格麗特・羅斯汀（Margaret Rustin）在《走進孩子的內心：精神分析視角下兒童與家庭的心理治療》（*Finding a Way to the Child: Selected Clinical Papers 1983-2021*）這本書中，以她的睿智與對人類心靈苦痛的深度理解，為陷於困境的兒童治療師擴張了可以被想像與思考的心靈疆界，精準地指引了常見疑難雜症的工作方向，是本陪伴我們在這條充滿挑戰與希望的旅程前行的經典之作。

瑪格麗特・羅斯汀，當代英國知名的兒童心理治療師與精神分析師，也是英國精神分析學會的榮譽會員，以其對客體關係理論實踐與發展的專業成就，被尊為業界泰斗。羅斯汀早年師承埃斯特・比克（Esther Bick）和瑪莎・哈里斯（Martha Harris），於知名的倫敦塔維斯托克診所（Tavistock Clinic）完成兒童與青少年心理治療師的專業訓練，並於一九八五年成為塔維斯托克診所兒童心理治療訓練的負責人，接下培育新一代兒童心理治療師的重任，之後便一直是診所發展的靈魂人物之一。羅斯汀畢生致力於推進精神分析理論與實踐的整合，強調理解兒童心理治療需要考慮家庭、文化和社會背景。她也為塔維斯托克診所的臨床訓練與研究建立了標準，並撰寫及合著了多部重要著作，包括《愛與失落的敘事：現代兒童文學研究》（*Narratives of Love and Loss: Studies in Modern Children's Fiction*）、《自然鏡映：戲劇、精神分析與社會》（*Mirror to Nature: Drama, Psychoanalysis and Society*）以及《閱讀克萊恩》（*Reading Klein*），以這些作品展現她將精神分析洞見與更廣泛的文化、社會和教育相結合的貢獻。

《走進孩子的內心：精神分析視角下兒童與家庭的心理治療》是羅斯汀自一九八三年以來的重要臨床與學術的學思紀錄，通過本書，呈現了她對兒童心理治療的深刻理解，並將精神分析與客體關係理論的思考加入臨床的挑戰當中。全書分為四部，分別深入探討不同層面的兒童心理治療實務，包括兒童與青少年的個案分析、兒童心理治療的評估的思考、寄養與收養家庭中的治療之特殊需求以及與父母工作的思路與策略。

兒童／青少年心理治療領域——三位案例研究

這部分收錄了三個典型的兒童與青少年心理治療案例，為讀者提供臨床工作的思考性指引。羅斯汀透過詳細的案例分析，呈現不同的治療情境中，治療師如何回應和理解詮釋兒童和青少年個案在治療過程中的情感和行為表現。這些個案展示了移情、防衛機制以及投射性認同等概念在分析取向心理治療中的位置，並深刻闡述了運用精神分析的理論基礎來思考和理解這些複雜的臨床情況。

羅斯汀在每個案例，不僅探討了兒童和青少年在治療中的內在世界衝突場景，也揭示了治療師如何在情感層面與孩子建立信任的治療關係，這是治療可以前進的核心基礎。從這些案例裡頭，我們也看到了治療師面對孩子內在與外在困境時，所需要的自身心理空間、理解力、同理心以及專業知識。對於兒童心理治療師而言，這些案例研究提供寶貴的臨床經驗，協助治療師將理論與臨床現象整合於實際工作中，並提高應對各種臨床挑戰的能力。

兒童心理治療的評估

第二部是兒童心理治療中至關重要的起始階段。羅斯汀於此深入探討了如何進行細膩的評估。她強調，評估不僅僅是蒐集病歷訊息的過程，更是理解兒童內心世界的各種矛盾的情感、對世界的想像，以及外在世界對兒童的艱難挑戰等等統整的初步理解，藉此能夠幫助治療師辨識孩子的情感困境、困擾行為及其深層原因，因而有了前進的基石。

羅斯汀提到，評估過程需要治療師具備敏銳的觀察力，並且為孩子創造一個安全的治療空間，與孩子建立信任關係，讓他們能夠自由地在治療過程中遊戲玩耍。治療師需要依靠對孩子情感狀態與遊戲內容的投射性認同，來引導對孩子的理解，這包括他們的情感歷程、社會背景以及文化因素等等。羅斯汀通過具體的案例，呈現了如何進行這一複雜的評估過程，也為治療師提供了在治療評估的重要參考。

在寄養和收養家庭中成長的青少年的特殊需要

第三部探討了在寄養和收養家庭中成長的青少年所面臨的特殊心理困境與需求，這是本書非常具社會意識和關懷的篇章，因為這些青少年面對原生家庭時，通常會經歷不同的情感困境。羅斯汀分析了這些孩子在情感連結、安全感以及身分認同等方面的挑戰，並針對這些特殊需求提出了治療這些孩子的經驗與思考。

羅斯汀強調與這些孩子建立穩定、安全的治療關係的重要性及其治療意義。由於他們可能在早期經歷了情感創傷、遺棄或被忽視，因此對他人，尤其是成人的信任感可能很低。治療師需要特別注意這些孩子的情感防衛之意義，並耐心地幫助他們在治療過程中經歷自身防衛的來回及對治療師的挑戰，逐步建立對治療師的信任，讓他們自然經歷到修飾性的經驗。羅斯汀也運用具體案例，呈現了治療師如何運用精神分析／客體關係的概念，來支持孩子的情感成長，並幫助他們處理與家庭背景相關的創傷。

與父母工作

本書第四部聚焦於與父母的合作，這是兒童心理治療成功與否的重大關鍵。羅斯汀指出，治療師與孩子工作時，必須認識到父母在孩子情感發展中的角色。父母的情感反應、行為模式以及他們與孩子的關係，深刻地影響著治療過程中的動力。因此，與父母合作是治療過程中不可或缺的。

羅斯汀在這部分中提供了具體的意見，幫助治療師在治療過程中與父母建立有效的合作關係。她認為，治療師需要同時理解父母的情感需求，並在不評判的狀態下，支持家長參與到治療過程中。這不僅能促進父母與孩子之間的情感連結，也有助於父母理解和應對孩子的行為問題。在一些情況下，父母的參與能夠幫助治療師更全面地了解孩子的家庭環境和背景，從而為治療提供更充分的資訊。

羅斯汀深受梅蘭妮・克萊恩（Melanie Klein）與唐納・溫尼考特（Donald Winnicott）的思想啟發。她在臨床工作中，結合克萊恩的客體關係對潛意識世界的深刻洞察，以及溫尼考特對「足夠好的母親」及遊戲的重要性的理解，創造出一種深具包容性的治療哲學與美學，例如，如何透過分析兒童與他人（包括治療師）之間的互動模式（投射性認同），來理解孩子的內心衝突與情緒困擾。她指出兒童內心的「內在客體」是如何塑造他們對現實世界的感知與反應，而治療則是幫助孩子修飾這些內在客體關係的過程。她強調治療師必須放下控制與教導的慾望，學會用心去傾聽孩子的遊戲、情感和行為所展現的意義，並尊重他們內在的真實性。羅斯汀非常注重家庭背景和親子關係在兒童心理問題中的交互影響。她認為，兒童的困難往往不是孤立的，而是整個家庭系統運作的一部分。治療師不僅需要專注於孩子本身，還需考慮如何透過理解和干預家庭動力，幫助孩子在整體關係中找到支持與改變的可能。

羅斯汀不僅是出色的分析師，更是卓越的教育者和訓練師，她的作品和演講影響了當代各國無數的治療師和心理衛生專業人員及教師。她一生致力於普及兒童心智健康與心理治療，例如北部兒童青少年心理治療學院（Northen School of Child and Adolescent Psychotherapy〔NSCAP〕）是英國北部一所提供精神分析導向心理治療的培訓機構，羅斯汀的教學訓練、臨床經驗和專業著作直接影響了 NSCAP 的課程設計和理論框架。羅斯汀亦積極參與歐洲心理治療界的交流，協助多個歐洲國家發展兒童心理治療的課程和訓練，尤其是在德國、法國和義大利等國家。此外，她也曾參與巴西和阿根廷等地的心理治療專業社群，支持當地精神分析和兒童心理健康計畫的發展，更多次受邀至亞洲（如日本、香港和台灣）進行演講及專業培訓。她的著作被翻譯成中文和日文，對亞洲地區的心理治療實務產生了深遠的影響。許多台灣的治療師曾受教於她，與她建立了深厚的關係與情感，因此她也樂於對促進台灣的專業環境與教育提供協助，例如，現行華人心理治療研究發展基金會所辦理的三年學制的精神分析與兒童心智健康的課程，若非羅斯汀這五年來的積極協助，不可能產生每年為百人以上的兩岸華人專業人員服務的巨大能量，為專業人員擴展出更深刻感受與思考兒童心智世界的新領域。

【譯序】兒童心理治療是什麼呢？

王映淳

在瑪格麗特・羅斯汀的愛與協助下，落筆於台北

如果要讓兒童過上情感豐足的生活，那麼讓他們感到被理解就非常重要。覺得被理解，也能幫助孩子們更充分地從教育中獲益。在佛洛伊德透過小漢斯的父親理解畏懼症的經典中，兒童心理治療的先鋒梅蘭妮・克萊恩觀察到，當兒童的潛意識焦慮獲得關注時，他們的焦慮能夠顯著緩解。沿著這條思路，克萊恩進一步探索理解兒童的技術，無論是他們意識中的憂慮或是潛意識中的焦慮。她發現許多看似無法解釋的兒童行為，在今日可能會被標籤為強迫症、注意力不足／過動症、自閉症等等的行為，都有著潛意識根源。一九二六年，在歐內斯特・瓊斯（Ernest Jones）的邀請下，克萊恩移居英格蘭，並在英格蘭進一步發展自己的理論，對英國的精神分析理論與實務產生了深遠的影響。戰後的英國，許多精神分析師追隨她的步伐，如漢娜・西格爾（Hanna Segal）、貝蒂・約瑟夫（Betty Joseph）、赫伯特・羅森費爾德（Herbert Rosenfeld）、瑪莎・哈里斯（Martha Harris）與唐納德・梅爾策（Donald Meltzer）等。那時，接受心理治療仍屬特權，一直到了英國國民保健署贊助兒童心理治療師訓練與兒童心理治療服務，兒童心理治療服務才對大眾開放，本書作者瑪格麗特・羅斯汀在推動這項政策上貢獻許多。正因這些努力，今日的我們才有機會在出版作品中讀到不僅是富裕階層，而是來自各種

不同背景的孩子，他們同樣能從心理治療中受益，他們的潛意識世界同樣令人驚嘆，潛意識情感同樣值得被理解。

千禧年初，與眾同事同行，我有幸加入了瑪格麗特．羅斯汀帶領的兒童心理治療團體督導。初加入時，我天真地以為心理治療是一些治療技巧的總和，並在爾後為精神分析式的理解如何深刻改寫人生而震撼。

千禧年初的家長多屬於戰後嬰兒潮與之後的 X 世代，他們的父母或祖父母走過戰爭時期紛亂、巨變的時代，無論是本省人、外省人，都歷經了失去國籍、身分、語言、家園，當然包括失去安全感。成長於戰後復甦年代的戰後嬰兒潮世代與 X 世代，則經歷另一種變遷與失去，他們之中有許多人與父母說著不同的語言、適應不同的社會制度、體會不同的生存法則，也是在那個時代，家庭的概念由大家族移轉至小家庭。從鄉村轉向城市，從傳統邁向現代，這些自身經歷的失落與變化佔據著千禧年初的家長們的心思，沒被理解過的他們，騰不出空間來理解孩子們。

家庭裡，沒有感受到足夠的理解與涵容的孩子們，正「大聲」地溝通著——用他們略顯怪異的行為，於是孩子們的焦慮、挫敗、瘋狂、絕望等被貼上各式標籤，孰不知標籤讓人更加無望，無望感於是由孩子、家長、學校、醫療等一環又一環地無盡蔓延。

然而這些紊亂的情感到了瑪格麗特．羅斯汀帶領的團體，總是能恰好地包容與理解，哪怕患者與治療師雙方皆已崩潰。在這個團體裡，我見證了許多治療師在瑪格麗特．羅斯汀的協助下成熟，更見證了瑪格麗特的引導與治療師提供的精神分析式的理解，如何深刻地碰觸深埋於兒童與家長潛意識裡數個世代的傷痛，從而解開難解之題，開啟一段新的正常生活。

在這本書中，我們順著瑪格麗特的思路一覽兒童和家庭的工作，也讀到各種家庭變故，如難民、收出養家庭、崩潰的家庭、大屠殺受難者後代、曾受虐或受忽視的兒童，這些孩子、青少年與家長如何面對自身的認同難題。瑪格麗特溫暖且理解的語調，帶我們去到患者心底最痛的地方，她的穩定與信心也帶我們走出這場情緒風暴。

時至今日，我們仍不時看見困在痛苦與困惑之中的家庭，隨著社會變遷，焦慮只增不減。人們試著尋找解決焦慮的方式，試著擺脫脆弱、痛苦，然而，我們需要的，或如本書第一章的男孩，並非有人告訴我們一條更好的捷徑，而是有人能像瑪格麗特這般理解我們的底層焦慮。

在職業生涯起步階段能遇見瑪格麗特，在她的協助下深入理解孩子與父母的內心世界、學習組織言語協助患者表達豐富的情感，我深感幸運。在職業生涯中期，有機會運用文字傳達瑪格麗特的作品，向讀者介紹我深深敬仰的導師與她的思路，更令我感到榮幸。希望這本譯作能引領讀者一覽深埋於潛意識底下的情感，合力為兒童與家庭奠定情感更豐足的生活。我相信，這本書不僅能增加讀者對心理治療工作的見解，更能豐富對生命的理解。

【作者序】我的精神分析探索之路

我是在大學時期，經由朋友介紹認識了精神分析，那時的我修習人文科學，爾後，才在修習哲學學位時，透過老師們更正式地認識了精神分析。當時我一直以為文學、政治或歷史才是我真正的興趣所在。從那時起，這麼多年來，令人驚嘆的是，我這才明白條條川流皆深刻地匯聚到我的兒童心理治療工作中，乃至後來的成人心理治療工作，並在日後的教學與寫作中更進一步地探索。我的作品可以清楚地看見這份牽繫，然而本書集結的是我執業五十年來的臨床著作，未能呈現所有相關的作品。

計畫中，第二冊將聚焦嬰兒觀察之於我的精神分析觀點有多重要、我對理論發展的貢獻、教學經驗的反思，以及心理治療臨床相關研究的挑戰，因此不會納入我對於以精神分析探究文學，特別是兒童文學的熱愛，這份熱愛多數呈現在與我先生麥克．羅斯汀（Michael Rustin）的共同作品中。

我在完成哲學學位不久，正要探索職涯之時，開始了個人分析，我要走上學術之途？還是對精神分析日益增長的熱忱會引領我尋求臨床訓練呢？初為成年人的那些日子，一如既往，總是非常動盪不安，當時的我不曉得個人分析竟會從根本上改寫我的人生。以真實的方式認識自己非常困難，這份覺知對我而言是痛苦的衝擊，因為它顛覆了許多我對自己和我的世界的既有假定。在擁抱自己的情感現實時，直面這些有時全然不同的任務，並且學著審視與反思自己的發現，令我不知所措。儘管我認定自己是屬於年輕女性世代，一個相信個人經驗、社交生活體系與我們理解自己的方式之間有著重要關聯的世代，但我在學術背景上的特殊際遇，卻無法幫助我在艱難應對感受與想法的整合之前有所準備。

分析的那些年，包括我第一次與幼兒工作（擔任一群在課堂上不受控的五、六歲幼兒的老師）、接受兒童治療師密集訓練的歲月，也包括我初次懷孕、女兒出生、剛成為母親的那些日子。有機會能在稚嫩的成年生涯關鍵之刻幸運地接受分析，使我對於從中學、大學乃至大學畢業後生命的過渡階段，以及嬰兒與父母之生涯初始產生了極大的興趣。分析也讓我發展新型態的友誼、改變了我對政治承諾之意義的觀點，更讓我對自己想花一輩子作些什麼有了全新的想法，也就是現在以精神分析為核心的探究。

和我的分析同時緊密相關的，是我在如今仍為小眾的兒童心理治療師訓練中不凡的受教經驗。塔維斯托克（Tavistock）的臨床督導，包括瑪莎・哈里斯（Martha Harris）、雪莉・赫克斯特（Shirley Hoxter）和埃絲特・比克（Esther Bick）等人深刻的見解相當令我傾心，我很幸運地成為一群來自世界各處非凡受訓者的夥伴，後來的我們終身熱愛精神分析。獲得認證後，成為塔維斯托克的職員時，我加入了一個由兒童心理治療師同事組成的封閉式團體，共享相似的文化背景，兒童分析執業與致力於為兒童取得精神分析式治療公共服務將我們連繫在一起。在我加入塔維斯托克的那些日子，兒童心理治療得以發展，並在後來成為國民保健署（NHS）認可的新職業，正如鮑比（Bowlby）、溫尼考特（Winnicott）和許多精神分析業內的人士（他們在戰後的英國支持它踏出第一步時）所期望的那般。

我想強調的是，臨床上與兒童和青少年工作的這份特殊際遇、所見所聞，對我造成了深遠的影響。我的分析師向我介紹以精神分析方式接觸心智的潛意識結構的這份禮物，此刻我從全新的視角有所體悟。和我的兒童／青少年患者的內在生命相會，邂逅他們在與我建立的關係裡傳達的潛意識幻想有多麼具體，讓我驚嘆於蘊藏在移情關係中的無窮發展潛力，在在深深吸引了我，因為從來沒有別的工作能做到這個程度。

與兒童和家庭進行分析式工作，讓人能密切觀察日常生活中內在生命與外在環境不間斷的交流。我在學校與孩子的臨床相關工作讓我意識到，分析性觀點如何理解日常遭遇，包括那令人難忘的一天，我帶一群孩子乘車去郊遊。當我聽到孩子們衝著窗外經過的車子大喊「傳教豬！」時，猜猜我有多驚訝。顯然，這個綽號事實上反映出他們對於我和由我陪同旅行的一種看法。

儘管我受過哲學教育，也在受訓前和受訓期間大量地閱讀精神分析文獻，真正掌握精神分析理論主要是在診療室中。一位非常不安的小女孩手摀著臉告訴我「那個瓶子咬掉了我的鼻子」，我以這種特殊的方式明白為什麼梅蘭妮·克萊恩（Melanie Klein）這麼強調寶寶與哺乳母親的關係和攻擊的那一面。同樣地，在研究另一位孩子奇特的畫作與她的語言組織時，我才了解比昂（W. R. Bion）說的怪誕客體（bizarre objects）是什麼意思——她有一整套屬於個人的私語，與我們說的部分客體有關，她以怪異的形式把這些語言拼湊在一起，而這正是她惡夢連連的原因。與嚴重的精神病幼兒工作的機會，對我而言特別重要。一如我睿智的督導們曾告誡我的，我逐漸了解，他們不會復原到

「正常」，然而分析確實提供一個機會，讓他們更有人性，讓生活不是只有恐懼，也更能擁抱友善的感受與他人之情誼。

塔維斯托克的公共醫療背景，支持延續多年的長期臨床服務，是我有幸能夠服務之處，也讓我們需要留心社區的預防性工作。健兒門診、托兒所、親子館、學校、兒童之家、青年俱樂部等等，都是我們努力提供對兒童的發展需求之理解的守備範圍，這一切也為探索這份源自於診療室廣泛見解的適用性提供了豐富的背景。無論是與那些在兒童生命中扮演著不同角色的各類專業人員面對面的諮詢工作，或是參與不同種類的訓練課程，我發現這兩者都與我在診療室的經驗有著深深的連結。

二十世紀下半，倫敦豐富的精神分析文化也是塔維斯托克持續發展的重要背景。大量的小組研討會議和大型研討會、個別督導、親密的專業情誼，使我受益良多。職涯後期，我很榮幸地受邀成為英國精神分析學會榮譽會員，也獲得認可為兒童分析師。對我而言，這意味著英國精神分析之本營與不斷發展的分支，也就是兒童心理治療專業與實務之間相互依存的關係受到了認可。

身為兒童心理治療師的五十多年間，我感受到來自許多機構與個人的慷慨溫暖。我的許多著作是應邀在研討會演說或是在不同的國家與大陸講學時產出，要把這些臨床關注各異的文章編輯成冊並不容易。本書中，章節編排強調一些對我而言非常重要的長期案例、針對兒童心理治療評估相關議題的探討，也呈現出我特別關注不在原生家庭中成長的孩子，以及我強力主張與因孩子前來求診的家長工作的重要性。

希望這本經由細心且有耐心的編輯們協助我挑選與安排集結

的書，能代我向所有曾讓我有所學習的機會獻上感謝，也傳達出精神分析如何以令人驚嘆的方式豐富我們的世界。

【介紹】精神分析與兒童治療
瑪格麗特・羅斯汀的理論與實踐

西蒙・克雷格恩（Simon Cregeen）

瑪格麗特・羅斯汀是一位精神分析臨床工作者、思想家、教師、督導和作者，以她對兒童／青少年心理治療的發展之重要貢獻享譽國際。在五十餘年的執業生涯中，論文著作等身，皆傳達出她對兒童、青年與其家庭之情感生活極富想像力的敏銳，也對這些情感有著深刻且複雜的理解。這些論文也透露出她對內在與外在現實之間錯綜的關係、個體不適的社會與政治脈絡之洞見。

本書是兩本合輯中的第一冊，匯集了羅斯汀最重要的論文，主要聚焦在臨床論文和相關議題，並闡明她對於精神分析方法傳統中細致觀察的堅持；第二冊聚焦於嬰兒觀察、精神分析理論、研究和督導。這些文章，部分曾在多種期刊或書籍出現，有些為了本書修訂；另一部分未曾出版的作品，則來自於研討會、專題討論的發表。無庸置疑地，這份工作最難之處在於該納入或略去哪些文章，略去的文章中有不少重要作品，包括她與他人共同撰寫的大量著作，內含她寫作的重要思路，也就是她與她的先生麥克・羅斯汀論兒童文學與戲劇的作品。職業生涯中，她在文學找到了刺激靈感的深泉，儘管這些文章未納入本書，然而對於想像力在情感成熟的過程中扮演的角色，她的理解在所有的作品中無處不在，一如她的分析創造力與對年輕患者生活的關注也無所不在。

讀過瑪格麗特・羅斯汀所有論文的人，不僅會為她清晰的思路折服，也會為她的興趣與相關著作領域之廣而驚嘆。涉及如此多元的事務，從最混亂的兒童內在客體關係，到人類生活的政治與社會現實等領域，她都保持審慎且高品質的關注，是一種少有的天賦，而我們有幸能從本書與隨後將出版的第二冊所涵蓋的內容受益。毫無疑問地，羅斯汀的作品屬於克萊恩學派，她深信潛意識幻想的力量，堅信活在移情關係裡的心智現實，也肯定在反移情中密切觀察與修通具有核心地位。她的作品之根本信念是，相信我們每個人都有著被了解與了解他人的基本需求（Bion, 1962a）。

臨床與學術正式結合

羅斯汀的作品汲取了她在職涯中與兒童、青少年和父母臨床工作的經驗，主要來自國民保健署（National Health Service, NHS），她五十餘年來的工作地點則是在編制上讓她有歸屬感的塔維斯托克診所，後述論文所描述的臨床工作，主要在這個背景脈絡下進行。正如許多讀者所知，國民保健署始於一九四八年，是一項全國性的免費服務，從出生至死亡，每個人都可使用。塔維斯托克診所是立基於公共服務原則而成立的心理衛生組織，從開業那天起，就是國民保健署的一部分。

一九六七年，還在接受兒童心理治療訓練的羅斯汀，首次到訪塔維斯托克，是早期受訓者中的一員，當時負責訓練的是瑪莎・哈里斯（兒童與成人分析師，她在埃絲特・比克〔Esther Bick〕指導下受訓）。就臨床工作者與精神分析思想家的早期發展而言，哈里斯對羅斯汀的影響至關重要。她以學生身分參加她的小組討論，羅斯汀回憶：「透過這些小組討論，我們覺得她全然地了解我們，信任她運用這份認識，因為她總是帶著愛與關懷督促我們成長，成為個人，也成為未來的治療師。」（1987）在描述哈里斯的特質時，羅斯汀寫下：

> 民主的直覺、個人的慷慨、傑出的勤奮工作能力、堅信應盡可能地分享精神分析洞見之獨特價值，這些都讓馬蒂（Mattie，也就是瑪莎・哈里斯）鼓勵她的精神分析同僚接下這份挑戰。

這樣的描述，亦能套用到羅斯汀的工作和她對精神分析思想與實務的投入。

跟隨才華洋溢的老師腳步，一九八六年她擔起引領塔維斯托克兒童心理治療訓練之責，工作至二〇〇七年；爾後持續擔任兒童心理治療部門主任，直至二〇〇九年從國民保健署退休。對塔維斯托克而言，羅斯汀的存在鼓舞著每個人，在臨床與訓練的大環境下，她對機構的許多發展做出重大貢獻，其一是她將碩士（日後也包括博士課程）課程帶入兒童心理治療訓練架構之中，正式將臨床與學術結合，為兒童心理治療師打下堅實基礎，培養他們對臨床與概念寫作出版之興趣與信心，並在有序的學術結構下追尋研究興趣。

這一步使得學術文章與書籍遍地開花，述說出豐富多樣的兒童精神分析工作，並且透過嚴謹的研究，為其有效性提供了實證基礎。羅斯汀協同編輯書籍，將眾多作者與臨床工作者聚在一起，儘管未曾列名，但她在幕後幫助了許多兒童心理治療師發展他們的思維、寫下他們的臨床經驗，並鼓勵他們發表。她滿懷熱忱，相信兒童心理治療師社群需要分享他們的想法與實務，在她眼中，寫作是分析工作不可或缺的一環，一個向他人學習、詰問自己的想法是否正確的良機。

羅斯汀在任期間，塔維斯托克兒童心理治療訓練吸引了更多來自倫敦城外的受訓者，從而在英國各地區樹立起這份專業。北英格蘭成長的經驗，反映在她不懈地於北倫敦中心地帶之外推動精神分析思想與實務，此外，英國四個國家許多訓練之創建和學術活動皆有她的足跡。堅持不懈的例子之一，來自她支持在英格蘭北部打造英國國民保健服務訓練學校，以訓練兒童／青少年心理治療師的提案。二〇〇三年，位於里茲的兒童／青少年心理治療北方學校，招收了第一批受訓生，伯明罕和蘇格蘭隨之採取類似措施。對英國幾個世代的兒童心理治療師與自他國前來尋求進一步與兒童和家庭工作的人而言，羅斯汀的鼓勵和支持有著深遠的影響。

靈活運用與實徵研究

羅斯汀的臨床、理論與研究興趣範圍寬廣。或許是投身於兒童心理治療師訓練、致力擴充塔維斯托克的發展，阻礙了她在單一領域發展特定的專長。她認為，她的興趣之所以廣泛，來自於出席許多場合時常發現自己面臨邀約，例如「人們邀請我寫一篇論文或是提供簡報或者倡議某個議題，我心想，好吧，總得有人去做！」因此，她順服並努力將注意力放到原本不會走的路上。羅斯汀務實且謙遜的觀點，透露她僅是出於情非得已才如此博學。然而，這個觀點其實是低估了她深厚的臨床敏銳度，以及將精神分析思維應用到不同主題的超凡能力。

始終如一的是，她畢生致力於研究精神分析思維與技術等方法，如何有效地協助那些在早期發展時因創傷、失落或忽略而扭曲的兒童／青年發展其心智與人格。本書多篇文章皆生動地展現了羅斯汀如何讓她的患者開始承受自身的情感現實、被他人認識，並對自己產生好奇。

過去二十年來，研究兒童精神分析臨床工作者都做些什麼、為什麼某些取向對人格成長與改善關係似乎特別有成效的興趣發展迅速。自佛洛伊德以降，精神分析一直是以臨床實務為背景的研究項目，瑪格麗特和麥克共同投入此一理念，始終置身這快速發展的研究活動中心，由他們擔任臨床博士督導的研究計畫不在少數。

麥克身為東倫敦大學社會學教授，引入社會科學中為人熟知的研究模式，應用到兒童精神分析研究上（Rustin & Rustin, 2019）。他將質性研究模式與精神分析的觀察方法與臨床工作結合，使得兒童心理治療研究文獻蓬勃發展，也增強了這份專業對自身價值的信心。

為了了解哪種治療法對於數量不斷增多的憂鬱青少年最有幫助，此一迫切需求促成了重要的隨機對照試驗（randomized control trial），這是實徵研究中的「黃金準則」，瑪格麗特．羅斯汀對此的重大貢獻不容忽視。在運用精神分析與認知治療改善情緒之研究（Goodyer et al., 2007）中，納入了有時間限制的精神分析介入手冊（Cregeen et al., 2017），使得憂鬱症青少年之限期精神分析治療能加入（英國）國民保健卓越研究院（National

Institute for Clinical Excellence）指引中。這不僅是重要的成果，也支持羅斯汀長期以來的信念，也就是為了強化精神分析式心理治療在公共健康服務中的地位，必須針對精神分析式治療進行實徵研究。

多元且深入的臨床觀點

我想強調這系列文章的幾個例子，這些例子呈現出羅斯汀獨到地整合了開放的好奇、臨床創造力、回應反移情之能力。值得關注的是，她的患者中有許多人接受的都不是高頻治療（一週僅一到兩次療程），一如國民保健署眾多兒童心理治療師接見的患者那般。她文章裡的臨床案例，說明了這種非高頻的精神分析式治療往往容易被低估。塔維斯托克地處倫敦中心，這意味著前來求助的患者與家庭類型各式各樣、包羅萬象，而在涵蓋了羅斯汀三十餘年來的臨床論文作品中，可以清楚地看見文化、種族、性取向、家庭結構的多元性。

有時針對克萊恩思潮與實務的批評是，不夠強調外在世界與個體生活經驗。與此觀點相左，羅斯汀的臨床論文清楚地說明，她相信社會、經濟和政治現實在形塑情感生活、個體的身分認同與歸屬感、內化而入的家庭文化性質上，扮演著重要的角色，這些現實可能會推動或阻礙個體的發展。內在現實與外在現實之間的關係是動態的，不斷地變化，最好狀況會促進內在生命朝向創造性發展，並且掌握外在現實中的機遇，最糟狀況則會導向絕望與破壞性的認同，並以此方式和自己與他人互動。

創造性發展還是破壞性認同

第一部的第一章，〈認識自己是誰、在何處——青春期特殊且複雜的遷移〉清楚說明這種互動。瑪格麗特在青春期發展的路徑中引航，探索曾因外在現實遭逢致命危機、缺乏條理，並且過早遭遇危及身體與情感之威脅而引發的難題。她指出，對於有這類生命經驗的青年而言，在青春期發展的脈絡下，尋常的個體化歷程與獲取安全的自體感（sense of self）有多麼遙不可及。

在這一章，羅斯汀聚焦在兩位失去或從未擁有家庭感的患者沃賈和韋恩。儘管外在生活環境與遭到剝奪的情況並不一樣，兩位男孩都非常憂鬱，努力發展出安全的歸屬感。羅斯汀探究沃賈，一位與飽經摧殘的家人從巴爾幹半島前來英國尋求庇護的難民，以及韋恩，一位遭母親遺棄、居住在寄宿家庭的非裔加勒比男孩，他無所依歸，對內在與外在世界間的區野所知甚少。

羅斯汀注意到自己與這兩位青少年的臨床工作喚起了強烈反移情感受，在漫長的沉默與療程缺席間，她對自身的思考與感受的依賴程度相當驚人。對於自己的涵容功能失效、出現微小的重演等片刻，她保持開放的態度，而不是以遭受迫害的方式來看待，因此這些難以被涵容的都有機會獲得理解。

在這些工作的敘述中，羅斯汀運用能喚起共鳴的真誠，捕捉工作中經驗到的孤獨、協助患者認識自身對治療師的負面情感時遭遇的難題，以及她如何承受患者的無助感，因此閱讀這篇文章時，你可能同情青少年或者治療師。本章鏗鏘有力地表達，在與沃賈和韋恩這類遭遇的患者工作時，治療師的任務包括容忍那些難以承受的事物，這也是比昂所稱的「無以名狀的恐懼」（nameless dread, 1962a）。羅斯汀進一步提出，「如果能夠予之命名，就能減緩一些威力，而後能進一步審查，使之化為可思考之體。」

評估之複雜與藝術

在第二部中，羅斯汀的作品論及評估之複雜與藝術。她強調，在孩子對家庭生活經驗的脈絡下，思量每位孩子個別的困難、內在幻想之本質、他們的焦慮與應對問題的方式等等有多麼重要。在第五章〈與孩子的知心之道〉中，羅斯汀描述她與艾力克斯（Alex）的評估歷程，一位與母親同住的不安的六歲男孩，儘管母親自己也面臨困境，仍決心要為兒子尋求必要的協助。轉介時，艾力克斯曾說過「想死」，說「會用刀子這麼做」，也提到「夢遊」。

這一章提出案例示範了羅斯汀進行評估的方式、她提供的架構與她的敏感度，依循此徑方能找到進入孩子心理現實之道。評估療程的記述展現出她的想像力，亦即如何接受與辨識艾力克斯的恐懼，與小患者受困於恐懼中、毫無休止與陪伴的經歷。運用人偶玩具，他開啟「一場複雜且不停歇的遊戲」，遊戲裡「小男孩與大男孩不停打鬥，帶著謀殺慾與強烈惡意」，呈現出嫉妒與競爭，也透露混亂、恐佈、殘酷的處境，在那兒，殘忍與暴力不停地上演。

一開始，治療師對艾力克斯的遊戲的評述與詢問都沒有進到艾力克斯心裡，因為他的心填滿了關乎生存的原始議題。羅斯汀描述，那時在診療室她如何回顧自己的處境，進而發現她見證了一個沒有終點的恐怖故事：

> 死亡沒有盡頭，因為主角們不斷地死去，卻又立刻跳起、繼續下去……折磨、痛苦、憎恨和恐懼連番襲來，愈變愈多，抓不到任何意義的框架能夠解釋為何這等苦痛不斷發生。

然而，第一次評估療程似乎讓艾力克斯鬆了口氣，在第二次療程中更能運用象徵來思考與溝通。他畫畫、遊戲、和治療師交談，溝通他的心智狀態，提供「非常生動地演出他深陷困擾且無望擺脫的經歷」……形成了死寂與永恆的停滯的整體印象。羅斯汀描述，在確認診所是個提供協助與涵容的地方後，艾力克斯溝通能力的進展多麼讓她驚訝。她認為，此現象說明他適合接受心理治療。

理論走上臨床之路

第三部側重羅斯汀長久以來對童年剝奪與失落的興趣，包含與生命早年曾受虐、遭遺棄與生活混亂的兒童與青年有關的心理治療作品。在第十章〈一位早年曾受虐與忽略的受收養兒童之精神分析式工作〉裡，羅斯汀寫下她與男孩提姆的工作。出於早年經驗和認同受損的內在客體，提姆型塑一種以「無情與疏遠」為主的方式與人靠近。她娓娓道來，提姆需要這種方式保護自己，因為潛藏在這之下的，是幾乎沒有保護皮層的脆弱。

羅斯汀憶起，在這段工作的早期，「有好幾次療程都將我身為治療師的能力逼到崩潰的邊緣」，她描述提姆反覆地讓她感到「讓我在診療室裡迷失且無家可歸。我感到羞恥又無助、龐大且愚蠢，因為我知道無論我說什麼他都會嘲弄我」。提姆有著無價值感、恐懼、極度的脆弱感，以及心理上無處可歸之感，羅斯汀在反移情中痛苦地知曉，而這成為她理解他的原始焦慮、必要的防衛、客體關係的情感品質時重要的基石。

從一開始承受直接攻擊帶來的震驚、經受提姆的暴政，隨著時間漸漸移轉到溫柔地感受他嬰兒般原始的無助感，羅斯汀堅信持續談話的重要，我們看見羅斯汀深刻的直覺，亦即為了讓提姆為了感到護持與涵容，在嬰兒般原始的層次上需要什麼，她柔和的聲音與話語包圍著他，使他得以發展心智肌膚。深信找到方式將原始的情感經驗化為言語是重要的，也是她的特色之一。

在這本探討臨床工作的作品中，羅斯汀將我們的心神引至她所仰賴的理論，包括克萊恩的觀點，亦即嬰兒的焦慮「不僅源自初生之時必須全然依賴的事實，也來自迫切地需要擺脫由自身排山倒海而來的衝動引起的恐懼」。羅斯汀進而引述比昂與他對心智與前語言期溝通的理論。記敘她與提姆工作的臨床素材，描繪出她的概念架構是如何默默地支持臨床之路。理論與實務的結合，使她所言擲地有聲。

運用洞見與父母工作

最後，第四部將焦點放在與父母工作。父母往往不是經由轉介過來的患者，為了有效率地進行與他們的精神分析式工作，必須具備哪些分析式的架構與技巧是羅斯汀長年以來特別感興趣的議題。多年來，在這個領域，受到社會上對於父母與親職教養的觀念之變遷，以及兒童心理健康領域的父母課程蓬勃發展，她調整也發展了自己的想法。無論是平行於兒童／青少年的治療，或者單獨進行，構想出與父母和照顧者工作，並強調其重要作用，羅斯汀的著作都有著獨一無二的貢獻。

羅斯汀認為，與父母的工作主要分為四類。接著，依循自己的理解，她描述各個類型的工作，提出一種基模，不做路徑圖使用，而是為了描繪出每種類型的樣態，並作為參照點，協助站穩立場。這個模型是動態的，在四個類型的工作之間，或許會有變動與進展。羅斯汀也認為，從一個類型到另一種的任何移轉，皆需要清楚說明，「這種標示能夠同時讓我們在改變技術之時，獲得真正的知情同意，也讓我們免於對自己的責任感到困惑。」

這四種類型工作的共通點是，努力理解父母與特定孩子相處的經驗，並和父母一起探索這份經驗不僅只來自孩子的難題，也是潛意識中他們與父母的內在客體世界互動而來；這種探索會帶出父母自己當孩子時的經驗的討論。這種技術包括：密切觀察父母的心智狀態、思量家庭內的投射歷程、父母人格的弱點，以及伴侶兩人之間的弱點展現和演出的方式。與父母治療發展的關係，能提供一個角度來理解潛藏的客體關係，以及父母思考自己和孩子嬰兒般原始面向的能力。透過移情和反移情而獲得洞見之經驗會如何運用，有著多種可能，端看這份工作行進的性質而異。

羅斯汀的臨床片段讀來使人心悅誠服的原因在於，與父母進行精神分析式工作能夠促進父母作為個體與伴侶的發展成長，換言之，對他們的影響不只是成為受困子女更有效能的父母而已。顯然，用這種方式與父母工作，比起在診所經常以為的一般性「支持父母」更深刻。這種精神分析式工作，也就是修通家庭生活的潛意識面向（包括跨世代遞延），能夠帶來更多理解，發展更和諧的家庭關係。羅斯汀提出有力的證據說明，在兒童精神分析工作中經驗豐富的治療師，非常適合從事這項工作。

和很多人一樣，本書與第二冊的編輯群皆為自己能認識瑪格麗特．羅斯汀、與她共事、受她教導、督導與啟發，而深感榮幸。在她卓越的精神分析能力之外，瑪格麗特慷慨的心、堅定的精神、投身於真理等等人格特質，也呈現在本書之中。我們深信，接下來的篇章會讓各位讀者身歷其境地邂逅一位傑出的臨床工作者與思想家。

第一部
兒童／青少年心理治療領域

三份案例研究

本章描述作者獨特的整合開放好奇、臨床創造力與回應反移情的能力，並以實務案例說明她如何運用精神分析和青少年患者工作。

【第一章】認識自己是誰、在何處
青春期特殊且複雜的遷移（2013）

青春期意味著身分認同上重大且令人不安的轉變，不僅是別人怎麼看待自己，也包括自己對自己的認識。這段時間，一個人在家庭的定位面臨正常且必要的重新調整，在父母般的人物權威與保護之下顯得依賴的兒童之位，邁向更獨立的狀態，也就是能對自己的受教與職涯方向做出決策，能為自己的人際關係負責。家庭之外，青少年能夠選擇友情小圈圈、探索性，因此，他／她不僅會在家庭找到新的定位，也會在青春期這幾年，用特定的方式讓自己置身於極為重要的同儕團體與外在的社會結構，例如學校、公司、社會脈絡，包括（若是不幸的話）醫療、社福、刑事司法系統，在這些場域中移轉、成長。

我想探討的是，當這些青春期過渡階段的心理－社會壓力，碰上困惑、失落、迷惘，以及常見於被迫移民者的創傷特性時會發生什麼事。我將詳述與兩位青少年的工作，他們兩人都因外在環境問題不得不離開自己熟知的世界，對於這份事實，他們內在的反應描繪出心理防衛系統如何形成，以及精神分析式心理治療或許能夠讓這類青少年免受自身生存策略的致命面向所擾。兩位男孩失根的程度略有不同：第一位是自前南斯拉夫前來尋求庇護的難民，在一場公共暴力後與家人經歷了創傷性逃亡後才來到英國；第二位男孩，母親在他八歲時將他遺棄在社福機構所在地的台階上，此後長期留在寄養系統中。我第一次見到他們時，他們都非常憂鬱。

對治療師而言，與這類憂鬱的青少年工作是極大的挑戰，特別是他們對於運作良好的成人支持非常陌生時。在這類案例中，治療師可能會被孤獨感、無助感、疏離感襲擊，感受與患者相似的心智狀態。

身為這些孩子的治療師時，我不認為我全然理解我所體驗到的，也就是療程裡漫長的沉默，頻繁的缺席療程期間，我必須經常仰賴、依循自身的思考與感受，才有得以著手工作之處，而這是治療歷程中非常重要的一部分。我深信，我感受到的斷裂、孤絕和強烈的焦慮，與失去家園前後的痛苦事件在他們心理上造成的影響有著密切關連。

我們的各大城市裡常見大量的難民。在設立能滿足難民家庭與兒童需求的服務上，我們經驗不多，此外在媒體主導下對難民的敵意令人擔憂地增長；而在國家層級上，政治領袖傾向於煽動，而非遏制敵意，在在加劇了能輕易指認的需求與可得資源之間兩者在程度上的懸殊落差：擔心提供任何庇護會遭到強烈反對，使得規劃執行者與提供服務的人很難優先考慮陷入困境的少數族群，因此相當比例可取得的治療性介入都落到非政府與非營利組織之中（這些人道主義的論點擁有較大的影響力），例如倫敦的酷刑受害者醫療基金會（The Medical Foundation for Victims of Torture），就是協助思考哪種工作能真正幫助嚴重受創者的重要資源。儘管如此，為難民提供的專業服務仍然小幅成長，而我受邀接見，也是我即將描述的這位男孩，是在塔維斯托克兒童／青少年服務難民團隊工作的一部分。

當家不再是家

提供架構來理解難民的經驗時，需要先概述一些重要概念。由於我關注的是年輕難民的心理健康需求，著重的概念是與他們的人生與心理健康相關的面向。儘管如此，請牢記，若要掌握全貌，必須從一系列的角度來考量，因為政治、經濟與社會因素都會形塑與影響心理範疇。

我將從家的概念和失去家的意義開始，家的感覺與安定感有關，也與有個地方無條件地接納我們有關。當然，很多原因可能讓人失去這個再根本不過的安全處所，而當大量難民潮湧現時，我們所面對的是整個社區的人都失去安全港灣，而非僅是一群無家可歸的個人與家庭而已。家庭流離失所的畫面總會掀起人類自然反應的同情心，例如毫無疑問地，電視播放成千上萬名科索沃阿爾巴尼亞人無助地漫遊的畫面，對歐洲是否介入這場衝突造成了影響。侵犯家園，在道德上使人感到憤怒，儘管在某些狀況下戰爭局勢模糊了焦點。對難民而言，最最需要的是安身立命之處；遺憾的是，那往往是暫時的營地，或許可以待上好幾年，但是對他們而言，營地永遠不會是「家」。隨著時間推移，若是能夠復原並繼續生活，或許可能成為新的家，然而當失去家園是如此強烈擺在眼前的現實，勢必需要好一段漫長時光才能重新生根。

家，是提供基本的涵容之處，是對應家庭的心理功能的物理性存在，它提供了身分認同的基石，失去家會引發迷失、崩潰、失去架構的焦慮；強烈的不安全感，甚或是分崩離析都是常見的體驗。埃絲特・比克將此種無所依歸的寶寶比喻為身在太空卻未著太空服的人，這個貼切的意象值得牢記。部分難民的心理痛楚經常會以身體化症狀等歷程為防衛，深刻的不安全感因而長久存在。當一個人的心智顯得有些僵固、無法思考，我們往往能夠清晰地看見身體的苦痛。精神上的痛楚會透過使人失能的身體症狀呈現，是因為心智涵容情緒經驗的能力已不堪重負，透過我將描述的案例，讀者會看到這一點相當明顯。失去了家庭的涵容，個體的發展、家庭內人際關係衝突的調節，以及在家庭隱私（親密領域）與外在世界之間既存的界線都會瓦解，使得收容所成為家庭所有尋常功能皆支離破碎的非家之處。

此種描述與有時過度使用的概念，也就是創傷，關連何在？創傷有著重要且特殊的意義，不僅是身體上的傷痕，也表明了某些類型的心理傷害。然而，並非每位難民皆受創（若不算上日常寬鬆地使用這一詞彙）。個體與家庭內脆弱性與韌力（resilience）的平衡，對於成為難民、被迫離開家園這駭人的經驗是否會在人格上帶來創傷性影響，扮演著重要的角色。若創傷已形成，那麼復原必須經歷漫長的過程。是否能自我修復，則仰賴個體與社區內的內在資源，當然也受到新居所給予的支援數量與類型的支持與阻礙。若是新居所在之社區氛圍、經濟政治現實複製了移居時自帶的惴惴不安，可能會消蝕復原與生根的機會與歷程。待在官僚體系中難民處遇決策漫長，甚至遙遙無期的未知裡，容易讓人們處於內在無家可歸的狀態，甚至會有活在時間常軌之外的感受。事實上，難民在能夠再度以正常的方式生活之前，勢必會經歷難以預料的等待期間，因此難題之一就是失去正常的時間感。此一特徵令人想起因原生家庭破碎而安置的兒童。這類兒童在形成可靠的時間概念上有著特定的困難，特別是時序混亂、年歲流逝失序，有時甚至長達數年之久。彷彿這段混亂的經歷將他們扔回嬰兒時期、沒有時間感的世界，全然毀壞了多數幸運的孩子自然能形成的時間秩序。官僚決策需時長與無國籍難民的強烈焦慮感之間的落差，就是類似的現象。理解青年難民的處境時，尤其重要的是家庭結構的瓦解，這常出現在遠離家園之後。常見的有角色反轉，也就是孩子出現照顧父母的傾向。孩子們透過學校，也出於較強的可塑性，更容易學會新語言。他們會成為翻譯員，在兩種語言和文化間生活，可能是非常複雜的經驗。依娃・霍夫曼（Eva Hofman）的精采之作《在翻譯中迷失》（*Lost in Translation*, 1989）敏銳地記述了她十三歲時在波蘭／猶太社區和北美新世界與英語之間的人生體驗。莫尼卡・阿里（Monica Ali）的著名小說《磚巷》（*Brick Lane*, 2003），以更通俗的方式虛構描繪落腳東倫敦的孟加拉人生活，家鄉生活與新家園生活在女主角心中同時活躍著。許多移民以他們的人生證明，多數人會隨著時間推移漸漸適應這種轉變。事實上，正是這種人口流動豐富了我們和其他國家的文化。然而，無法應對外在世界的成人，在家庭之內會失去地位與權威，尋求庇護的父親沒有工作權，而沒了工作的他又是誰呢？對母親而言，在孩子的生活中、社區裡、商店內、校門口等處，這些往往較容易上手之處，或許會順利一些，然而夫妻間的地位差異可能使婚姻關係天翻地覆。當然，當代社會與較為傳統的社會對女性角色有著截然不同的態度，這也是許多新移民家庭面臨的最困難挑戰之一。

　　為了更適切照顧青年難民，必須思量兩種非常不同的族群，一是和家人，或者至少與部分家人一同前來者，他們的處境與那些無人陪同、特別脆弱的孩子們是不同的。後者失去了自己應有的樣貌，作為孩子、由成人照顧，預設有成人做決策。過早將責任強加在無家的孩子身上，然而，對他們而言可能很難接受有關當局提供的替代方案，因為這對他們來說是那麼的陌生。

我想向讀者介紹一位十五歲男孩，他的故事使我理解了青少年難民的特殊經驗。

沃賈

沃賈（Vorjat）是由科索沃逃到英國的阿爾巴尼亞人，不幸地，他的家人處在精神極度崩潰的狀態中。在僅存的四位家人中，他是唯一一位還能部分融入家庭之外生活的人。賽族士兵為了恐嚇當地居民，帶走了沃賈的父親，他受到毆打與監禁長達數週。同時，還是學生的哥哥在大學參與了一場抗爭，抗議發生的事件。當局以暴力鎮壓學生運動之後，他失蹤了，隨後幾乎發狂的母親找到了他面目全非的屍體。最後的恐怖事件是，賽族準軍事人員來到家門口，在沃賈和他姊姊這兩位年幼的孩子面前，性侵了他們的母親。當父親終於歸來，他因為妻子遭性侵排斥疏遠她，一如那個社區多數人的選擇。家裡的房子就在他們眼前燒得精光，他們一無所有地離開了村子。

我開始和沃賈進行一週一次的心理治療，隨後跨專業團隊的同事揭露出以下樣貌：母親全然崩潰，她在一間當地的精神日間照護中心接受藥物與一週三次的日間照護合併治療。最近一次檢討會議中發現，她幾乎無法為自己穿衣或倒茶。感覺起來，是兩位孩子在處理家裡的事，索拉雅（Soraya）主責家務，沃賈負責對外事務。父親似乎感到絕望與恐懼，擔心每週赴警局報到一次的要求，有天會變成拘留、遣返科索沃或是監禁。父母雙方都未能學會英文，因此家庭以外的聯繫必須仰賴翻譯員，或是由兒子沃賈居間翻譯。索拉雅無法踏出家門一步，似乎被這個家庭遭受的無數風暴給壓垮了。她遭受急性生理症狀折磨，無法消化任何食物，幾乎「只剩皮包骨」。

面臨這一切，沃賈仍相信他和家人會得到協助，他會接受教育（他的父母皆受過良好教育），並找到一份工作。

初次療程時，他搭乘長途巴士準時前來，穿著制服，整齊、乾淨，是個有禮貌的男孩。在他述說家裡的每個人都生什麼病時，似乎很緊張，不斷擰著手。他告訴我，他去替媽媽拿藥，但是如果他們被送回科索沃的話，就沒有藥了。回科索沃的話，她會死掉，因為那裡沒有能照顧媽媽的醫療資源，他一個熟識的人也沒有了。他問我，他們要怎麼活下去，一點也沒有誇大或矯情，他們的房子沒了，也沒有錢。

後來，我問他在學校的狀況。他擔憂地說，有時他快「瘋掉」，人們因為他是難民而虐待他，對他說：「滾回去！」，「你搶了我們的房子」、「你爸幹啥不工作？」這類的話。有的時候他會受不了，和人打起來，接著遭到處罰，短期停學，爸爸因而生他的氣、害怕他們會惹來麻煩。當我問他，在學校能不能找人談談時，他說「沒有人知道我的遭遇」。還有另一位難民男孩，不過他走了。沃賈不曉得他發生了什麼事。

初次會談中，我和他談到他討厭旅行，也聽到在巴士上他有多不舒服的生動描述。我注意到在診療室中，他非常難讓自己放鬆，也留意到他有多緊張，於是我提到對他來說適應變化（新的房間、我這位新的治療師）是很不容易的。但是我的焦點主要放在顯而易見的衝突上，也就是部分的他試著運用學校資源、上大學、學業表現良好，也想善用前來塔維斯托克的機會；另一部分則拉著他和家人一起，那些他認為或多或少放棄了的家人。我談到，他想讓我知道，他很怕最終會認為這一切不值得努力。我也談到，如果他努力出人頭地，可是其他人卻做不到，這會讓他有多寂寞，也讓他擔心自己的憤怒與是否能控制好自己。

希望與無望的平衡

下一週是期中考，沃賈搞不清楚那天是星期幾，打電話來留言，說他搞混了，無法準時前來診所。也是那一週，內政部長宣布計畫給居住在此、尋求庇護超過三年的家庭居留權，我一直在想，對這則充滿希望的消息，沃賈會有什麼反應。

下次療程他準時到達。在五十分鐘的療程中，他花了大半時間終於告訴我攸關家庭情勢的這場巨變。在我們談到之前，他先說了搭車來的路上有多不舒服。在科索沃，他從來沒搭過巴士，因為村子的學校就在家門邊，用走的就可以到每個地方。我將他痛苦的巴士之旅連結到前來英格蘭的漫長旅程，在漫長的沉默後，他這麼告訴我：「那段路，我們躲在貨車後斗的防水布下，他們只有半夜前會行動。」他猜想，司機到底知不知道他們在哪裡。假如他們當時是用合法的方式離開，應該已經遭到遣返、殺掉了。現在，他喜歡想像他有護照，可以和其他人一樣旅行，他還想回到自己的國家嗎？或者，有天他會去歐洲的其他地方度假。

在更長的沉默後，他向我敘述昨天學校的「模擬」（mock）考。每個人都很害怕，沒有人知道要考試。大家被帶去一間大房間，裡面的桌子全排好了準備要考試。雖然他能流利的說和讀，但是拼字對他而言很難。或許，他應該受訓成為機械工程師，就不需要拼字拼得好，儘管他比較喜歡計算機和資訊科技。

療程的最後，他告訴我，他致電給律師和社工來他們家訪視。他說了三次，在收到信之前，他都不會放心。這讓我能和他一同探索，他深深地懷疑那些聽起來不錯的好消息。我在心中思索，他無法前來第二次的預約療程，或許正是他懷疑我是否可靠的表現：他是否在試探我是不是認真要提供他一週一次與我工作的療程？讓我意外的是，離開時，他對我說「下週見，如果你沒忘了我的話」，正好說明這個論點。他等待的信件，將由主責部門發出，他擔心這個部門可能已經忘了他的存在，在這漫長的等待期間，他覺得自己已經變得不是人。然而，相較之下，他帶著感激談到社工重新幫他們安排居住的地方。我意識到，身為治療師，我的任務是協助他將看待世界的兩種不同方式串連在一起，透過他認為是良性的、相對好的經驗接觸，協助他減緩偏執、多疑與絕望，就有機會增加他性格裡的樂觀。此刻，我大概知道我們的工作之路會怎麼走，並且懷有不小的希望。

如果要我試著掌握第一次見面時的要點，我會說是希望與無望的平衡。他相當沉重的步伐、略帶安撫的舉止（彷彿拚命不要冒犯任何人），透過他選了診療室裡靠門最近、離我最遠的椅子，幾乎不佔用我的時間與心力，準備好快速離開，也透過他僵硬的身體與低沉無情感的音調，述說著他的哀傷與孤獨，然而他臉上偶爾燃起的笑顏驅散照亮了這一切。

特別難理解的是，他為那些說明有東西值得期待、有機會變得更好的證據賦予的意義。我開始了解這麼做的緣由之一，是那些再尋常不過的衝動，也就是為了生存、維護自己而奮戰，卻被種種因素壓抑下來了。當傳來好消息時，似乎提供一個機會讓已經休眠的他再度覺醒。不過，那是個非常危險的片刻。一連串更進一步探索前來診所時痛苦巴士之旅的對話，雖令人費解，卻讓我領略了這個困擾。前來接受治療，似乎無可避免地會感到不舒服。巴士服務的緩慢與不可靠，似乎是受迫害感的常態性來源。

我開始思索他那段未曾誇飾的旅程，也發現我非常想告訴他，他若搭地鐵來會快得多。將他帶離受迫害之處（困在巴士裡）的願望是如此強烈，以致於我針對這個感受給了些意見，毫無疑問地是誘導性發問：他是否考慮使用其他交通工具前來？搭火車時，他會不會同樣不舒服？在某個時刻，我難以抗拒採取行動並提供具體協助的壓力。我們的對話變得非常具體，我發現自己在解釋（讓我心中警鈴直響）銀線地鐵不是診所附近僅有的一條地鐵，從他家搭黑線來更方便，在貝爾賽斯公園站（Blesize park）下車也行得通。那時的沃賈看起來對這個點子很感興趣，請我幫他把車站的名字寫下來，我也決定這麼做，但是對於發生在我和他之間的事情，我強烈地感到不安，我意識到興致高昂地為他找個不那麼麻煩的旅途，在他看來可能像是我受不了他告訴我的那些尚未落幕的苦痛。我也擔心自己用不恰當的方式接手了他的自我功能（ego function），儘管我為自己找到藉口，也就是反思他缺少足夠的外在支持。他的世界似乎沒有能幫他做些什麼的父母，像是安排行程之類的尋常事務，而我的行動化僅是在回應這點。讓我對我做的事更緊張的是，下一週他缺席了，我接到一則訊息說他去醫院探望姊姊。無論這件事情在外在世界的真實樣貌如何（我不想低估她的失眠、體重下降、持續嘔吐等嚴重症狀的重要性），我清楚地知道我沒能承接住他的無望感，這讓我的患者失望了。他沒有將自己受傷的那面帶來診所、尋求我的關注，反而轉向認同我，成為照顧另一個人的那位。因為他的療程在上學日的上午，他去醫院探訪意味著沒去上學，所以是雙重失落——沒有治療師、也沒有老師；相反地，他必須成為照顧者，照顧他的家人，承擔起父母沒扮演的功能。

治療師的擔憂

當他第一次告訴我，在他們離開科索沃前發生的事情的細節時，浮出了一個新面向。他知道，我從診所的檔案和同事那兒獲得對這起事件的概括性了解，但是他自己怎麼說這些恐怖事件似乎非常重要。讓我特別驚訝的是他對哥哥的描述：一位死於警察鎮壓學運下的學生。弟弟欽佩兄長的感覺是顯而易見地，亦即那位願意為了人民權益挺身而出的聰明的法學院學生。與此同時，證據似乎在說，反抗壓迫與維護權益是危險至極之事。對沃賈而言，戰鬥的意願參雜著非常可怕的災難。他再次談到關於「失控」的焦慮，當他在學校遭到其他男孩挑釁時所感到的焦慮，也描述當他被憤怒蒙住雙眼時和人打了起來，以幾近凶殘的方式連續攻擊一位男孩，直到被人拉開。顯然，以任何可控的方式接觸他的攻擊性是困難的，這也是我的難題：該如何將他意識中對我永遠感謝的態度，這他唯一允許自己覺察的感受，和其他被推到一旁非常不同的感受連結起來呢？

當治療的第一個假期快到時，我特別擔憂，不確定我與他建立的任何連結能夠維持下去。他沒有出席聖誕假期之前的兩次療程，新年後第一次療程也沒有現身。一如往常地，我寫信給他，提及每一次缺席，並提醒他希望下一週能見到他。這封應該是簡短且簡單的信件，我卻寫得很吃力，花了很長的時間尋找合適的詞句，試圖讓信看起來恰當，不要太多也不要太少是我的目的。

一月回來時，他的情緒很低落。我漸漸明白，他以為我會受不了他那麼多次缺席，因此減少他的治療頻率。當下的氛圍讓人很難記得任何事情，很消沉，不確定是否有任何事情值得懷抱希望，尤其是他們一家仍未從內政部那兒獲知任何消息。沃賈第一次談到，完成中等教育普通證書考試（GCSEs）後，他被迫放棄上大學的希望，因為他需要找工作賺錢支付家庭開銷，如果他們拿到護照、有了合法身分，將不再享有福利。家裡沒有別人能工作，所以全都得靠他。當他想起上週沒來的原因時，他解釋他帶父親去醫院檢查膀胱。

下一週，內政部的信件到來，點燃了希望。「我來了。」療程開始，他坐下時高興地說著，而且準時到。這是我第一次見證這個家庭出現正常生活的畫面：「我爸七點半叫我起床。那封信來了，他想讓我唸出來。我忘了設定要來這裡的鬧鐘時間，幾乎睡死。我唸了三次給他聽，我們必須去律師那兒，填寫一些文件。」療程後半，他告訴我他胃很痛，打算找家醫科醫師。那時，我在心中記下這第一次的光景，第一次他似乎可以當一位接受（我和他的家庭醫師）照顧的人，但是我認為留意希望引起的焦慮與身體症狀，以及接受可能帶來成長與改變的事物時所伴隨的難以承受的痛楚，也是相當重要的。

接下來幾週，他不斷提到支持懷抱希望之感的來源，譬如一位可靠的律師取代了那位好像忘了他們、去休產假的律師，學校兩位老師的故事給了他正向的回饋，不再如往常那樣覺得沒有人理解他。然而，無論是外在或是內在，仍存在著威脅，影響他可望改善的企盼。許多次療程取消了（儘管其中一次是沃賈的姊姊打來，告訴我他生病臥床，讓我安心了一些，因為透過致電給我，顯示她似乎能夠幫忙照顧他），而我努力釐清被丟下時我感覺到什麼。

缺席的意義

理解患者缺席的意義向來是困難的。當沃賈缺席時，我深信他想要我替他做一些心理上的工作。或許，他的缺席是想讓我不知所以（無消無息，或者只在療程時間結束後才得到消息）；也許透過讓我置身這種什麼都不知道的狀態，讓我體會他這些年來的經驗，也就是不知道就法律程序這個層面，他和家人即將面臨什麼事情。更深沉的是，這段經驗與爸爸和哥哥先後消失、家人無人知道他們在哪裡、是否會歸來時的可怕經歷產生共鳴。在有他的療程那日上午，我意識到強烈的懼怕，我渴望見到他安全到達，又極度擔心他不會抵達。這點不同於等待其他青少年患者時常見的經驗。或許我的反移情反應，既是在回應沃賈自己對可能失去什麼而感到的恐懼、焦慮、空虛，但也呼應他內在母親之狀態——一位承受巨大創傷性失落因而消磨成碎片的母親。我感覺自己成為一位擔心可能會因危及生命之事而與患者失去連結的治療師。

我腦海中另一縈繞不去的思緒是與罪疚感和責任感有關的議題。這一點在我之前提到和他討論路程安排時我的失誤時，已經談過。對我而言，更苦惱的是，是否因為我必須調動他的療程時間，造成他一連三週缺席。那時還看不出打斷尋常習慣會帶來風險，事實上正好相反，因為在我們商量如何安排替代時間時，沃賈明確表示我提的第一個方案不適合他，換句話說，他能夠表達他的偏好，而非順從地接受。因此，在更改的預約時間內，他看起來很平靜地前來。然而，我仍必須問自己：他接下來的缺席是否和潛意識中的憤怒有關，卻只能以被動的方式表達？這種敵意與抗議或許是正行進的工作中的一部分！讓我意識到這種可能性的是，團隊內同事的干擾讓我感受到的不舒服。我發現自己對團隊秘書在信件上犯的錯誤（例如我的職稱或是寫錯星期幾）格外煩躁，更糟糕的是，我以為是同事安排了其他會議才導致沃賈沒來見我，事實上同事安排會議是為了努力支持整個家庭，比如與沃賈母親的日間醫院聯繫。我認為我的思緒中可能有些東西，也就是一週內兩個與診所有關的約診是處理不來的，那麼被犧牲的就是他的療程，因為他會讓自己委身於父母的翻譯員或照顧者，而忽略自己的需求。但是讓我深思的，是我對同事的非理性憤怒，他們當然努力照顧整個受苦的家庭，在我眼中卻成了競爭者，爭奪機會做任何有成效的工作。我感到無助，被丟下來等待某個不會出現的人，也感到挫折與嫉妒，嫉妒別人能夠有效地工作我卻不能——這相當不尋常的反移情，點出了沃賈在表達任何對我的負向感受上時遭遇的困難。

缺席的療程總能揚起與死亡相關的恐懼。沃賈常穿的灰黑服飾（一部分，不完全由校服決定）與非常蒼白的膚色，讓人產生不怎麼曬太陽的印象，也暗喻著哀傷永無止盡的陰霾從未遠離。

偶爾，我會看見他對生命是否持續感到不踏實，感覺自己在強大的權威人物眼中被遺忘，或者根本不是人，就是這種對生存的威脅的例子之一。第二個例子和他的學校有關，沃賈就讀的學校備有「特殊措施」（用最無益的外在方式回應他內在的不安），他告訴我，他得知學校準備關門大吉。他可以預見不久的將來，他和其他（以前的）學生跟人們說他們去哪裡上學，但是沒有人能理解，因為那時學校已經消失了。他進一步解釋，他認為到時大樓會拆除，沒有任何證據能證明他上的學校曾經存在過。現在，我們能夠聽到追尋在科索沃失去的家園、被摧毀的村落的回響，但在他的描述裡，與其他即將失去這所學校的人共享這份境遇的這點也讓我驚訝。在我看來，他那絕對的孤獨此刻似乎有所改變。

在療程沉默的時刻，出現在我心中、讓我印象深刻的是，沃賈在兩種語言之間生活的問題——漫長的沉默，不禁令我思索我說的話到底有沒有引起他的共鳴。在家裡，英語是外語；在學校，他的英語學得很好，對話也沒有問題，單就語言而言，他和其他在倫敦上學的男孩別無二致。然而，在我與他對話之間的沉默可能呈現出他心中一些複雜的翻譯與歷程。借助翻譯員幫助的同事注意到，翻譯員轉譯所需的時間反而創造出一個空間，是很有益的功能，這點說明了此種放慢速度的歷程，有助於調節探索創傷經驗時帶來的痛楚。

現在，我想將上述的臨床境遇與另一位患者比較。在我看來，這位患者可以說是身在自己國家的難民。

韋恩

我第一次見到韋恩（Wayne）時，他十四歲，非裔加勒比男孩，寄宿於寄養家庭，在一所為中度學習困難的學子開設的學校上學。他由母親養育直到八歲，接著母親遺棄他，轉由社福機構照護。治療一年後，我才知曉韋恩如何理解這一切。他深信，母親一定是遇到了一些困難，短暫地把他留在社福機構，然後找不到來接他的路。他認為，母親仍在找尋他，但是迷路了，這中間當然出現了各式各樣的意外，例如辦事處遷移、她在辦事處下班後才來、留言傳錯人等等，以致他們聯繫不上彼此。他讓人覺得他的一生都在耐心地等待。值此期間，他與父親、祖父和一大堆兄弟、叔叔、阿姨等親人仍保持聯繫，父親和其他女人生的孩子都是他的兄弟，其中一位和他的小媽媽住在一塊，約四到五歲，似乎特別重要，當他們移居巴貝多時，韋恩表現出明顯的失落。

他憂鬱的程度令人擔憂，因而受轉介來接受心理治療。他是一位極度悲傷的男孩，幾乎無法對任何事情表達任何感受，情感上奄奄一息。看起來，他的智力受限很可能與深沉的憂鬱密切相關。他似乎關閉了整個維生系統，以致落入一種活著，但也僅只是活著的處境。他緩慢、困倦地行走，肌肉鬆弛無力，面無表情，也鮮少說話。由於他沉默寡言，特教學校為他安排了語言治療課程，事實上他幾近自閉，心智幾乎無動態，他可以彷彿無生命般一動也不動地坐著，維持很長的時間，就像是待在沒有時間、沒有動作或聲音的世界裡。

不幸地，在我見到他時，因與先前的治療師過早且非預期的結束治療工作，而在治療中重複了遭遺棄的創傷，這也是我見他的原因，可說根本是他的狀態的本質。令治療師詫異的是，在歷經幾乎沒有生命徵兆數個月後，最後一次療程，韋恩清楚明確地請求協助。儘管只有寥寥幾個字，但強烈的投射性認同攫住了她，使她堅信必須再找一位新的治療師。出於候診名單的壓力，延遲數個月後，我才得以接手這個案例。

微渺的生之息

在本章前半部，我探究了當創傷切實地踏進診療室時會發生什麼這個問題。韋恩的情況，難題在於他消極被動的程度對我造成了影響，我不是以近乎死寂的方式漂進心智空洞的狀態，所有的生命煙消雲散，要不就是挑起我的躁動不安，並在反移情中感受到壓力，催促、要求他回應。而這顯然適得其反，因為我看見我的任何鼓舞或者增加交流，都使他更進一步退縮回到內在世界。在療程中維持一定程度的興趣、一些保有希望感的空間等變得極度困難。我試著將這種狀態理解為患者透過非語言的方式與我溝通，卻又幾乎被吞噬，無法對他提出任何有意義的東西。雖然，我僅只是說出我的詮釋，但是任何談論感受的言語都被視為威脅，而這種表現方式更像是在說一種全然陌生的語言。

縈繞韋恩的生命微弱之感，使我感到更強烈的孤獨感。他的社工安排了一位陪病者護送他到診所來。開始工作前，我曾與他的養母見過一次面，一位像祖母般的人，有成年的孩子和孫子，打算接受機構的建議，但是她和韋恩生活的痕跡似乎很少。很快地，我的治療經驗讓我清楚知道她之所以退縮到一個參與不多的位置的部分原因。在我開始工作後不久，韋恩的社工便離職了，我給社福機構打的電話、寫的信件都落入毫無回應的無底洞，當他在第一個假期將臨之前不再來診所時，我聯繫不上任何人。養母已前往牙買加長期探訪，沒有社工可以聯繫，韋恩也不回覆我的信件。無法抵擋的無望感再度重演，非常強烈。他沒來的那次療程，正是我對他說明我的聖誕節假期那次療程之後的一次。我確定他以為我要離開他，而在外在世界中，所有在必要時必須負起父母之責的重要他人也是如此。

心智成長之跡

約莫有一個學期，我處在憤怒地試圖從社福機構或寄養家庭那兒得到回應，在強烈的徒勞無功和迫使我放棄的絕望感之間苦苦掙扎。事實上，考量到候診名單上其他孩子的需求，實際上我給予韋恩的時段是一個很難保留的可貴時間，加上療程中為了對於發生在診療室的事情保持清明、苦痛掙扎的記憶，全都合謀著將我推向放棄的邊緣。不知怎麼地，我沒有放棄，甚至將他的療程時段保留下來。令我驚訝的是，有天我接到養母女兒來電，她會在養母出門時照看一家。她告訴我，她很擔心韋恩，也知道他必須來診所，才能接受協助、表達他自己。她承諾下週會帶韋恩前來。儘管遲到很久，他們還是到了，一位精力充沛的年輕女子，她的兩位孩子（十八個月和三歲）充滿活力，韋恩則一如既往地龐大且無力。由於療程僅剩幾分鐘，又和上次療程間隔數月，我決定用剩下的時間一起告訴韋恩和寄養家庭的姊姊如何重建治療。

在接下來的幾個月，儘管經常出現小規模的重複情況，但是再也沒有如此貼近地與治療之亡擦身而過。不過，我想集中精力描述我是怎麼試著讓工作進行下去的一個環節。我意識到，我必須探究在我竭盡全力和他接觸，以及他的緘默退縮之間的不平衡。我努力放慢語速、簡化句子，留下大量的時間，等待他可能給我的回應，也努力運用任何他在言語表達時傳達的片段，作為溝通的基礎。我們開始談論他是如何無法思考，亦即失去思考的經驗，有時我們能在療程中看見它發生，也因此我試著將這種經驗連接到失去思考的情感意義，於是出現了微小向前邁進的自發行動，我焦急地收藏起，作為韋恩貧乏的心智中成長潛力的證據。

最後，一位社工師出現了，提供了有效的協助，支持韋恩自己前來診所的點子。現在，他十六歲、上了大學。儘管起伏不定，轉變出現，韋恩有能力和我討論在他來診所的路上發生了哪些事。他通常很晚才到，我則和他聊發生了什麼。他會從離開大學（可能已經遲了）開始解釋、弄錯列車與車站、因路過的商店分神等等。接下來一週，他生病了，令我激動的是，他致電診所開口說明無法前來。他解釋，他認為我會猜想他去了哪兒、擔心，所以他想讓我知道發生了什麼事。再下一週，他有別以往地準時到達，在踏進我的診療室時，我看到他看了走廊上的時鐘一眼。在我看來，這是在責備我，因為一通緊急電話讓他在候診室等了兩分鐘。當我提到這點時，他幾乎要承認了。

某次療程，我看清一個讓他從受創的上半生走出、並且很好地運用自己心智生活的重要因素。他告訴我他前來診所的路途，包括他近乎微笑地走進文具店去買上大學需要的東西，他意識到自己會因此遲到。他似乎能感受到在選擇讓我等待時攻擊的那面，連結到在家裡時「遺忘」養母要他做的事情——他起身回應，但是想不起來為了什麼事情，以至於什麼事都做不了。我們花了很長篇幅談論接下來在車站發生的事情，他必須搭上銀線地鐵，但是他對於前往阿克斯橋（Uxbridge，相反方向）站的紫紅線更感興趣。他想著列車從哪兒來、要去哪兒（幾乎像一位鐵道迷小男孩那般），盯著列車瞧時，他意識到自己錯過了銀線列車；他在兩組軌道之間迷途。

我看見這段歷程：從他總是經驗到的遺忘（就像有東西掉進他心智的黑洞裡）變成主動轉身離開。我認為，是時候向他描述他認同了一位朝反方向前去的人，也許像療程尾聲的羅斯汀太太或是很久以前的媽媽離開了韋恩，這位想來這裡和我在一起、孤苦伶仃、被奪走多數療程的韋恩。當個忘記事情的人，或許比被忘記好得多。

最有趣的是，兩條思路就像兩組鐵軌，同時存在於韋恩的內心深處。全然失去謹慎留意感，暫時被眼前的選擇與方向接管，也取代了對於走這條路或另一條會遭遇什麼後果的覺察。

我認為，這位男孩可能因為遭到遺棄的經歷，感到強烈的憤怒、恐懼、憎恨，以及隨之而來的罪疚，致使他的心智徹底休眠。治療中，我多次陷入幾乎要重演遺棄的境況，小到在療程之內與之間，大到我必須不斷努力維持治療與面對放棄治療的誘惑。我所提到的強烈感受，主要是發生在我心中，例如對社福機構的不適任感到憤怒，或是對於不斷發生幾近重複的事感到罪惡，對我親眼所見的消極感到痛恨進而引起我的敵意。有時，我猛然想起奴隸與全能的主人之間的關係與動力。看起來所有的效能感總是落在我身上，韋恩則什麼都沒有。與這類沉默且消極被動的患者工作時，在療程中所面臨的無聊與空洞，對於人的沉著心態而言，著實是令人寒毛直豎的挑戰。若是對浪費生命的憤怒太少，將導致致命的共謀，也就是上演了遺棄一位活生生的孩子；若是過於自在地表達憤怒，則可能使患者的恐懼凍結，因為他早已深信，在他的一生中應為所有失去的一切負責，包括受不了他的母親——他對她而言太沉重了——留住某人的唯一希望就是當一隻無害的小老鼠。

找到語言，予以命名

在治療期間，這兩位男孩都處在我預期常見的青春期熱切、興奮與不適的年紀，而非憂鬱的惰性狀態，我稱這種狀態為失敗的心理發展。置治療於死地的長久威脅是臨床工作的核心議題，也是得以接觸他們早期的創傷性失落與留在心上的陰影的方式。可怕的外在事件毀滅性地穿透並破壞了他們的心智，而他們所依賴的系統組織持續的失誤與殘酷，對治療造成許多技術上的難題，因而難以區辨內在與外在現實，也讓治療師在壓力下過度注意與感覺持續發生的外在難題。若在此點失衡，只會再次證明無法提供他們需要的東西。

我認為，能夠接觸這兩個生命當中那令人難以承受的面向，會讓人深刻地感到不安是顯而易見的，但是協助這些男孩以合乎現實且充滿希望的精神去承受一些事物是我的任務！我認為，對我有幫助的是努力描述，為我的思緒與觀察找到語言，其中多數是對我自己說話，是內在對話的一部分。不可承受這個概念讓人想起比昂說的「無以名狀的恐懼」（nameless dread）。若能予之命名，則能解除一些力量，也才能進一步看清，使它成為可以思考的對象。若少了這段可思考的歷程，這類年輕人很容易受到危急的激烈情緒影響，既可能將情緒轉入向內、折磨自己（韋恩的例子非常明顯），或者以暴力行為的方式爆發（有時會發生在沃賈身上）。得知二○○五年七月二十一日涉嫌倫敦爆炸未遂案的兩名炸彈客是青年難民，我很不安（他們從厄立特里亞〔Eritrea〕與索馬利亞逃離可怕的內戰、輾轉來到英國）。生活的全球化迫使我們不得不認真思考，待在成年人經常完全無法提供涵容的社區裡，青年面臨著令人難受的經驗所帶來的風險。家庭內世代的崩解，加上國家之間無法擔起責任，留下了讓危險發芽的縫隙。然而，精神分析能幫助我們開始理解這些內在歷程，也就是將創傷性失落轉化為如此糟糕駭人的內在過程，以至於只能形成強迫性重複，讓自己與他人都陷入折磨與毀滅之中。

【第二章】青少年心理治療的身分認同議題（1989）

佛洛伊德的偉大作品《哀悼與憂鬱》（1971〔1915〕），眾所皆知是精神分析取向談論內在客體的起點，他的觀點之核心在於，將憂鬱或病態哀悼的狀態連結到個人與已失去的客體之關係。有別於能夠接受失去逝世之人的現實，體會傷慟、哀悼，再度投入世界、創造新關係；所失去的通常是一個人，但是在某些案例中，是一個想法或信念系統或自我概念仍佔滿憂鬱之人的心思，在這層失落的陰影底下過活。以佛洛伊德時常被引用的俳句來說：「客體的陰影『落在』自我之上。」亞伯拉罕，乃至後來的克萊恩，更完善地發展了佛洛伊德的理論，說明其核心難題在於：對失去的客體有著矛盾的情感關係、哀悼者潛意識中憤怒的責備使他受困為囚徒。亞伯拉罕將這些想法與早期母－子關係的變化結合，而克萊恩優秀的作品〈論哀悼〉（1935, 1940, 1945）則拓展了我們對於自體與內在人物的關係之理解，詳盡描繪出內在世界之樣貌。在她的描述中，兒童的心智是一個充滿母親、父親、手足般人物的世界，這個世界是透過內化兒童所經驗到，並受潛意識幻想形塑的家庭關係而形成。

之於許多精神分析取向兒童心理治療而言，這是十分重要的理論背景，日後也有許多作者就此說明。本文特別關注內在父母之間關係的重要性：他們是何種伴侶？哈里斯與梅爾策（Meltzer, 1976）以獨創的方式撰寫此一主題，近來曾對思考能力與伊底帕斯恆常的連結感興趣的布里頓（Britton, 1989）也探討了此一主題。他主張，孩子眼中的母親與父親被視為一對，各自與孩子有著獨立的連結，這樣的三角形是心理健康的基礎。

此理論已證明，特別能夠協助我們理解正接受兒童心理治療中那些受忽略、剝奪與不當對待的孩子們的心智狀態。使情況更複雜的是，這些孩子心中往往因家庭結構崩解而有多重的父母人物，此紊亂也會反映在他們的內心世界。

我打算述說的治療，屬於一位早年生活混亂的青少年。他的世界裡，愛、忽略、暴力行為總是出乎意料造訪，然而毫無疑問地，他也是母親以自己的方式所愛的孩子，因此，他不是對於愛毫無概念，而是一位覺得自己值得被愛、也能夠愛人的孩子。然而，在社工和養父母轉介他前來的那刻，他內在世界的樣態，顯然讓心理治療師開始思索那些離開不適任的家長照顧的孩子們，那些因而無法在新的家庭中運用好的替代照顧的孩子們。吉安娜．亨利（Gianna Henry，譯註：即吉安娜．威廉斯〔Gianna Williams〕）在經典論文（1974）中指明，這些孩子承受著「雙重剝奪」之苦。這層多出來的剝奪與早年生活環境的破壞力來自內在形勢使然，也就是，出於各種因素，孩子深深地認同具有破壞力的原初父母客體，這對於發展能滿足孩子必要的依賴需求的新關係造成了巨大的阻礙。這些孩子在內心深處似乎困在過去，把自己層層包圍，與可能有益的新環境隔絕開來。在替代的家庭中，他們的心智狀態傾向於侵蝕新的父母人物帶來的希望與力量，因此重演了早年的傷害。在不安寧的處境中，透過緩慢發展兒童的內在世界的內在父母人物這段歷程，心理治療介入有時先是帶來涵容，最後帶來轉化。

麥斯

麥斯（Max）出生荷蘭，母親是年輕的白人女性。據信，他的父親是名黑人水手，在他出生前就失去音訊，那時母親正與另一名男友同居，後來也分手了，麥斯的記憶裡，在他四歲被安置之前，母親曾與其他兩位男人住在一起。

母親生活窮困，不僅海洛因成癮，同時使用其他多種毒品，無法照顧自己和麥斯。他記得兩歲半左右因為營養不良而住院，也記得拒絕母親將街上撿來的濕衣服套到他身上。快四歲時，麥斯與母親被送到一個家庭過夜，這個家庭為了支持一所復健機構（旨在幫助無家可歸的毒癮者）而伸出援手，因此非常密切地參與麥斯與母親的生活，試圖提供幫助，後來他們深信母親迷頽的生活不太可能改變，也會對麥斯造成非常有害的影響時，提出成為養父母的申請。法院批准了，此後麥斯一直都是這個家庭的養子。

收養他的家庭成員包括白人中產階級的商人和專業人士父母，以及三個親生孩子，兩位男孩比麥斯大，女孩小一些。在法院判決後不久，父親的公司要求他移居倫敦一陣子。社會工作機構聯繫了塔維斯托克，為麥斯尋求治療。在對（現年七歲的）麥斯與家庭進行評估後，決定提供麥斯高頻的心理治療與父母穩定規律的會談。

麥斯七歲半時，開始接受我一位同事的治療。他患有哮喘、經常生病、常做可怕的惡夢、對上學充滿焦慮，特別強烈的是他不斷想和母親住在一塊。他無法理解或接受這是不可行的，當他重複地問「為什麼我不能和我媽住？」時，是如此全然地拒絕養父母愛的努力，使他們痛苦不已。在治療師眼中，他是非常好工作的小男孩，充滿想像力、渴望分享他的焦慮，但是一如他的家人，她面臨他理想化母親所帶來的令人無力的影響。在他心中，他與母親有著一段受保護的關係：在潛意識幻想中，他是富有的王子，將會拯救被遺棄或囚禁的公主；他怪罪收養家庭將他與母親分開。支撐這份理想化的因素似乎有好幾個：如果麥斯放棄的話，他必須面對四歲時遭半放棄的痛楚，並且帶著這些知識接受母親的無情樣貌。理想化使他免受被吞噬、撕成碎片的原始焦慮之苦，然而這些焦慮紀錄在他的遊戲與駭人夢中，成為宇宙級的恐怖故事。最大問題是，緊抓這份理想化，如此投入其中，保護他不用冒險真的依賴新的家庭或治療師。此外，與母親團圓的信念帶來的誘惑性愉悅，建基於他扮演王子，也就是拯救者這個角色，讓他得以迴避所有的伊底帕斯議題、與痛苦的手足競爭，這些是他在新家庭所面臨的幾乎無法忍受的難題。因為他曾經，甚至整個童年都對親生子女與收養子女的差異感到困擾，也因為他的黑皮膚甚至無法假裝是家裡的孩子之一。身為一位外人的苦痛，似乎驅使他返回自己美好的與母親團聚的潛意識幻想中。

痛苦的整合

第一階段的治療工作，使麥斯漸漸能夠面對與母親的生活有關的一些現實。在拜訪她（這是一項開放收養，能夠持續與母親和她的家族接觸）時，他看見她的生活一團糟，總是生病、無法睡覺、吃很多藥。但是，認知到這份現實，使他必須直面自己對母親未能照顧他的憤怒，也讓他害怕猛烈的怒火可能爆發，強烈地引起照顧她的渴望。他控制不了自己的怒意，努力保住母親形象，將責備轉向它處，他會這麼說：「她不知道她給我的是不好的」、「是別人拿藥給她」。一次特別恐怖的拜訪是，母親尾隨他至機場，緊抓著他，使他錯過班機。

在治療中努力協助患者整合他反覆否認與他認識到母親的問題，對孩子和治療師來說皆非常痛苦。治療師自覺在奪走他的最愛（也就是理想化的母親意象），麥斯則覺得她迫使他經歷那些難受的感覺。同等重要的，也是他後來遭遇到的問題核心，是他對出生前已失去音訊的父親的意象。關於這點，麥斯的想像是，父親找不到他和母親，仍在尋找他們。這幅孤獨又著急地四處奔走的父親意象，和暴力、有毒癮、凶殘的男性人物意象，形成鮮明對比。某次參觀杜莎太太蠟像館（倫敦蠟像館）之後，他做了可怕的惡夢，他解釋他動也不動地躺在床上，如此一來殺人犯來他的房間時，就不會注意到他在那裡。

麥斯在家裡的格格不入、疏離與孤絕感，是他願意談的事情，對一位有這樣酸楚身世的這個年齡的男孩來說是相當不尋常的，例如，他說：「我無法融入這個家庭。在我來塔維斯托克之前，我就曉得我融入不了。」他意識到與母親分離帶來的創傷性影響。關於他自己，他會說：「有些人三、四歲就不再長大了，他們看起來不對勁。」或是把自己和其他的孩子對比：「其他的孩子會說『我要和我媽去做這個』或『我要和我爸去做那個』，但是我永遠都不能這樣說。」

麥斯長達四年的治療使他更能親近新的家人，在治療結束時，治療外的生活似乎也適應得不錯。但是治療師心中仍有個想法，也就是日後青春期階段，他可能需要更進一步的協助。在不同發展階段的影響之下，特別是面迎青春期的巨大變化時，一位孩子重新衡量對自體的感受，會密切連結到他心智之中父母配偶的原貌與發展。當青少年感受到性慾的催促時，他們對父母性交的想像，會是他們得以建立關係的基礎。

長程治療的承諾

這些年來，每當麥斯尋求更多的治療時，總有定期的會議審議，然而卻從未做出任何安排，直到他的十六歲生日。於是我受邀見他一面，了解他對於更多協助的請求。他來見我時，我看到一位高大健壯的年輕男人，有著淡棕色皮膚、留著捲曲的爆炸頭，給人一種溫和的巨人印象。他冷淡而不安、對談如流，但是這場面談並不順遂，因為他非常客氣地否定了幾乎每一個我提供的意見，同時傳達出非常需要關注的感覺，讓我感到必須在巨大的壓力之下把事情做對，而我顯然無法。如此境地的本質是，出於他告訴我的，在他現下生活中面臨相當大量來自各方面的困難，他想要我了解他需要協助，但也無法接受這點。我做了一件似乎是正確的事情，也就是描述這個僵局，透過接受他需要為自己的青春期克服一些困難，透過提出安排六個月的會談來看看他處理得怎麼樣，以為回應。對此，他似乎很歡喜，希望我負責安排。當我們再次相見時，非常相似的過程再度發生：問題的範圍有一些改變，但仍是矛盾的訊息，因此，我再次提出六個月的會談，這次他接受了。這時，我的感受相當清楚，我終究會有一位「患者」的，但是等待非常重要，守住這若即若離的連結，直到他準備好靠近。可以說，我必須忍受這種拒絕，同時對他暗藏的需求保持敏銳，在考量這兩點之下做出臨床反應。

第三次療程，模式改變了，我們有了不一樣的對話。麥斯相當清楚地表明他被困住了。他說，事實上，在克服各種難題上，他沒有任何進展，並且在這點上已有決心，現在的他極度想要獲得一些協助。可以明顯地看到他對時間的流逝與浪費感到焦慮。他現在十七歲了，成績很差，雖然聰明，但是學業總是表現不佳。與手足相比，前景黯淡、沒有朋友、與母親持續無效地衝突，對於意識到自己應該漸漸獨立卻動不了而感到羞恥，這些都讓他感覺很糟。我說，我能提供他一週一次的療程，我們可以討論這對他而言是否足夠（他的前一段治療是一週四次）。我補充，如果這確實是難題，過一段時間之後可以提高治療頻率。如果他想要的話，我提出為他找一位現在就能安排一週超過一次治療的同事。他接受了我的空檔與我工作。我也告訴他，我認為他可能想在我們開始工作時使用躺椅，從這些與我的探索性會談過渡到一個對長程治療的承諾，也能夠讓我們現在的工作和他小時候與前任治療師的工作有所區別。我這麼建議，是因為注意到並在心中記著，被盯著瞧會讓他很不舒服。

於是，我們開始工作。我必須補充一些這些年來他生命中的重要事件。他十二歲時，母親死於複雜型態肝炎。麥斯告訴我，濫用藥物完全地摧毀了她的肝。差不多同一時間，他的養父母離婚了，父親回到家鄉，母親和孩子們留在倫敦。雙方後來都找到了穩定的新伴侶。

在頭幾次治療中，他慢慢地向我介紹他的世界。最表面的是他與母親的青春期衝突，關於抽煙，也有關於他能多常在晚上出去、幾點該回來的激烈爭吵。某種程度上，這些聽起來像是典型的青春期叛逆。然而，並非如此，極有可能成為事實，因為麥斯認為他經常受到隱約的威脅，也就是他會被趕出家門，永遠！或許是他強烈的感受擾亂了判斷，他覺得自己應該要準備離開。開始治療時，他直接讓我知曉這點，解釋接下來的兩年會在倫敦，兩年後，他打算回到荷蘭。我認為，他試著為自己可能會漸漸對我產生的依附畫下限制，從一開始就小心地安排，這麼一來才有辦法離開。母親那邊絕對有些問題，或許她怕他抽煙，是因為她覺得那是邁向毒品與成癮的第一步。儘管爭執，他們之間仍有溫暖的情感，麥斯明白自己不想傷害她，想用好的方式離開家。和其他家人的關係才是比較困難的部分，他覺得手足蔑視他、嘲笑他的想法，特別是他們從未認真公平地面對他的政治理念。他說：「我進門那刻，所有的談笑會戛然而止。」他眼裡的自己，是個未經教養的孩子，不知道如何恰當地說話，不知道該穿什麼衣服、怎麼吃飯，某個程度上仍是那個街邊撿來的窮孩子。

衝突、困惑與擔憂

在我們工作的頭幾個月，麥斯透露出幾個重要的身分認同衝突與困惑：他是否是教養良好的兒童、有家的孩子、享有同等的權益與前途——這個老議題是他裸露的傷口。

我們花了許多次療程處理他像個外人的感受，並詮釋他對正常家庭生活起伏有著偏執的傾向，於是，我們能夠探討由來已久的問題，那就是他不能為自己發聲，因為極度擔心遭到拒絕，他害怕表達任何憤怒的情緒。這點使他與虐待他的手足共謀，一種自我毀滅的共謀，而現在的他厭惡這點。與此有關的困難是，相對較差的學業表現。老師們一致相信麥斯能表現得更好，麥斯則搖擺不定，一會為自己智力上的優勢自豪、一會對真實成就非常絕望，難以開始行動。現在，他就讀國際預科文憑（International Baccalaureate），期末考表現得不錯（比他的養兄好得多），讓他對於自己在家中的地位有了非常不同的感受。

焦慮的第二個來源，與他對性的困惑有關。他的哥哥嘲笑他，說他一定是同性戀，因為他沒有女朋友，他深受其擾。藉由與一些能夠炫耀的女友們交往，他試圖證明自己是「正常」的，他可能與她們保持很遠的距離，遠到她們被看成是獨立的人，但是無法順利發展關係，或是他會一頭栽進性關係，毫無溫度與個人感受，留他一人一如既往地孤獨。漸漸地，他向我述說他對男孩的愛慕。他無法釐清他想要的是一段友誼還是情愛，或者與這兩者有關，不過隨著他不再害怕找出答案，他鼓起勇氣探索可能的發展。

另外他也擔憂自己的政治傾向、和家人對此的否定與嘲弄。他認定自己是社會主義者，加入托洛斯基主義黨（Trotskyist sect，譯註：自馬克思主義分化而出），渴望投注所有精力於政黨活動中。如他所言，他體會到一種對「政黨」的歸屬感，但在享受運用這份歸屬來梳理家中的紛爭，以及隨之而來的道德優越感同時，他也感到沮喪，因為他顯然少了點持之以恆，也反覆認識到這些活動似乎未能減緩他的孤單。就地域而言，他屬於哪裡也是個問題，是倫敦還是荷蘭呢？歸屬哪個家庭，是與養母和手足、養父與繼母，抑或是生母那些還保持聯繫的親戚？這些地方他都待過一段時間，從這裡過渡到那裡，總是讓他感到非常混亂，這一點他也讓我活生生地體驗到了，在前往荷蘭時，他用極短的時間計畫、知會我，因此從來沒有機會事先思考如何安排治療缺席。值得注意的是，麥斯無法待到我的假期來臨前的最後一次療程，也無法在假期後的第一次療程回來，旅程的來來去去象徵著（與我有關的）由任何的治療中斷引起的無家可歸感。他總是在缺席後才發訊息通知我，如果有的話。我記得好幾年，我必須在心中記掛這份連結即將斷裂的擔憂與不安，但這對麥斯而言卻遙不可及。

身分認同

或許有人注意到，我還沒有提到與種族身分認同相關的感受，因為很長一段時間，這並非他意識上關心的事。然而，我相當關注這點，儘管在治療前幾年他完全不談，也不在言語上回應我針對這個主題述說的任何事情，但是他的行為說明了這點有多重要，例如：他和黨員在諾丁丘（Notting Hill，倫敦一個族群非常多元的地區，也有著政治激進主義的背景）附近非法張貼聚會與示威活動的海報，三個人一起被逮，進了警局。麥斯描述警局裡的可怕事件，他被關了好幾個小時，不能和母親聯繫，警探威脅他、問了一些凌厲的問題。

他用極為緩慢且詳細的方式描述，在故事完結之前，沒有任何線索可供推測，聆聽時，焦慮侵蝕我，我擔憂他在警局的遭遇。我怕他要說出口的是虐待，也對程序的無禮與荒謬感到義憤填膺，心中充滿質疑：這個技術性犯罪（非法張貼海報）是不是被用來當做逮捕與騷擾年輕的黑人社會運動參與者的藉口。就我自己而言，聽到這樣的故事，我可能會有這類感受，不過心中升起極其強烈的感受，我懷疑自己肩負兩倍分量，我的反應、加上麥斯沒提到的焦慮，也就是半夜時分黑人會在警局遭受何種待遇。他沒提到他的膚色，甚至沒提到隔天早上他的白人中產階級母親終於出現在警局接他回家時一定會帶來的衝擊！

一段時間之後，當他決定在布里克斯頓（Brixton，倫敦一個居住大量非裔加勒比族群的區域）的一間店，將長髮編成辮子時，他有能力坦率地承認對自己的種族感興趣的跡象才姍姍來遲。療程裡，他經常玩髮辮，將緊繃的捲髮完全拉直後，纏繞於指間，有點像是幼兒（常做的）玩自己的頭髮，或是嬰兒玩母親的頭髮那般，一點也不像是青少年有意識地追求打扮。有一週，他告訴我一趟失敗的髮型之旅。他誤判旅程、迷路、嚴重遲到。他傳達出一位迷失的小男孩在布里克斯頓遊盪的畫面，讓我再次替他感到焦慮，這才明白他無人可找這一點多讓人心痛。當頭髮終於定型，他想告訴我的是過程多疼、必須花多少錢和時間，事實上，他說頭還在痛，因為頭髮拉得太緊了。那天的他，看起來就像個孩子，甩不掉一頭不想要的髮型，而不像個青少年，驕傲而挑釁、試驗拉斯塔法理（Rasta）認同（譯註：崇信黑人與衣索匹亞）。

一直到第二年治療的尾聲，他才鼓起勇氣探索種族差異。他不斷地讓我知曉這點有多重要，例如參加學院的黑人學生會。不過，他對於我試探性的意見置之不理，也全然否認他對於我和他膚色不同這件事情有任何興趣。我找不到任何方法探索這個想法，亦即在膚色這個向度上，我們對世界的體驗，他的感覺可能與我不同，讓我覺得提起這個看似無關痛癢的問題很愚蠢。他從未明說女友們的膚色，卻假設我知道這些枝微末節，當我想討論時他不直接告訴我，而是暗示他一直跟我說過是什麼意思時，這件事就會忽略過去。藝術創作是他的興趣有所覺悟之媒介，為此他付出了許多時間。他向我描述他正在創作與非洲藝術相關的繪畫與雕塑，這項發展達到高峰，當他帶著國際預科文憑作品集，向我展示他的藝術創作——以藝術家迪亞戈．里韋拉（Diego Rivera）為核心，包括許多自畫像，讓人注意到他的加勒比特徵。作品集也包含麥斯有說服力的關於黑色面孔的文章和審慎引用的語錄，他似乎藉此讓自己安身於黑人藝術家的體系中，帶著驕傲探索他們的身體，清楚地知曉這遭到詆毀的意象，並對此霸權提出異議。

臨床素材

接下來呈現的是，我和麥斯一同工作最後六個月療程的素材。在兩年半的工作之後，我對移情關係的詮釋是否恰當充滿信心。在一段長時間沉默之後，麥斯似乎在理智上接受我做的連結，但是會以「那又怎樣？」之類的話回應，有時讓我覺得他需要我說的比我能說出的還多，有時讓我覺得受到壓制。

這段時間，麥斯正在探索他的同性戀傾向，非常渴望討論。某次療程，他以討論與傑克（Jack，一位突然結束他們關係的近期愛侶）的對話開始。他說，到頭來他們覺得彼此之間的感情是友誼，平淡的聲音不帶有一絲情感，他繼續談起與另一位男人的一夜情，「我好像一點感覺也沒有。」我評述他以疏離的方式說起這件事，在情感上應該有些意義。他繞回傑克，說他對傑克也沒什麼感覺。傑克想重新開始，但是麥斯已經說過他們當朋友就好，不然最後會痛恨彼此。他用冷淡且輕蔑的方式談論，最後說到，當傑克如此投入、說愛他時，這麼做或許有些殘酷。他帶著一些些自滿，補充最近有兩個人對他說，他們從來沒有對別人有過像對他的強烈感覺，而他一點也不懂這種感受。我說，他在向我們介紹一個非常冷淡的、缺乏情感的他，這讓他擔心，當其他人感受如此強烈而他卻毫無感覺時，會發生殘酷的事。一開始，麥斯好像沒聽懂，問我那是什麼意思。當我保持沉默，心中思索他是否真如外表所表現的不懂，最後他提出，或許我是指他特質裡冷淡那部分，我同意這點。他說，與其說他冷淡，倒不如說他毫無感覺。「空洞？」我猜想。嗯，他應了一聲，接著他說起更多與傑克有關的事，傑克是同志酒吧的經理，至於一夜情，他說他有點罪惡感，但是沒有真的傷到彼此，因為他們都知道事情差不多就是這樣，敘說時扯著捲髮。我發現，我思索著他的生父，也許是麥斯人生第一次一夜情，並且感到擔憂，他可能冒著染上愛滋病的風險，畢竟這個年齡感染的人數最多。換句話說，此刻滿是苦痛的焦慮在我心中翻騰，而他顯然仍極為淡漠。

接著他說，這就像發生在他和母親之間的狀況。她很苦惱而他卻好像什麼也感覺不到。我提出，這個重複的主題，亦即一個人麻木無感、另一個人覺得被淹沒，或許會引起他的共鳴。他問我，共鳴這個字是什麼意思，我用迴響這個詞來解釋，他認同了這個想法（偶爾會有一些他不理解的字詞，我原本以為那是他豐富詞彙的一部分。在我看來，這些字往往與象徵有關，我推想這些字可能都是那些我認為精確挑選過的。有時納悶，這是不是一種讓他確信他與我的文化背景有著差異與距離的一種方式？）

我問，他能否告訴我一個例子，關於他想到他和母親之間的事。一會之後，他告訴我一個故事。幾個月之前，母親節時，喬

（Joe，母親的伴侶）給他十英鎊買禮物送母親。他自己也有一點點錢，在塔維斯托克附近的瑞士屋（Swiss Cottage）市集看中一個包包，他指向沉重、帶點老氣的公事包，覺得非買不可。他當時想的是，他是個即將上大學的歷史系學生，需要一個像那樣的包包，才能裝下他的經歷到處去，包包售價是十英鎊，所以他用喬的十英鎊買了這個包，然後給母親買了一小盒點心。回家時，他跟喬說了，喬很生氣，要求他還錢。麥斯說好……這時他停頓了一下後繼續說故事……「喔！想起我做了什麼，讓人愈想愈尷尬。」他整個人幾乎要縮起來，但他繼續說：

> 我拿我媽的提款卡領錢還給喬。後來，當我跟她說我做了什麼，說我會還錢時，我們大吵起來。她和喬都很挫敗又憤怒。

感覺感受

我說，在他告訴我這些事情時，重要的事發生了，因為在他談到他感覺尷尬那一刻，他已經漸漸感受到相當強烈的感覺，所以他不再是那個麻木的人。他承認這點。接著，當他打算講述另一件事時，我說，我想我們應該停下來仔細思考他告訴我的事情，因為我認為這是件重要的事。我談到，喬是個像父親般的人，他覺得喬幫助他做一些讓母親開心的事；也談到他自己非常強烈地立刻需要一個包包的感受，這種衝動就像一位非常小的男孩迫切需要某樣東西，或者一位想吃糖的孩子。我探索了他需要這個包包來裝下他的經歷的這個想法，關乎他私人的過往，也關於他的學術興趣。於是，麥斯猜想，學習歷史的計畫是否意在幫助自己從過往經歷中走出來。我說，我們可以一起探索這個想法，接著我談到這個事件有個反轉，他拿到大的、成人的禮物，而母親拿到點心，像個小女孩；他沉思。我說當一個渴望或需要某個東西卻沒有資源的孩子，想必很難。他比較想當個可以擺脫這種失望感的大人，可以擺脫這種失望。他提起一個信念，也就是成年人應該堅強且腳踏實地，但是他的經驗卻非如此，甚至覺得自己比大人們成熟。

我說，透過告訴我這個故事，他覺得已經能夠面對自己如孩子般、為自己的行為感到羞愧的感受，因為他覺得我是腳踏實地的成人，不會被極度渴望的感覺沖昏頭，或者對他非常苦惱或憤怒，此外也能夠和他談被剝奪的小男孩那一面的他，亦即讓他覺得自己一無所有、也無法忍受別人有任何東西的他。他問我，我指的是不是嫉妒，我同意那是嫉妒的一種。

接著，他說，上週五他為媽媽和喬做了晚餐，現在，他打算每週五都替爸媽和在家的人做飯，他想好好學習烹飪。首先，他需要去買菜。他煮的是素菜，非常美味，讓他覺得非常快樂。我點出這幾乎是他第一次稱呼母親為「媽」，一個溫暖而深情的連結，有別於以往他冷淡且正式地提到「我的母親」。對於我的觀察，他表達出強烈的震驚。我解釋，他希望能夠做些像媽媽一樣的事，像是烹調一頓大家都喜歡的、帶來愉悅的餐點，這點與他在今天療程的改變有關——他冷酷的那面被更溫暖的那面所平衡，這部分感覺與一個希望他能學習新事物、對生命有所感、變得溫暖的媽媽——我有所連結。帶著一絲猶疑，他問：「你是這樣想的嗎？」我回答，他心想，隨著時間流逝，我是否還會對他的茁壯發展抱著希望。他憶起十四到十六歲時，他常被叫做殭屁，總是一臉嚴肅、從不洩漏任何情緒，他很欽佩那些能表達情感的人。現在，他覺得幼稚和童心未泯是不一樣的，他的媽媽和妹妹是童心未泯的，可以大發脾氣也可以開懷大笑，他卻做不到。現在，他想的是，把感情鎖起來才是幼稚的，能表達出來才是比較好的。我說，能夠直面自己小男孩般的羞恥感，並且有勇氣和我一起走過這段故事，不壓抑，讓他感到快樂，他或許會生自己的氣，但也更有生命力。接著（這時差不多該結束當天的治療了），他說那次晚餐後的一夜情有多好，感覺棒極了。我感到震驚，寒心入骨，覺得這是可怕的攻擊，對於他和家人的關係，也對於我們在療程中的親密。我說，他把美好的晚餐與一夜情畫上等號，我不認為這樣做是恰當的。在我看來，有溫度、有希望的晚餐，象徵的是有希望、更慷慨、不空虛的他，而沒有感情的性則給他一個空間容納冰冷、殘酷的他。現在，這與今天的療程將畫上句點有關，讓他覺得被拒於門外、擔心與他較為熱烈的情感失聯。麥斯用很概略的方式說出「似乎也有一個悲觀的我」——可怕又戲謔地模仿精神分析式詮釋。我指出，他用概略的方式似乎讓我所說的話變得沒有生氣，也讓他只剩下陳腔濫調，而不是有意義的敘述。

這段交談是非常重要的，也在後續數次療程再度提起，因為他對於他缺失了一些基本的東西這個想法產生了興趣。

他舉了一些例子，說明他認為自己缺少的東西，例如不理解數學概念、無法維持關係，甚或實踐他的政治理念。他將這些連結到藝術創作時無法素描人物，也讓他繼續談論老師要求他們畫的美麗的模特兒，他詳細敘述如何盯著她的裙子、眼神如何交流，又是如何痴迷且興奮地目送她離開。接著，他補充，當然，如果是男人的話，會多一些東西，一些額外的。我向他說明，他要讓我們看到他會在失去的那刻背棄且攻擊他所仰慕、感興趣並渴望的客體，如同那位女孩離開房間，以及現在我們即將結束今天的療程，他要看著我離開。他深思半晌後說：「這很複雜。」

這類的素材使我們清楚看見，他的同性戀情感多半是由失去女性的關注而起，而他對男性的興奮其實是責備與懲罰，對象是讓他暴露在被遺棄恐懼下的每一位女人。

結束治療

到了最後一個學期，期中出現一場危機。麥斯正在修一門基礎藝術課程，他選擇在上大學修習歷史前就讀一年。事實上，這為他長期以來的難以抉擇創造了解方——很長一段時間他總是煩惱如何在不犧牲其他選項之下選擇一個科目，接著又覺得遭到背叛。他設法用這種方式為兩種熱忱騰出空間，或許這暗示著內在父母配偶感受的成長，他們可以為彼此騰出空間。然而，因他將在九月離開倫敦，到很遠的地方上大學，治療會畫下句點。學期中時，他談論藝術課程一結束需馬上離開倫敦，所以會錯過最後一個月的治療。這幾乎是重複我們都熟悉的模式——他在假期前缺席——只是這次能夠討論，所以我能夠處理他必須先離開的需求，以及他對於人生是否能夠圓滿落幕的焦慮。他聆聽並理解，說明在大量的工作後，這個七月可以留下。他聲稱，改變主意是個和改變計畫一樣大的改變，因為它直接承認了：「今天的療程，我們之間發生了一些事情，而這帶來了改變。」他那傲慢自大、憤世嫉俗的態度，似乎真的減弱了。

這一點在接下來的一週更加明確，亦即他談到很想念去度假的父母，也為他們無法前來參加藝術學院展覽開幕式感到傷心（他有作品參展），此外也談到因為和妹妹的關係變得非常親密而感到開心。他不再是那個次等兒童，總是處於那些「看來正常」的家庭孩子的邊緣。他談起妹妹與男友的兩年感情，對照自己無法讓任何事情長久下去，我們討論她對於起伏生命的耐受力，也和他全有全無的方式做了對比。我將這種過度涉入或者全然無興趣的交替狀態，與他童年對母親狀態的覺知連結起來。我思索著可能與藥物濫用有關的情緒週期。對於這個連結，他雖驚訝但不質疑，而當我進一步細說我的詮釋，他聽得入神，甚至引出兩個童年的記憶，很罕見之事。

第一段記憶是他和母親在逃亡。他們和朋友在海邊，母親教他游泳，美好時光，但是他們一直等著被捕，因為他理應和收養家庭住在一起。警察破門而入，把他帶走。在那之後，他就很少見到母親，接著他來到英國，見面機會更少。我對他說，他難以相信幸福能夠延續，而這幫助我們理解為何他如此渴望先逃走；我們都曉得，他認為最好不要待到最後一刻。麥斯用另一段記憶回應我：他和母親在肖恩（Sean，麥斯兩到三歲時母親的男友之一）的公寓，母親挑釁肖恩、想找人打架，他看得出來！她打翻玻璃杯，肖恩生氣了，麥斯記得他想離開房間，因為知道場面將變得血腥。他還記得肖恩壓在母親身上，他們在做愛，母親告訴肖恩小心，似乎與她的經血有關。他坐在椅子上，努力把自己蜷成球狀、閉上雙眼。我們探討他的小男孩式混淆——無法區分性與打架，不知道什麼是他不想看見的，以及他覺得小的時候沒有人注意到他的不安與恐懼。此刻，能與我分享這些困惑且恐怖的影像是重要的。就在即將結束我們一同的工作時，我說明這些早期記憶能在他心中變得鮮活，是因為現在的他對於與人靠近抱持希望，不同於他曾堅信的，與人靠近勢必夾雜了憤怒與殘酷。

在倒數第二次療程，麥斯談到一幅他的畫作，名為〈剪斷與家人的臍帶〉。對此他做了許多聯想，但似乎暗指著，臍帶之所以能剪斷，是因為嬰兒已經準備好在子宮外、家庭外、治療外活下去。這個嬰兒有家可歸，顯然是收養家庭提供了這份歸屬感。找到家人之後，他可以開始處理分離的議題。每當分離迫在眉睫，麥斯憤世嫉俗的「那又怎樣？」的一面就會跳出來，不斷地威脅這種有合適依歸的新概念，顯然這會是繼續跟著他的弱點。

最後一次療程，三年來第一次，麥斯提到他第一次接受治療的經驗：

> 那時我和K醫師一起工作，有一個專屬於我的抽屜，放我的玩具、畫作和其他東西。我記得有幾次療程，我只是把東西丟得滿屋子，療程最後，她則留下來清理一切。

我們探討，在他眼裡，這些藝術媒材現在成為他了解自己的非常重要的方式，因為運用藝術，他能夠表達與釐清，不再只是亂丟東西。這一回，他沒有一走了之，讓我獨自清理他的情感垃圾。後來，他說：

> 和K醫師工作時不太一樣。我不去之後，事情一團糟，我父親離開了，我和母親處得不好，總是不斷爭吵。後來我回到這裡，這三年一直不錯。

討論

我試著闡述，這段時間以來，麥斯的身分認同感發生了哪些變化。用精神分析的詞彙來說，深層的身分認同建基在我們內在認同的模式、我們與內在客體的關係之上。治療賦予麥斯重整這些認同的機會，讓他能在現在的生活中發展不同類型的關係，無論是家裡或是他處。麥斯一如所有受收養兒童，有著格外複雜的關係，也就是親生父母是關係全貌的一部分。他覺得自己屬於兩個截然不同的家庭，在原生家庭這邊，麥斯認為母親是無法照顧他、照顧自己的人，父親缺席，甚至完全沒意識到父親的存在，或是因為對母親施暴而不可靠。他與母親的家族保持聯繫，包括外祖父母，後來，這樣的聯繫幫助他在治療工作中釐清了現實中他歸屬何方。另一邊，在收養家庭，母親是可靠的，但是麥斯認為她偏愛其他的孩子，父親則是挑剔，也遺棄了他們。麥斯後來愈來愈親近喬，則是一份外在證據，說明他內在較為友善的父親人物逐漸壯大。

麥斯的性身分認同會如何開展，深受這些覺知的影響。他同性戀的那面，表達的是他對殘酷的異性戀的恐懼。他總是害怕性交會造成準備不足的懷孕，他會因此被一位女孩困在他應付不來的責任當中，因此劇碼重演，一位母親無法照顧寶寶和一位父親將遺棄他們。然而，他的同性戀傾向也含有受虐順服的元素，置他於險境，因為他認同受虐的母親，那位透過性與藥物沉迷於虐待的母親。當我們結束工作時，同性戀與異性戀傾向之間的平衡仍然很不穩定，但是對於作用在這些選擇之內的情感動力，麥斯已經有所領會，也能理解自己在更專注於自戀與愈來愈有能力關心他人之間擺盪。我的工作旨在闡明他的性感受的主要成分，並探索背後的衝突，也就是當他接近性伴侶，究竟是基於對自己和他人的愛還是恨呢？

在最後一學期的治療，他富有想像力的連結能力有了驚人的發展，有別於他的人格「那又怎樣？」的那面，與失去的記憶復原有關，因此填補了許多孔洞。不同於容易掉東掉西的心智，亦即母親受藥物所損的心智模式，有一種心智相當良好地運作的感覺，是能夠收集、儲存他的想法，並予以反思的心智。這種心理功能的改善最初出現在學業上，關乎他反對當次等人的想法，次等人必定失敗，並在成功手足的魔爪下遭受詆毀。在最後一次的療程中，此種新的思考能力與情感經驗產生連結，感覺起來就像是身處房間裡的我們，每個人都額外獲得一個空間維度。早前，我時常因他無法理解情感意義，覺得生而為人的品質遭受剝奪，以致一片荒蕪。

臨別之際，我注意到這位曾經為不知道該穿什麼、嘗試過許多髮型而受苦的男孩，如今穿著自己的衣服顯得自在、頂著適合自己的髮型，是一位俊俏的年輕男子。

結論

在青春期後期有機會進一步工作，對麥斯而言是重要的，這讓他自由地找到一種生活方式，減少受自我跛足的防衛過度影響。對所有受收養者而言，重整失去親生父母、進入一個收養家庭的意義，是一生之中反反覆覆無法避免的功課。在如此複雜的愛、失望、失落與第二次機會的關係網絡找到一個容身之處，是困難的。其他具有潛在風險的時間點，包括下一代的孩子出生之時，但或許，青春期的任務，如分離、建立性關係、承擔成人的責任等才是所有時間點裡最艱難的。內在世界裡，初次分離曾經滿是傷痕，認為性伴侶會對雙方造成傷害，也會威脅到可能存在的嬰兒，與無法肩負成人任務的父母角色有關。為了尋找自己的人生，必須放棄早期受損、具破壞性的內在父母，這份痛楚可能非常劇烈，而這正是我認為心理治療能幫上許多忙的著力點。

在我看來，麥斯在治療期間的發展是活生生的例子，說明青少年的身分認同形塑的方式，根基於其內在客體關係的本質，特別是引領我們思索青少年對父母配偶的潛意識覺知是如何影響他們的性發展。

【第三章】精神病患者的僵固與穩定

心理治療中，關於面對現實障礙的一些想法（1997）

本章試圖探討一位後自閉症患者身上的特殊僵固現象，她同時活在精神病的私人世界與擁有關係和共享意義的世界。我與荷莉（Holly）工作了九年，接下來討論的是治療結束之前幾個月某次療程的素材。顧及我與她交流的意義，我希望區分已經達成的改變和精神病過程中那股持續的強迫式反芻的力量。我試著從兩個觀點思量：首先，是患者對於她認為是具保護性的妄想性防衛結構部分成癮；再者，分析師在面對工作限制時的反移情難題。在面對現實時，我和她都必須與焦慮奮戰，而在治療接近終點的現實，也讓我們更明確地注意到這些面向。

荷莉

荷莉（Holly）來自中產階級家庭，是家裡第一個孩子，二十二歲，有一位小她三歲的妹妹。當我與家長會談，探索荷莉接受心理治療的可行性時，他們用最強烈的方式告訴我他們對荷莉早年生活的感受。母親懷孕時蠻順利的，帶著愉悅與期待，等候夢寐以求的寶寶到來。後來母親似乎經歷了創傷性分娩過程，自覺被疼痛淹沒時，不僅沒有醫護團隊的支持，甚至遭受批評，因而大大地破壞了初始的愉悅心情。在漫長的分娩後，藉由產鉗助產，荷莉出生了，但狀態危險，父母認為是缺氧造成，但是具體狀況不明朗。

一開始，寶寶就沒有交到母親的懷抱，而是進入加護病房。後來培養起親餵的默契，持續了三個月。關於最初幾個月的重要記憶，母親想表達的有：有一種感覺是無論她為荷莉做什麼，她都會哭，她無法滿足荷莉或使她平靜下來，寶寶的痛苦讓她感覺受迫害。一如在醫院生產時，她覺得被批評、不夠格當母親。她無法理解與耐受寶寶的痛苦，甚至相信這是迫害的來源。帶著令人驚訝卻又動人的誠懇，她告訴我，有件事情需要我一開始就知道：「除非你在心中記住，我恨她，否則你永遠無法了解荷莉。我感到愧疚，但是我真的很恨她。」她繼續描述第二件重要事件，發生在當她帶寶寶拜訪母親時。我先補充母親原生家庭的背景，她有一個姊姊，簡（Jane），是重度自閉症患者，十二歲時顯著惡化，此後一直由機構收容。當外婆看著新生兒時，她說：「天啊！是簡！」我不知道荷莉是否確實與簡有相似之處，但是這句評語預示了，對於要怎麼對待荷莉，母親和外婆之間展開了一場艱困的爭鬥，在母親心中引發強烈的恐懼，擔心寶寶也會面臨類似的遭遇。

在放棄親餵後，荷莉減少了哭泣，並在一次獨自玩耍數個小時中找到安慰。她對父母或任何人都興趣缺缺，讓母親更覺遭拒與無用。在一次早期的健康檢查中，診斷荷莉可能失聰，最終發現是假警報。母親非常擔心荷莉，試著讓大家正視她的焦慮。雖然很難用回溯的方式理解，為何荷莉的生命缺乏專業人員的關切，但非常清楚的是，母親自身強烈的焦慮、罪疚感與沮喪可能起到一部分作用。她似乎受困在體貼的丈夫與自己的母親之間，前者試圖透過詳述荷莉發展中的所有正面消息來安撫她，後者則深信歷史總是不斷重演。

荷莉兩歲時異常的語言發展，例如重複對方說的話，而非反應或回應，家人諮詢了兒童精神科醫師。醫師建議母親接受治療，並且做了安排。約莫兩年後，醫師為荷莉複診時非常擔憂，說荷莉迫切地需要協助。這個家庭被轉介到精神病兒童專科醫院，離住家有好一段距離。荷莉、媽媽和一歲的妹妹卡洛琳（Caroline）一同住進病房。一段短暫日子後，母親和卡洛琳出院回家，接下來的七個月荷莉仍住在醫院，僅在週末回家。那時，醫院診斷她是自閉症。在這段治療期間，我聽到許多關於住院的可怕回憶，整體印象是，她可能長期遭到工作人員的情緒虐待。毫無疑問地，荷莉被嚇壞了。有好幾年，每當治療因假期而暫時中斷，她會以為我又要把她送回醫院。

返家後，荷莉進入一所為自閉症兒童專設的小學校。在這裡，荷莉受益匪淺，十一歲時，她已經進展到一週有三天半的時間能到常規小學小一年級的班級上課。然而，特殊學校團隊人員的態度令母親極為不快，她覺得他們認為母親應為孩子的自閉症狀負責，要求父母積極介入對她而言痛苦不堪。當學校不得不關閉時，荷莉未來教育的危機悄然來臨，因為上常規的全日制中學顯然不可能。最後，她就讀一所為重度學習障礙兒童而設的學校，當我介入時，這項安置岌岌可危，因為荷莉難以適應與智力不足、但其他方面很一般的孩子待在同一班級。我逐漸意識到，荷莉成為其他孩子們語言虐待與性虐待的對象，退縮到不停歇的精神病自語狀態，讓老師們非常挫折。

簡要的治療記述

我開始與荷莉工作時，遇見的是一位全然陷入瘋狂的孩子。她滔滔不絕的說話，但是在不停歇的瘋狂話語中，能夠看出她對我寄予期望。她傳達極度的渴望，希望我能夠耐受她的投射，也強烈擔憂她對我而言會是過於沉重的負荷，一如過往的每個人都曾感覺到的。對於她令人印象深刻地被稱為「話癆」，也就是大量且經常談及身體卻混淆部位，與身體實際存在之間怪異的落差，我感到驚訝。她看起來出奇地像母親，有著相同的髮型，甚至共享一種相似的、極其中產階級的語氣，儘管分貝更高，也少了某些音調而令人不安。她擁有複雜的詞彙，並以私語指稱她的「自閉式客體」（autistic object, Tustin, 1981。譯註：兒童以感官為基礎的方式運用客體，以獲取強壯、滿足等自給自足感）。她總是隨身攜帶一個裝滿小東西的袋子，每個小物件都有特殊的意義，比如她稱呼一個通常用來存放膠捲底片的空盒子為「圓筒」，非常精準、正確地描述它們的外型，但是對她而言卻是糞便。有好幾年的時間，她會在整個療程中一手抓著一個或是多個珍貴物品，宣稱這些物品是她的保護者。她意識到自體中脆弱的部分需要保護，似乎暗指她對於有保護功能的好客體有著先備概念（preconception, Bion, 1962b），並且需要精準定位此客體。很久之後，當她發現自己有骨頭，因此有內部構造，所以被情感淹沒時不會融化，她終於能在療程中，將袋子繫好放到桌上、躺到躺椅上。

她的生活被恐懼支配——害怕分崩離析、身體與心智皆成碎片，拚命努力讓自己免於傷害她的殘暴客體的入侵。她總是穿長褲，因為需要在陰道與肛門外層層覆上衣物，以防止受到惡意攻擊。很長一段時間，她堅稱她擁有一根陰莖（她建造了數百個陽具模型，例如燈塔或風車以表明這點）。後來，她能和我談對「洞」的恐懼，如果她放棄了想像中的陰莖，就什麼也不是，一無所有。那段日子裡，她受不了與母親接觸，也從不使用女性的名詞或代名詞。到了最後，她能夠認可自己的女性氣質，與母親有一段較溫暖的關係。

踏上修通之路

她的治療中，最重要的線索是想逼瘋我的願望，從而擺脫自己感到瘋狂時難以承受的心理痛楚與困惑，同時希望我能在猛烈攻擊下倖存。剛開始治療時，約莫有一整年，幾乎整段療程我都不曉得到底發生什麼事。唯一能夠確實掌握的，是維持療程的設置：準時開始與結束。有時我能觀察與描述一系列具有意義的事件，就此對談，但多數時候都是胡言亂語轟炸一番，令人精疲力竭，以致於我確實被消磨得毫無作為，或者說些過時且重複的，也就是先前曾經有意義的詮釋。感覺起來，我就像被困在為嚴重思覺失調患者而設的醫院病房的氛圍，得不到藥物協助。

當我認識到一切都是為了測試我是否精神正常，荷莉顯然很享受，她開始能夠告訴我，她想把我逼瘋，於是出現了各式各樣的說法，如「我想把你逼瘋，七竅生煙，失去理智」等等。一般而言，她的手段是沉迷於言語自慰。很快地，她理解這個想法，談到「用我的字詞來摩挲」，然而，這種初步的理解並未能在她焦慮時減緩她的狂亂。

隨著時間過去，困著她的恐懼，也就是她花了一輩子，用強迫般的儀式與思考來迴避的恐懼逐漸減少。她的伎倆之一就是「閉上耳朵」，當她不想聽我說什麼時就會這麼做。她愈來愈相信我的真誠，因為我似乎沒有忘記她，並如說好的那樣在假期後歸來，漸漸取代了我不值得信任、終將遺棄她等等的舊信念，於是不再需要閉上耳朵、逃避現實。在治療中修通這些被迫害的焦慮，使她能夠減少對家人無休止的控制。自大全能控制的降減，使得較為正常的家庭生活得以發展。在邁向減低自大全能感的過程中，每個微小的步伐都讓她感到強烈的恐懼，有好幾年的時間，她的家人活得小心翼翼，深怕挑起她駭人的狂怒。她曾試圖強迫我接受一個她的戒指、戴在我的無名指上（她覺得這麼一來，她和我就會像結婚一樣綁在一起），而當我沒有讓她這麼做時，她憤怒又害怕得快要發狂。

到了荷莉十八歲，必須規劃未來生涯的時間點，她從自閉兒童特設學校畢業，唯一的選擇是加入一個為學習障礙成人設置的工作坊，住在家裡。但是這不是個好決定，因為家人，特別是妹妹，需要一些空間過正常生活，荷莉也需要支持，以更進一步發展、適應社會。幸運的是，他們找到了一個特殊的地方，一個井井有條、仁慈、務實，而且與社區關係良好的機構，提供她長期居住之處。雙方都同意，每週接送荷莉到診所一次，繼續接受心理治療。荷莉更進一步接受教育，成為一個她喜歡也尊重的大型社區的一份子。她成為居委會成員，在別人眼中一點也不瘋狂。我認識的荷莉和「居民」荷莉之間形成相當強烈的對比。

臨床素材

這是復活節假期前的最後一次療程，治療將在暑假結束，這是我做的決定，荷莉看起來也能理解，似乎只要談談她想要偶爾和我聯絡的願望，這個結束的打算就在她可以接受的範圍。在她眼裡，與外在的羅斯汀太太維持聯繫，能讓那個她經常對話的「內在的羅斯汀太太」（她這麼稱呼）活下去。或許也讓她覺得，她曾經毫無保留地與我分享她所經驗到的瘋狂的這份現實與其重要性能夠保存下來。在一段漫長的分析到了尾聲，總是會常常再訪這些老議題。

和荷莉一同工作的這段歷程，經常讓我懷疑有多少進展。有時看起來，我只是成功協助她發揮了基礎的自戀結構，使她以較少的焦慮、更多社會能接受的方式來運作，但也使她更難讓人親近。就她的內在現實、她與情感經驗的接觸與外在現實而言，要繼續努力將她從退縮（Steiner, 1993）中拉出來、更熱烈地與現實接觸，所需耗費的精力是驚人的。在即將探討的療程裡，我試著從那大量佔據她心理空間的持續的精神病思維之外與她交談。

一開始，我想要解釋素材中提到的一些資料，首先，是荷莉談到的人們。格溫（Gwen）是荷莉初次離家住宿時主責照顧她的工作人員，她因為懷孕離開了工作崗位，所以格溫象徵的是荷莉對於因為另一位寶寶更受喜愛而遭遺棄的焦慮。莫琳（Maureen），一位年長女性接替格溫的工作，性格非常溫和。對荷莉來說，她非常重要，荷莉在她身上認識了「慈愛」這份特質。對於莫琳，荷莉有著佔有慾，並且相信她與莫琳會永遠住在同一棟房子裡。從心理變化的角度來看，奶奶是陰險的人物。事實上，奶奶縱容荷莉的強迫症，並且傾向將荷莉的問題歸咎於他人。在荷莉的內在世界中，奶奶是她所有的自慰潛意識幻想的盟友，因為奶奶總是贊同迴避心理痛楚。莎莉（Sally）也是一位年長的女性，陪同荷莉前來診所。鬆餅人是一首兒歌中的主角，「你認識鬆餅人嗎？」也是她的幻想固定班底，代表的是對男性的想法，一位會保護她、對抗被任何女性引起駭人焦慮的男人，是一位可以餵她鬆餅與甜點、幫助她避免與哺餵的乳房接觸的男人。

在療程中，荷莉會使用一些私語。關於這些私語的意義，我的理解如下：

1. 「穿抖」（shuddle）是自慰的陽具客體，帶有穿梭（總在移動）、混淆、糞便，或因恐懼而寒顫發抖的特性。
2. 「威利」（wally）在兒童俚語中指的是愚蠢、無知的人，用來指稱虐待他人的一種形式。對荷莉而言，威利有很多種，她很害怕威利們，特別是咖啡色或黑色的威利。毫無疑問地，她曾聽過別的孩子叫她威利。
3. 「巍泊」（wibble）指的是乳頭－陰莖不分，為一種侵入性且混亂失衡的客體，此客體永不停歇、不穩定且興奮。
4. 「漢彌霍克」（hamihocker）是荷莉的夢與潛意識幻想裡最可怕的生物。她看到的外在世界曾經佈滿漢彌霍克們，現在，它們只出現在她的夢裡，帶有無情、機械的特質，並企圖傷害她。它們是複雜的構想，有些近似比昂所稱的「怪異客體」（bizarre objects, 1957）這個想法，是一團聚在一起的迫害性碎片。

治療現場

前往我的診療室的路上，荷莉在走廊上說：「穿抖讓我在廁所裡發笑。我好擔心他會把我舉起來戳我的屁股。」當她躺上躺椅，補充：「格溫在當我的主責工作人員時，她就像個穿抖。」我說她想要我了解她很害怕。這是這個學期的最後一次療程，也是她不再來診所見我之前的最後一個假期。她很擔心，在她心裡我會變成一個像格溫一樣的人，因為離開她去照顧另一寶寶，傷了她的心。「嗯。是這樣沒錯。」荷莉說。

> 昨天在咖啡館，簡罵了我一頓。那位陌生男子讓我不高興。他不理不睬。我說：「請給我一小盒奶油。」（低聲重複），可是他沒在聽，我只好一再重複。他就是羅斯汀先生，是不理人的爹地。

在短暫的沉默後，她補充：「我得和你談談。」我說，她覺得羅斯汀太太身上的爹地那面都沒在聽、也不理解，不能繼續每週來做治療，就像一盒又一盒的奶油一樣，對她來說有多難，但是她希望能和我談一談這種不被理解的感覺帶來的困擾，荷莉說：「他叫我不要問蠢問題。那位陌生男子嘲笑我。」我說她覺得被嘲笑，而不是理解，但是她仍希望在我身上找到一位爹地，一位能細思她對奶水的無窮盡渴望的爹地，「沒錯。」

荷莉繼續說：「莫琳（現在的主責工作人員）要我放下。那個男人讓我痛苦不堪。」我說，她很痛苦因為這是這學期的最後一次療程。「莫琳批評我。」我說她想讓我知道即便是莫琳有時候也會受不了她，她擔心我也會。「那次是在麥當勞，莫琳讓我深受冒犯，讓我不好意思、感到弱小、面紅耳赤。我愛莫琳·奧多德。在那間餐廳，我嘲笑黃色的便盆船。老奶奶船。」荷莉咯咯笑，模仿一位老太太肉麻兮兮地對一位嬰兒柔聲低語，「那位黑人讓我想起穿抖。」我說，比起感覺哀傷，此刻她更想要瘋狂。荷莉回答：「昨天，我在親骷髏頭湯匙。」我說她同意我說的，她想假裝那些跟死亡有關的駭人想法，特別是把她體內的羅斯汀太太變成骷髏頭，變成一個刺激的玩笑。荷莉回應：「我喜歡優格盒子的底部，上面說我不是魔術師。」我說她很常努力相信自己是魔術師。

接著荷莉告訴我她星期天要回家，「明天，我回家前，還有兩晚，然後一晚，然後禮拜天。」我說她喜歡清清楚楚，那讓她能夠等待。我解釋她也在想這次假期會錯過的三次療程，她心裡相當清楚，並且知道之後會回來見我。荷莉說，「是的，我很清楚。」沉默。「莎莉叫我等。」我說她覺得每個人都希望她能夠等待。荷莉說：「我覺得很難。我得和莫琳談談。」我說她心中思索著兩種對我的不同看法，有時她覺得我要求她處理好一些對她而言很困難的事、學會等待，但是她也很高興和我談談、感到有人理解。荷莉說：「我是來和你談談的。」我說她覺得這樣做有用，她以真切的情感回應：「是的，我覺得這是有幫助的。」

她繼續說：「陌生男子讓我傷心。」我說她嫉妒爹地，那個在假期期間和我在一起的爹地。「他嘲笑我。」我說她害怕想到爹地會嘲笑她的悲傷這個想法。「他有黑色的眼瞳、白鼻子，面目蒼白。我想家了。」我說：「你覺得你弄丟了心裡那位友善的、懂你的爹地。」「莎莉叫我不要再頤指氣使。我不喜歡你拿走我的藍湯匙。我怕你會丟掉。」我請她告訴我這根湯匙的事。

「莫琳從迪士尼帶給我，它在水裡會變紫色。」我說她覺得擁有莫琳給的禮物，會讓我嫉妒她擁有特別的東西，太嫉妒了，以致於我想奪走它。荷莉解釋：「有時候，我用它敲我的嘴巴……我是來和你談談的。」我談了更多她的期望，希望我承受得住她有一些喜歡但與我無關的東西，可以接受對她而言記得莫琳喜歡她有多重要，特別是當她在麥當勞惹莫琳生氣時。

「我明天要去買東西，我要買妮維雅、洗髮精、泡泡露，下一次我要買些湯匙，白色的拿來玩。我在醫院玩這些。我給自己強心劑。週六，我打算買些牙膏。」我說關於放假期間要怎麼照顧自己，她有很多點子。「我會好好的、乾乾淨淨、漂漂亮亮的。」

「我夢見走廊上的黃色便盆。音樂讓我發笑，讓我想起我小時候緊緊抓著的鬆餅人。」我說有好幾種不同的緊抓的方式：老方法，就像她夢裡那樣，新方法，就像她規劃照顧自己的方式，想著變得更好更強的那個她。荷莉說：「就像緊緊抓著媽媽給我的保溫杯上那圈美耐皿。」我說她在思索各種不同的緊抓方式。荷莉接續：「回到起點。把優格盒底當成穿抖。我害怕的紅色指針，鑽入我的骨髓。是巍泊的形狀。」

我說，她了解她緊守的老方法讓她受傷，對她不好，新的方式讓她覺得好多了。

> 在我的夢裡，我抓住指針，不讓它鑽進我的身體。那隻鳥在我的夢裡。我想親那隻飛翔的黑鳥。我把優格盒底當做寵物、一隻鳥，並且親它。我想，親優格的盒子是一場笑話。

我說現在她有點糊塗。荷莉繼續說：「我把它當奶頭用，我親它，然後說：『你宣讀教條。』這絕對是正常的。」最後這句話是以不同的聲音發出來的，我問這是誰的聲音，荷莉回答：「我想要你。」我說這個把戲是把事情搞糊塗。荷莉繼續：「我把它當食物……當成漢彌霍克，當成腳。」我說她想讓我看這個把戲是一個小小的塑膠片，可以變成任何東西，任何她心中所想的東西，那麼東西和東西之間就別無二樣。荷莉說：「遠處的噪音讓我想起乳白色的威利。我想在白威利上磨蹭，但是灰威利讓我害怕。」我說她知道在她心裡，這些想像中的東西全都變得很快，所以她抓不住任何穩當的東西讓自己感到安全。「它們變成穿抖，嚇死我。莫琳是我的主責工作人員時，我在穿抖上磨蹭。我想要你這麼做，和我一樣，興奮起來。」我說她想要我和她一樣孤單，沒有爹地做伴，如此一來我才會真的了解為什麼她要努力磨掉自己的不幸。荷莉補充：「我想安慰我的屁股。我在夢裡親吻穿抖，它聞起來是我的屁股的味道。」

我說我們來到今日療程的尾聲，所以荷莉努力讓自己不要想到自己的傷感，然而我們都知道，當她的心裡滿是這些屁股的想法時，很難想別的東西。我想對此她是否能做些什麼。「把它清掉。」她說，我納悶她是否想這麼做。「我想要一個窗戶插銷，好讓一些新鮮的空氣進來，好把不新鮮的氣味帶走。」我說她厭倦了這些舊東西。荷莉說：「是的，我也厭倦了糞便。我想要新鮮空氣，而不是糞便，糞便讓我做嘔。我心裡那個屎男在踢我，讓我作嘔，那個屁股男，巧克力男。」我說她在跟我說，她屁股裡的糞便有時在她看來就像陰莖，而這個想法讓她非常困惑。「黑人男子與兒童，讓我想起糞便。」我說她很怕我會對她感到厭煩，只記得骯髒、混亂的荷莉。她回應：「我是來和你談談的。」我說她現在相信，我也能夠讓荷莉的其他面向在我心中活著。「我不想回去穿抖那裡。」我說她害怕自己的那面，那面的她會製造混亂與恐懼。「在修道院，我拿到了優格盒的底座。我覺得難以置信！（喊叫）我希望它是個乳房，我把它往嘴塞。」

我說她不相信真的是這樣，當她覺得我是她需要的母親，我的心中有好東西可以餵養她，只是療程來到尾聲，對她而言很痛苦。此刻，是我們要停下來的時候。荷莉在離開時向我道別，這種情況並不常見。

討論

這次療程呈現出荷莉心中衝突的力量，有些片刻觸及具有創造力的機會，但是她的自閉、精神病思考正暗流洶湧，也很明顯。腳踏實地、在現實中紮根，對她而言極難堅持，因為那是多麼的痛苦，然而在此次療程中出現為數不少的片刻，她朝現實邁進一大步。在荷莉的聯想中，多次論及顏色可以看做是她對於區別差異與轉化潛力之興趣正在成長的跡象，也可視為她對矛盾情感的覺察正在增長，不再僅是在好與壞之間極度分裂。相較於她攻擊我們任何一方看見好的或美好事物的能力，她素材中的希望意象一直支撐著我的工作。她有著重複的潛意識幻想——將我的眼珠從眼眶中挖出——這麼一來我看到的就只剩黑暗與空洞，這是個可怕卻清晰的描述，述說著她試圖摧毀我擁有的希望。

在該次療程一開始，我們置身熟悉的領域。她轉向穿抖感覺麻木，並把厭惡與絕望投射到我身上，意在使我與她皆不理解她對失落的焦慮。當這個狀況能夠被涵容，她繼續談論她強烈的佔有慾與貪婪。我心中有一幅生動的影像，滿滿的小盒奶油與荷莉想要全部擁有的渴望，這也暗示她的問題，她會在一些特定的事情上困住，需要千篇一律地重複。對她的父母而言，這是持續的難題，當荷莉總是要求吃一樣的食物（炒蛋、巧克力布丁等）、一樣的程序（搭巴士到某處買某種圓滑的物品）、一樣的對話（她強迫母親照她提供的腳本說話，母親需要很多勇氣才敢不從）時，他們試著引領她嘗試新的經驗。與重複、令人寬慰的熟悉事務之熱情，形成重要對比的是，提及陌生男子。這種未知的陌生感，在荷莉心中激起的不是好奇與興趣，而是恐慌。她將自身嚴厲苛求的超我投射到這個男人身上，當時我沒有詢問發生了什麼事，但是有時我自問，顯然荷莉知道她和我說的是發生在她心中的事情，能夠清楚區分心中所想的與現實事件。

當荷莉告訴我莫琳受不了她時，是她第一次轉向，朝容忍現實而去。在那之前，她對莫琳抱持無孔不入的理想化，當她勇於承認轉變時，我感到興奮與希望帶來的震撼。第二場驚喜，是在我聽到發生在麥當勞的日常生活。在此之前，我不認為我有機會知道她曾在某個特定的公共場所，一個我也會知道的場所。我們總是一起困在一個缺少具體時間與地點的世界之中，荷莉很少允許我分享她真實生活的活動，能捕捉到這一幕讓我激動。

當莫琳，她愛的莫琳讓她覺得受辱而帶來複雜的情緒，她掙扎，出現了難以容忍的狀況。假若她將羞辱與愛結合，將會體會到罪疚感，這是她難以承受的，因此在這道檻上，她選擇了防衛性退縮。

但是，伴隨我提供的支持，她回絕了神奇的解方，及時擺脫困境，穩穩地安放自己。她的思路之清晰令人印象深刻，當她描述因等待困難而向莫琳尋求協助，而非轉向神奇的魔力時，顯示她有了更進一步的發展。這是一份信任外在客體的堅定選擇，即使是既真實也不理想化的客體，一份對抗遁逃入自戀的選擇，這發生在她給我的真實禮物（她告訴我我幫了大忙）之後。荷莉覺得，她已經得到了一些好東西，體會、表達出感恩，使得她能在哀傷中停留片刻，而非狂躁之中。她「想家」，感覺自己想念一些重要的東西，讓她感覺她有個心理上的家——這個家，既是一個在我心中的地方，也是她內化進來為自己思考的能力（時常遭摧毀）。在她自欺欺人的那些年歲中，哀悼這項難題早已盡失，因為哀悼太令人難受，哪怕僅僅片刻。

「投射」的運用

在那一刻，荷莉更能感受自己渴望著身上沒有的東西，也能夠承認自己的苛求。對她而言，這份經驗糟透了，因為她怕對一個軟弱的客體而言她的需求難以承受，也因為在面對無法佔有所有渴望之物帶來的挫折時，她的耐受度有限。於是，她將難以承受的需求投射到我身上，接著，她一如經常，細究我是不是能承受這種情緒。

當我將話題帶回莫琳身上，我想重新燃起了她的希望，也就是有能力維持愛莫琳的感覺，但是此刻，她對於我與她一同的創造性工作的嫉羨爆發了，退縮回黃色便盆是帶有惡意的攻擊，攻擊那個有辦法納入照顧功能的她。她在自己身上依賴的那面，經驗到相當完整的內攝性認同、酸楚的失望、心中喚醒的絕望，此刻受到背叛，全然投射到我身上。

在這種狀況下，令人難以相信剛剛發生的事情是真的。絕望的泥沼（作家班揚〔Bunyan〕的《天路歷程》〔*Pilgrim's Progress*〕）將人吞噬。我才明白，我已經描述過很多很多次的破壞毀滅，並不足以帶來改變，因為荷莉絲毫感覺不到希望，但卻深受自戀式客體關係的對抗系統吸引，在所有虛假朋友的煽動下助長這種否認。於是，我終於學會該怎麼談她身上投射出來的理智面。

我相信，最開始時，我盲目且絕望地反應了我的患者的難題，我的任務是不要變得無望且困惑，反而要為被暫時遺棄、依賴的嬰兒期自體挺身直言。治療精神病患者的治療師遇到的問題，經常呼應著父母與教師所困之處，亦即對改變與發展的可能性幾乎不抱期待、無法維持熱情。我與荷莉的父母工作時，曾多次嘗試將他們拉離這種面對荷莉的疾病與破壞性而感麻木與消極的狀態。

療程的下半段說明了荷莉心理現實的掙扎。她在夢裡接觸了現實：飛離的鳥是我們皆熟知的意象——我離開她的自由，讓她受傷，也倍感威脅。她以寵物替代了鳥，一個自閉性客體，可以如她所願地以任何方式操控的寵物。但是她意識到，一個把戲正在上演，宣稱我與她一模一樣，這麼一來她就不會想我，因為我沒有什麼能給她的。當這個把戲詳盡展示出來，一切都被降減至肛門層次，憂鬱湧上我的心頭，憂的是在面對精神病妄想時她有多脆弱，鬱的是我的工作面臨極大的限制。在那一刻，我感覺無法再多做些什麼，她必須做些什麼。但是，我可以提醒她，她有能力做出這樣的選擇，於是我以相當明確的方式詢問她，她是否能對令人難受的屁股惡臭做些什麼。對她而言，新鮮空氣這個想法是一重大發現，因為開窗的意象意味著承認，假若她允許朝氣蓬勃的外在世界走進來，那麼接觸外在世界便能夠改善充斥她的垃圾的內在世界。

療程最後的幾分鐘對她而言非常吃力，她必須在困惑、無用且操控事物（一個空的優格盒，她無時無刻備上數十個）的瘋狂系統，以及她可以有品質地與一位真的人接觸之間掙扎。當她力言以這種方式看待世界、這樣的本質令人難以置信時，她正在為自己的理智而戰，這場戰鬥使她能夠向我道別，因為她許可了在她離去後我能繼續存在。

一些反思

我認為，站在孟尼－克爾（Money-Kyrle, 1968）稱為「生命的真相」（the facts of life）帶來的痛苦跟前，荷莉始終與這種苦痛交戰。這個生命真相，是我們在達成心智穩定之前無法迴避的三個基本事實。第一個事實是世代差異：成人與兒童、分析師與患者之間，肩負的責任與具備的能力並不相等；其次是性別差異：男性與女性能夠互補，但卻截然不同。若是我們擁有其中一種性別的生理屬性，必然缺少另一種性別的屬性，這些差異皆是心智痛楚的來源，因為差異會引起嫉羨與嫉妒；第三是時間的流逝與生命是有限的這份現實。

荷莉試圖抹去母親的存在，拚命否認自己與父母之間的差異，並打造一個僅有爹地與她的世界，沒有母親也沒有妹妹。表面上，這個情況已經起了極大的變化，但是在移情中，她必須一而再、再而三地直面這一點。她堅稱妄想性陰莖等同於一根真的陰莖，這麼一來只要她想，她就可以是男孩。這個想法後來轉為她知道自己渴望擁有一位男友，但如同這次療程，她經常退縮到將糞便等同於陰莖之中，藉此否認了差異與欠缺。

但，或許在這段療程的最後階段，最核心的議題仍是治療的結束。此刻，時間是至關重要的。我們一起度過了許多時光，治療來到尾聲讓我們彼此都感悲傷。對荷莉而言，最迫切的莫過於，她心中理智的部分是否足夠強壯，給予她堅強的堡壘與瘋狂抗衡。特別是，她是否能夠充分地原諒我的離去，並維持內在與我的連結，從而能與自己交談。當我不是她的所有物時，對我的憤怒與嫉羨就會點燃，她那殘酷的復仇不僅會施加到我身上，也會施加到深深依戀我的那個她身上。直至今日，只要我們在工作中揭露出這些破壞性歷程，就會侵蝕她的穩定，因而使她必須轉向強迫性僵固來防止精神病的精神崩潰。在某些少數狀況下，這些僵固的結構是派得上用場的，只是僵固也使真實的關係發展滯礙難行，況且僵固本身也很脆弱，因為現實無法照進其中，於是當她被迫意識到改變時，僵固的結構總是不堪一擊。因此，問題在於，她是否能夠認識治療工作的結束，並且哀悼治療曾給予她的與給不了她的。對我們倆來說，這包括接受我的能力有限。荷莉經常讓我束手無策。在我沒能理解或忍受，以及我可以也確實給予她的兩者之間做出區別，為她打下基礎，使她能在未來持續地與不完美但珍貴的內在客體接觸。她曾告訴我，她心裡的羅斯汀太太用一種恐怖的氣聲跟她說，羅斯汀太太永遠不會回來看她，因為羅斯汀太太「失望透頂」。接著，她做出打開耳朵裡的門的動作，宣布：「現在我聽得見外面的羅斯汀太太的聲音了。」當我問她現在聽見什麼時，她說：「你用溫和的語調講道理。」

結束的設定

對這類患者的治療師來說，需要面對一段痛苦的歷程。在這類工作中，哪怕與精神病患者工作，可以使工作者在與孤獨感對抗時檢驗與深化自身對內在好客體的依賴之覺察，對治療的熱忱與全能感仍會遭受強烈痛擊。雖然此刻我的患者能在生活中付出與帶來歡樂，也能在關係中感到快樂，她仍是一位非常脆弱且限制重重的人，仍然非常容易受到外在環境的影響，而這些環境可能無法總是如現在這般支持她。

我想，在反移情中，我曾體驗到不願面對生命真相的傾向。這類的治療創造出一種無處不在的氛圍，彷彿活在另一個世界之中，與日常生活的世界毫無相干，因而妨害了理性思考。當然我也想過，我可以永遠不要結束荷莉的治療，那麼她一輩子都會需要我。一旦治療師認為僅有外在的分析結構能發揮作用，就會與患者難以將好客體內化的困境共謀勾結，治療師將難以推拒患者的觀點——這種特別需索無度的寶寶，絕對不能面對還有其他寶寶也需要照顧的現實。

終於理解怪異行為之際，通常具有特別誘惑人的特質，例如沒有其他人能夠理解她的儀式行為的細節，而這往往會讓治療師在治療中產生自負的想法，因而造成壓力，使治療師繼續細細詮釋患者的自閉性防衛，從而忽視了將患者拉出防衛的必要性。於是，對於患者殘酷地消耗自己的生命，以及可能浪費治療師的時間應有的憤怒，變得遲鈍或麻木了。即便我理應對荷莉感到憤怒，荷莉也經常讓我很難有正常的感受，因為在她看來不順從她的控制的行動，都是對她的身心發起攻擊，也因此她會試圖將開誠布公的對談扭曲為施虐性交流。

在與這類患者工作時，精神分析式治療之設置本身所重視的結構可靠性，是把雙刃劍，一旦不特別留意，患者可能利用規律的療程來逃避生活。從這個角度來看，分析的設定需要將結束納入思考，是至關重要的。當治療為邁向終點而努力時，幫助我更有建設性地反思，哪些時候我受挾維持精神病性平衡，而不是一如既往地挑戰它。

第二部
兒童心理治療的評估

概念化的評估目的：

——為特定案例提供心理治療資源能否帶來重大效益？

——在心理治療脈絡下探索兒童的心智狀態，是更全面評估中富含價值的元素，因為理解兒童的內在現實，可補足外在認識的不足，在穩固基礎下決策、衡量需要的介入措施。

——評估本身就是重要歷程，是帶有強大治療潛力的短期介入。

【第四章】兒童心理治療師的評估方式（2000）

對兒童與家庭是否需要治療介入進行評估，我的經驗多是來自塔維斯托克的兒童與家庭部門，我大半生時間皆任職這個機構，這個部門的廣泛職責包括為當地社區提供心理協助與國家心理治療中心的醫療專科功能，這意味著，診所不僅擁有專業人員與專家資源，更由於在地與全國的聲望，以及廣泛的培訓功能提供了品質卓越的的心理治療，但臨床工作方式相當接地氣，契合當地的兒童與家庭服務的需求。這裡進行的工作包括短期治療與更長期的介入，患者年齡從非常小的學齡前幼童，到年紀稍大的青少年。

在二十世紀後半，這種跨專業的團隊成為國民保健署兒童、青少年與家庭心理健康服務的堅實基礎，當然，不同地點的結構自是相異，例如住院機構中，護士扮演著更為重要的角色，儘管努力更加平等地提供服務，在當地與區域因素上仍有顯著落差。而受轉介來的個案會由各類專業人員進行評估，包括精神科醫師、臨床心理師、兒童心理治療師、臨床專科護士、社工與家族治療師等。

我描述的工作模式也適用於私人執業，基本要點在於，強調在背景脈絡中對兒童或青年人進行評估，包括家庭、幼兒園、學校或大專院校、同儕團體與廣大的社區，這表示工作者需要承認與其他相關機構有效益地合作是重要的，也代表私人執業者必須打造專業的結構，使工作方式維持一定的廣度。若是僅有一位工作者孤身服務，必須同時周全思量內在與外在因素、兒童與家長雙方，將會特別困難。

此處，概念化的評估目的有三方面，視不同個案加以應用：首先，不可免的是評估這份稀缺的心理治療資源若是給予某個特定案例，能否帶來重大效益。再者，在心理治療脈絡下，探索兒童的心智狀態可以是更全面評估之中有價值的元素，例如轉介緣由可能是社會服務請求提供安置建議，或是出自父母或教師對教育議題的擔憂，或是需要將焦點放在評估自殘或其他暴力行為的風險程度。在個別探索的評估療程中，細究兒童的內在狀態所得到的訊息，有別於以其他的評估方式所得的訊息。對內在現實的理解，能補足我們從外在資源獲得的認識，將這兩者皆納入思量，可使我們在更穩固的基礎下決策，衡量所需的介入為何。最後一點，我認為，評估本身就是重要的歷程，不應該僅是為了別的事情而評估，而是視為帶有強大治療潛力的短期介入。

環境設置與治療關係

這種思維中最為人熟知的例子，或許是溫尼考特的經典著作《夢境與塗鴉》（*Therapeutic consultation in child psychiatry*, 1971）。雖然我們不可能擁有溫尼考特的直覺與天賦，但相當多的證據支持，若是能在重要的時刻直搗核心，即使是相當短期的交流，也能帶來極大轉變。具有天賦的臨床工作者不懈地探索各類短期工作的潛力，先驅人物包括哈里斯（Harris, 1966）、道斯（Daws, 1989）、霍普金斯（Hopkins, 1992）、達汀頓（Dartington, 1998）等。如果我們能營造一種氛圍，讓兒童與家庭覺得他們不僅是在尋求治療師的諮詢，治療師也在徵詢他們的意見，那麼就保障了激發他們思考與理解的潛力。短期工作的關鍵在於雙方共同的任務感，而且非常仰賴彼此具備共同的任務意識。治療師的貢獻是，補足某項必要卻缺失的元素，使得個體與家庭內不斷發展的歷程得以運轉。

家族治療典範的發展大大地擴張了評估受困擾兒童的方式與範圍，現在，對兒童生活中的困擾與家族功能之間複雜的相互作用，有了更加豐富的理解。與全家人工作經常會在概括性的評估中扮演重要的角色，然而治療師在思考任何一位兒童時，都需在心中思索，是否將全家人視為一個單位一起接見，也需要在心中對家庭的樣態、風格與經歷保有概念。兒童心目中的家庭，與我們觀察到的家庭並不相同，這兩種觀點可以視為兩個極端，其分歧具有特殊意義。兒童與家族治療師的合力協作，是上個世紀最後二十年重要發展且相互探索的領域（Kraemer, 1997; Lindsey, 1997; Reid, 1999a）。

在強調心理治療師的評估工作如何融入多元的專業文化的同時，我需要描述我們的精神分析心理治療生成的一些特殊特徵。在與初次見面的患者工作時，我所運用的特定技術底下蘊含基本理念，這些理念中最重要的莫過於密切且詳盡的觀察，這是形成臨床見解的基礎。先從觀察患者如何運用治療師提供的環境設置開始，如患者與等候室、治療室、提供的玩具與其他媒材的關係，以及最重要的與治療師的關係：孩子選擇把自己放在什麼位置？他／她在看什麼？如何回應治療師的話？待在自己身體裡的感受如何？焦躁不安、不自在、興奮、放鬆還是緊張？

受過訓練的兒童心理治療師，能夠詳盡地觀察嬰兒、幼童與其照顧者的互動。此種自然主義的如實觀察，盡可能避免判斷與歸因其意涵，對於在評估療程中維持最開放的心態、採集豐富的素材而言，是最無價的資源。我們仰賴的工作並非像 X 光這樣的機械，而是自身的技能，熟練地在心中記錄大量的觀察結果，經過反思後，這些觀察結果可能呈現出模式與意義。有機會能與資深的同事持續討論工作進展是至關重要的保護因子，能幫助我們確保我們的觀察是合宜且全面的，未受個人偏見、限制或特殊專業興趣扭曲。此種對初次印象進行第二次反思的歷程，是執行好的評估的重要一環。資深的臨床工作者或許能仰賴多年內化建立起來的自我督導能力，但是兒童或青少年與其家庭的評估是如此複雜的歷程，因此在過程中諮詢同事是最基本的需求。

臨床工作的環境需要盡可能簡單、一致。假若在兩次療程之間，治療師改變了環境，那麼孩子對兩次療程不同的反應之意義，就無法明確地定義與治療師有關。同一間房間、避免受到干擾、預約在事先談定的時間、在預定的時間開始與結束療程等等，這些背景因素能讓工作者在合理的恆常架構下，細細思量孩子的反應。此種受保護的物理空間與時間，支持治療師提供最需要的東西，亦即一個齊整的心理空間，使得療程中受衝擊的情緒得以獲得涵容。

理解移情、覺察反移情

為了做出有助益的評估，蒐集足夠的臨床素材所需的時間可能非常不同。當然，對臨床工作者而言，靈活有彈性的方式更加困難——愈是自動化的標準模式需要的是案例思考愈少，但是在真正理解臨床問題、優先確保將患者視為複雜個體來對待這方面，價值極高。如前所述，穩固的外在結構有助於初步探索的過程中，富有想像力地回應患者的需求，因為這樣的結構能讓治療師倚靠、帶給治療師安全感。評估的核心要點是與未知相會，因此會讓患者與治療師雙方非常焦慮（Bion, 1976），在這種條件下，環境理當盡可能地容受這些焦慮。

此處所描述的技巧，仰賴在人與人的關係中扮演重要角色的移情的理解。尚不熟悉的診所與治療師，遇上患者的情感困難，在潛意識中引發強大的溝通模式。除了提供機會讓兒童有意識地表達心中所想、敘說眼中的故事之外，也需要觀察其他層次的意義。面對擅長接收與觀察的聆聽者，兒童的反應可以讓我們對於兒童根本上如何看待世界、對自己與他人有著什麼樣的內在信念，形成全面性的理解，或許有些理解對兒童本人的意識而言非常陌生，他／她是否預期能夠獲得理解或者誤解，被信任或不被信任，受到喜歡或不受喜歡，是否值得他人關心或者不會真的對他／她感興趣？

這些療程提出證據說明兒童的潛意識感受與信念，也會在治療師身上造成擾動。現今，治療師的感受通常統稱為「反移情」，是需要審慎思考的，但若以嚴格的方式分析，經常能夠提供重要的額外資訊。而那些源於治療師私人世界的感受，無論是否在意識中，皆需放到一旁。當患者的難題感覺起來與我們自身或孩子的問題太過相似，或者其經歷帶出的迴響觸發了我們的焦慮，這可能是特殊的挑戰。我們需要留心自身的弱點，例如對治療的熱忱，可能源自於我們理想化了自己的專業能力，可能會扭曲臨床判斷。我們需要覺察此類基於反移情而形成的感受，也需要讓臨床判斷免受干擾。不可否認，我們確實會出現一些感受，這些感受是來自患者對我們的影響。當治療師留意到非常出乎意料的感受時，那可以是了解患者心智狀態的重要線索，需要納入考量。在這些現象底下的是，將投射性認同這種潛藏的力量視為溝通的一種模式（Bion, 1962a）。

評估目標的實踐

如果我們發現自己正考慮給予心理治療的建議是否恰當，那麼就此取向提供體驗的機會是非常有幫助的，患者得以參與其中，並了解其影響。如果我們在兩件事件之間提出關連性，對孩子而言是否有用或是能夠理解？在你的觀察中，孩子是否對自己的心智、想法與感受感興趣？或者在更原始的層次上，他是否對於有其他人，如治療師關心自己的這個想法有所反應？詮釋性質的評論是否能使溝通更開放與深化，還是就此凍結？是防衛性的枯竭或是轉向？在最深層次上，我們希望年幼患者能給我們的「知情同意」，正是建立在對這類工作保持開放態度的基礎之上。在根本上，並非是智性方面同意，而是同意情感上的親密接觸，而這將是治療的本質。或許每個人或多或少渴望這點，但是如果一個人身上沒有絲毫渴望被理解的線索（儘管初期可能有被理解的願望，卻和理解自己完全不同〔Steiner, 1993〕），那麼，在這種狀況下，我們能帶給患者治療性影響的機會是很小的。

因此，我們的評估概括的目標是實踐下述幾點：

1. 確認是否有人可以穩定地支持兒童的治療，例如父母或是可替代父母的專業人員，或者年齡較大的青少年，青少年人格中更成熟的那面可承擔不中斷治療的責任。

2. 在同時考慮發展障礙（不足）、內在衝突與防衛系統下，描述兒童的心智狀態，並對內在客體關係的狀態提出初步表述。
3. 描述內部與外部因素各自帶來什麼影響，與其他的工作者聯繫，根據整體權重決定優先順序，例如是否優先考慮與父母工作？兒童對個別治療的需求有多迫切？需要同步與學校和社福機構工作，或者僅在心理治療初始時一同工作等。
4. 澄清，並就其他機構需要採取的行動提出建議，以滿足兒童心理健康的需要，並適當利用跨專業團隊的資源，例如在需要時採納精神科醫生的意見進行教育評估。
5. 描述患者運用精神分析心理治療的能力，判斷這種介入措施是否合適，並建議所需的治療模式（個別、小組或家庭）與強度和最佳時機。
6. 為臨床樣貌建立一個清楚的基線，以便工作者記錄隨時間發生的變化。為了使探究可行，以此種方式蒐集與檢核資料的過程，需要以一種不突兀的方式融入，成為心理治療評估的一部分。精神醫療的分類系統強調的現象範圍有別於心理治療，在辨識心理治療療程的潛力時有其限制。基於心理動力修改臨床分類系統，據此造就「最好的臨床服務」，還有許多需要努力之處。
7. 提供兒童／青年／家庭一種治療經驗，這個體驗可以涵容心理痛楚、延續希望，而且不會因為重蹈早期經驗到的失誤而在不知不覺中再度造成創傷。

8. 確保評估的時間足夠充分，好讓兒童、家長、任何重要他人（例如社工）得以周延考量提供給他們的方案，包含至少一次的會談，回顧評估療程的經過與結果。在某些狀況下，需要安排更多這樣的會議，讓漫長且複雜的工作停頓、反思。面對提供給患者的方案，在許下承諾之前，家庭（或青少年）往往需要時間，先離開、再思考。草率或倉促下做出的決定，往往意味治療過程會出現困難，而這對兒童的福祉是有害的。花時間取得真正的同意，永遠是值得的。評估的歷程就像打好地基，讓建築物更穩定與耐用。

每個案例的起點必然有所不同，例如青少年的評估，一開始可能是孤身獨自前來診所，或者可能感覺不到與家庭的連結，都需要留心評估患者如何成長為此刻我們眼前的人，儘管青少年本身可能還無法理解這個觀點。同樣地，兒童與青少年的困擾可能是讓我們了解父母之間的衝突與不安感，儘管父母可能無法理解這個想法，因為父母以為是送有問題的孩子前來求助，而非自己來求助。兒童與父母之間強烈的情感往往是一輩子的，有一部分是家庭內的移情表現（Harris & Meltzer, 1986），而且絕對不會是單向的。有時，我們會在孩子對待父母與手足時觀察到與父母功能相關的關心與照顧的能力，與此同時，父母很少表現出兒童希望在他們所依賴的人身上找到的功能。在心中，對於一位能回應且慈愛的人具有先備概念（preconception, Bion, 1926b），精神分析說的「好客體」，有時似乎會在破壞力甚強的真實經歷中歷劫倖存；反之，難以從好的照顧裡受益，則是被心中的惡性預期宰制的結果。或許這麼解釋有助於理解（Henry, 1974）。

最後提出來的是，能夠與兒童進行最初的探索工作是非常特別的機遇。與兒童初次溝通的朝氣，賦予臨床工作者榮幸與資源，讓臨床工作者抱持熱誠進行評估。探索與有機會開啟新的關係的愉悅，抵消了面對未知時的焦慮。一段好的評估會談，對深受困擾的兒童而言，可能是非常重要的創造性經驗。

【第五章】與孩子的知心之道（1982）

本文細述一位離異母親養育六歲獨子的評估工作。

此家庭由家醫科轉介過來，為母親尋求心理治療，這也是先前另一家診所建議的，因為孩子的心智狀態與健康令人擔憂。

S 女士曾向家庭醫師諮詢她的慣性頭痛與腿疼，以及艾力克斯（Alex）的脫髮問題。醫院檢查結果指出，他們的症狀皆是源於身心壓力，而非器質性問題。幾個月後，母親再次表達了對艾力克斯的擔憂，艾力克斯總說「想死」、說他會用刀子這麼做，還會夢遊，母親認為這是他頻繁地拜訪父親的影響。他們同意接受一週三次訪視。

我們初次審視這個案例，認為母子雙方可能需要個別心理治療，他們以身體症狀表現心理或情緒問題的程度令人憂慮，而母親不懈地尋求協助的努力也令人感動。

初次接觸後，我們不確定是否能提供一個工作架構，幫助母親將自己與艾力克斯的需求區分開來。我們必須設計一個方案，同時考慮她自身的困難、她為人母的擔憂，以及她對艾力克斯的強烈擔心。

我們決定為她提供一次探索性諮詢，由社工協助釐清她是否想為艾力克斯安排評估，是否可以進行治療，也澄清關於男孩的照顧與管理相關的法律情況。諮詢時，社工向她解釋，評估艾力克斯之後，後續可以為她安排治療，並且和她一同決定哪一種協助較適合艾力克斯。因此，最初的工作旨在澄清父母是否足夠關懷且可靠，是否能為兒童的工作提供穩定的環境。因為正好遇上暑假，在探索期到艾力克斯的評估之間隔了一段稍長的時間，然而S女士接受了這個安排，也如期赴約。

為療程定錨

我向S女士提議，在兩次艾力克斯的評估療程之後，安排一次我與她的會談，一同討論我觀察到的事所具備的意涵。當我到等候室接待他們時，我看見的是一位外表骯髒、有些胖的小男孩，看起來緊張又痛苦。母親似乎對艾力克斯溫暖又支持，他無所顧忌地跟我同去診療室。在診療室中，他率直地使用我準備給他的素材，如畫圖工具、黏土、小人偶、動物、車子、剪刀等，一眼也沒有瞧我或房間，自顧自地玩了起來。我不確定他有沒有在聽我的解釋，如我的角色、我們的兩次會談等等。他拿出一輛車子，讓它開了幾次，迎頭撞上裝著所有玩具的塑膠桶，令我領略粗暴的衝擊。接著，他拿出黏土，似乎打算做些什麼，又打消念頭，選擇小人偶，開啟了一場複雜、不停歇的遊戲，事件以閃電般的速度此起彼伏。最初的場景是兩個家庭，其一是媽媽與男孩，另一是奶奶（稱呼為媽媽）、大男孩（實際上像父親的人偶）和許多小小孩（稱呼為寶寶們），加上其他各種成人。從頭到尾，小男孩和大男孩都在打架，蓄意凶殘、暴狠無比。

對於我的探問，他大多忽略不理，但是告訴我小男孩是因為嫉妒另一個家庭的寶寶們才生氣，他的家裡沒有嬰兒。凶殘的攻擊活生生地上演，以致於警察不斷介入，大「男孩」被帶去監獄，卻從未真正到達、被關押，小男孩受傷後，由救護車送到醫院，也沒有到達，因為場景更換太快，以致沒有一件事情有結果。艾力克斯半轉過身，向我說明：「他不能去監獄，因為他還沒滿二十一歲。」當救護車到達時，他補充：「雖然他很壞，他們還是送他去醫院！」他的聲音裡沒有任何情緒。「他的媽媽帶他來診所見我，這間診所可能是個令人擔心的地方，因為他可能不大確定這是個幫助受傷或生病的人，還是處罰壞人的地方。」我試著用這個想法引起他的關注，艾力克斯搖了搖頭，說「不」，他不這麼想。

遊戲裡，家庭成員不斷改變，戰鬥雙方的道德標準也反覆無常，不斷重複同一個主題：小男孩為了保護母親，必須努力與另一位男孩競爭，一人經常爬到另一位的頭上、肩膀上，宣稱自己擁有高超且壓倒性的力量，彷彿能夠將受害方壓進土裡。肢體鬥爭極度殘酷，特定攻擊彼此的眼睛、嘴巴和生殖器，期間出現許多魔術般的雜耍技藝。

我聚精會神地試圖跟上發生的事情，艾力克斯似乎也想讓我看明白。當我概述其因果來表達我對遊戲的理解時，如果有所誤解，他會小心地糾正我，並且短暫停下他稍顯笨拙的言詞，好讓我跟上他的步伐。

透過談論人偶的暴力、殘酷、憤怒，與似乎糾結著每個人的困惑——誰屬於哪個家、誰是好人、誰是壞人、誰是朋友、誰是敵人——我試著靠近他，但是遊戲無情地進行，艾力克斯對我的話不感興趣。

我發現自己回顧起我在這場會談裡的處境：目睹沒完沒了的恐怖故事。死亡沒有盡頭，因為主角們不斷地死去，卻又立刻跳起、繼續下去。我在對事件的前因後果極為困惑之中苦苦掙扎，在所有的事件中找不到固定的參照點，所有的關係不斷地改變，折磨、痛苦、憎恨和恐懼連番襲來，愈變愈多，抓不到任何意義的框架來解釋為何這等苦痛不斷發生，麻木的震驚狀態與強烈預期會有更多厄運，強勢地主導一切。

我開始和艾力克斯談，這些人物一定覺得很恐懼與絕望，當我努力把這些想法化為言語時，我察覺他的情緒狀態起了些微的變化。我可以觀察到他肌肉放鬆了，在這之前，除了手部動作之外，他的肌肉始終緊繃著，椅子上的他稍微轉過身，朝向我的方向。遊戲事件更迭的節奏慢了一些，我感覺和他之間已經建立起些許的理解，於是我問起他害怕的事情。他轉過身，看著我，停下手上的遊戲告訴我，當媽咪出門時他有多害怕，他覺得她會被綁架，夜晚來臨，他總是害怕竊賊上門，他們想用刀殺了他和他的媽咪。

他們躲在他的床底下。我問他，這些是不是他做的惡夢，他點頭，只是危險是屬於惡夢還是清醒的潛意識幻想，似乎不易區辨。當艾力克斯這麼告訴我時，他似乎第一次經驗到某種焦慮，他抓著黏土，用手扭著，不為了創作，而是為了抓住什麼，然而在我眼裡，他就像是被嚇得腦中一片空白的孩子。他雖然面無表情，卻彷彿發生了太多事，多到無法轉化任何一件事來交流。唯一留下的，僅是恐懼這份客觀事實。我認為，繼續小聲且緩慢地和他談話是重要的，並試著為這次療程的體驗定錨，於是我說，診所是一個兒童可以談談害怕、擔憂的地方，他需要我能理解他有多害怕，我也向他解釋，這次療程結束時，我們會安排媽咪在等候室接他，也會安排媽咪下週帶他來見我，這樣我和他就可以多談一談，也想一想可以幫上他什麼忙。他認真地點點頭。我說，他剛剛讓我看的那些事情佔據他的腦海，讓他沒有空想別的事情，這時他的臉上似乎閃過一抹哀傷，我感覺他非常脆弱。在他收拾好玩具後，我驚訝地發現自己問他想不想洗手，他髒得可怕，似乎很享受馬馬虎虎的沖洗與擦拭，留下我獨自思索，剛才那個懇切地乞求關注的他切切實實地在我身上造成的影響。

當我們回到樓上的等候室時，他想要立刻丟下我、回學校去。下一週，當他的母親帶他回來第二次面談時，我注意到有位男士陪同前來——艾力克斯沒有提到這個人，儘管他已經和母親同居了幾個月。

改變的可能性

這次的療程以相當相似的方式開啟，更加殘酷，現在，兩位男孩的目的似乎是蓄意折磨，不僅是為了勝利，而是為了施加極度的痛楚與羞辱到對方身上。為了出頭，競爭者更加拚命，嘗試的雜耍技藝堪比超人，艾力克斯述說他玩些什麼的時候，提到了超人與蜘蛛人。現在，母親人偶不再受到小心呵護，甚且愈來愈頻繁地加入其中一方。

新的主題出現了：艾力克斯用黏土打造了一座監獄，將三位主要的人物關押起來，讓他們深陷其中，事實上，是掩埋至腰身，他說他們手腳上有大石頭，避免他們逃跑，而當他們逃跑時會被抓回去，施壓更重的石頭。這似乎非常生動地點出了他的經驗，他深深地受困在這些成見之中，感到絕望、無法讓自己解脫。重複努力卻一再失敗的爭取自由，似乎成了動人的請求，請求干預介入，使得新的元素能夠進來，而這預示著改變的可能性。儘管匆促忙亂的活動仍進行著，讓人有種變化快速且興奮的錯覺，但整體來說仍給人一種相當死寂且永恆停滯的印象，將吞噬他的一生與未來。

我再度開口對艾力克斯說，我認為他需要來診所見某個人，一位能夠幫助他思考這些困住他的令人害怕的所有想法。我解釋，我會和他母親討論這件事，我認為她希望他得到協助，我希望接下來可以替他安排規律穩定的來訪計畫。我再度解釋，接見他的不會是我，但是我會找一位能在這裡和他工作的人。

我們花了一些時間溝通，他聽到時停下手上的遊戲，拿出一支黑筆開始畫畫，畫了一張有白色土地的圖畫，並連結到太空與月亮。

這似乎是他想前往的好地方，但是很快地紙上填滿了各種精巧的武器，以對付即將到來的攻擊者，他相當流利地說著。這張圖畫的內容吸引了我的注意，但是他溝通模式的變化更加吸引我——在我看來，當我成功為他創造出診所的想法，這個診所可以處理他的擔憂，當他感到我能夠走進他的內心，也體會到診所切實存在，這在他心中燃起了新的希望，也就是他能在自己的想像中到達某個美好的地方。我們可以這麼比喻：一位帶著不幸、受迫害心態醒來的嬰兒，仍能回應母親給予的照顧，認出她就是他在找尋的對象。就艾力克斯的例子而言，他需要的照顧似乎特別與能夠處理大量的髒污有關，那些在他眼中極為強大的髒污，使他無法接觸任何更具生命力之物的髒污。他讓我想起一種嬰兒，在換好髒尿布之前，無法靜下來喝奶或觀察環境。第二次療程最後，非常有趣地，我注意到他主動去診療室的洗手檯洗手，這表示他記得上次療程的順序，但這次是由他主動。

一些反思

在這個案例中，治療這個孩子的外在結構實際上是穩定的基礎，儘管母親遭遇重重困難、正在尋求協助，但仍能周到地留意兒子的問題，也準備好參與治療，儘管旅程相當漫長，何況父親並不支持。她是從男友那邊獲得支持，也帶著男友來見我討論艾力克斯的事。

在孩子的內在世界，能夠協助他將非常複雜且令人困惑的經驗放進來思考的結構似乎不多。對不成熟的心智來說，實是太沉重的負擔；在他的真實經驗，父親邀請他共謀一場對抗母親的倒錯，而他的母親出於混亂地認同了他的痛苦，無法給予他任何成熟的界線、合理地保護他。然而，在評估會談中，我們觀察到，當我找到一個方式向他介紹具涵容功能的結構時，艾力克斯可以使用這個涵容性結構。我認為，對他而言，這成為有意義的經驗，因為我在一定程度上沉浸在他惡夢般的世界，卻活著走出來、還能與他交談，因此他知道我能理解他的處境。

現在，我從評估兒童心理治療的方式這個角度，細想這段與艾力克斯工作的經驗。我之所以提供這樣的設置，為的是讓他能夠向我傳達他的內在世界。在我看來，這位孩子最急切的表達並不在遊戲與對話的內容，而是面談時展示出佔據他心思的事物的整體特徵。任何與他有關的問題，例如他喜歡什麼、學校、朋友等等，他都無法回答。世界，或者用旁觀者的角度來說是他所處的世界，事實上，是由他內在世界強大潛意識幻想塑造出來的，這點非常重要，而這些幻想佔據了他所有的心理空間。他缺乏與現實接觸的能力，可說是迄今為止潛意識生活尚未經過涵容修飾的結果。第二次療程遊戲中的一項細節尤其相關，也就是在黏土監獄中，他將巨大的黏土塊捏成壓在囚犯頭上的重物，蓋住了他們的眼睛，如此一來囚犯們必須待在一個黑暗的、無法被看透的世界，他們沒有用來看事物的功能性感知裝置。

與S女士會談之後，為這幅景象添上更多細節。她描述，在學校時他總是待在自己的世界，學習對他而言有多麼困難，儘管老師確信他是聰明的。她也談到他和其他孩子玩的方式，他們必須玩他的遊戲，而這些遊戲總是與死亡有關，母親細述他是如何成功地強迫同學扮演他為他們安排的角色。遊戲裡，他永遠是好人，總是擁有超能力，他認同一位他曾讓我看過的超級英雄，因為唯有這種角色才有機會反抗那股他很害怕的全能的毀滅力量。

我所做的評估，既是為了讓我可以了解孩子在情緒發展與感受能力的情況，也是為了知道臨床介入是否能夠帶來改變。因此，在對兒童進行評估時，我運用的技術包含我在長期治療設置的態度，這麼做是為了探索兒童會如何運用我與非結構化的面談。儘管不對我所觀察到的私人移情進行詮釋，我仍想充分了解，兒童對於點出不同看法之間的關連、將他展現給我的各種樣貌匯聚一起等是否具有開放的態度。此外，我也發現，密切地觀察兒童在我身上造成的情緒影響是很重要的，在對於兒童是否有能力接受治療做出結論時，可依此反移情之意涵為參考依據。換句話說，透過評估歷程，我斟酌的是患者是否能夠在治療設置與關係的協助下做出改變。於是，在我初次與兒童接觸的過程中，也會帶著精神分析心理治療中對於改變的觀點，儘管兩者之間具有許多重要差異。

艾力克斯的療程讓我們看見，建立關係的能力尚未成熟發展是什麼樣貌。多數時候，我覺得自己在他的眼中，一點也不像是另一個和他一同待在房間的人，彷彿他既感覺不到自己在我的房間，也不覺得為他準備的玩具是我提供的。然而，治療中發生的事件讓我知道，在更原始的層次上，他意識到自己需要有人聆聽他、將他放在心中。他讓我知曉該如何理解他的處境，這麼一來也讓他知道，我有能力理解那些塞滿他的腦袋想法；在我和他說的話中、在我呈現的態度裡，我向他傳達我有能力思考他的事情。他覺得超級英雄是他唯一的希望，但似乎也能意識到一位成人盟友或許也能幫上一些忙。

【第六章】家庭崩解之後

遭遇多重失落之兒童的心理治療評估（1993）

出於各式緣由，兒童可能無法持續在原生家庭接受照顧。本章的焦點放在遭遇嚴重失落的兒童，這一類的孩子往往由於家庭無法提供安穩環境，才進入政府提供的兒童福利系統。這些孩子可能是因家庭不堪重負而請求協助與照顧，也可能是政府介入將孩子從施虐家庭移出，轉由社會福利單位監護，安置在住宿機構或寄養家庭，也有一些最後由收養家庭收養。這個族群之中，轉介來進行心理治療評估的兒童，往往不是那些在原生家庭之中帶著希望與計劃復健的孩子，而是正在或已經制定長期替代方案的孩子。這些孩子並沒有因為替代照顧而獲得足夠協助，從他們生活中明顯的不幸與苦難，或是他們對於照顧者與外在世界所造成的令人不安的影響，都能清楚地看見這些孩子的心理痛楚。

評估具有不同的任務，在分辨整體情勢是源於外在或內在時，評估是很有幫助的。外在的因素包括在家中與學校，負責兒童福祉的成年人之感受、願望、焦慮與脆弱，以及持續照顧與可行的治療的現實選擇。內在的因素則是來自兒童內在世界的本質，以及這個內在世界的本質對於他／她建立關係、學習能力的影響。

評估，需要留意治療介入是否合適；澄清誰需要協助、所需之協助是否可得；需考量時機；也需要將各種不同形式的治療納入考慮，並思量透過各種可行的治療，可以處理哪些問題、又處理不了哪些問題。

評估廣納的面向，包含了探索轉介給專業人員的脈絡與意義，包括涉入其中的成人，也包含受轉介來接受專家協助的兒童身邊的親職功能，該親職結構所提供的承諾的性質與品質如何。同時，就這些訊息判斷提供兒童心理治療是否可行，評估者需要在傾向與抗拒尋求精神分析兒童個別心理治療工作的線索中斡旋。評估歷程的最後一項任務，是與兒童和負監護之責的成人，就探索過程中呈現的結論溝通。或許，「最後」這個詞彙會造成誤解，因為這必須建立在評估期間所有會面持續的框架之上：這會是一段對話的歷程，包含雙向溝通、分享理解與未能理解之處，令人滿意的結果是，參與的每一方都接受已經一起思考一些事情，介入措施也整合了所有可用的觀點。

值得探討的議題

進行這類評估工作的過程會出現一些技術上的問題與選擇，因此值得在討論臨床案例之後再回到這些問題上。儘管必須建構一些評估的模式，但我的主張是，盡可能讓這些模式保有彈性，當指定這些任務該如何完成時，通常是評估最無法發揮作用的時刻。我將描繪的基礎模式會引出以下值得探討的議題：

1. 誰負責受轉介而來的兒童的監護權？是否能安穩承擔這份責任？在複雜的組織合作中這一點可能會遺失，例如寄養父母、社工與學校，在安置型住宿機構中更是如此。
2. 誰正遭受心理痛楚？這份痛楚是否已受到關注？
3. 誰在尋求協助？受轉介來的是兒童，但是想要接受協助的卻不一定是兒童。

4. 是否能找回兒童的成長脈絡？這類兒童的成長經歷往往不得而知。迄今為止，就這點而言，是如何處理的？
5. 我可以多麼接近潛藏在衝突與焦慮底下的世界？防衛有多僵固？
6. 在評估的全程中，對情緒痛楚的反應為何？若是給予支持，是否能夠耐受痛楚？
7. 從反移情感受中能蒐集到哪些線索？我是否感覺有動力提供協助，如果沒有，又是為何？

著手進行評估工作時，一個必須考量的關鍵點是，評估，之所以受請求安排，往往是因為可能與其他創傷連結的失落仍是難以承受的，因此介入必須能夠涵容且不加重或再度喚醒任何關於失落的痛苦感受，這是一項艱鉅的任務。因失落而受創的兒童，其透過反思而理解的能力會被淹沒，而顯得極為脆弱易損。若是他們向心理治療師敞開心扉，那麼在評估療程暫時來到尾聲時，他們可能會感覺遭到殘酷打斷或是拒絕。假若評估結束到下一次治療時段之前需等一段時間，他們可能覺得自己被丟棄在裸露、未受到恰當保護的心理狀態中。如果他們企圖以更表淺的關係來修補不斷重複的失落，可能倉促而過早地對治療師產生淺薄的情感、虛假的熱情。一旦冰凍與警戒成為對抗傷痛的防衛，他們可能再也無法讓人靠近，如果他們不敢表露的希望受到忽視，可能也會很容易對自己感到絕望。這些例子並非完整的清單，而是想強調工作時必須敏銳周到、思慮清晰、帶著勇氣，我們處理的是極強的心理痛楚、久治不癒的傷痕，務必意識到這點。

無論如何，我們還能仰賴自己提供的事物，無論會談的順序是如何安排，始終要清楚下一步是什麼、安排在什麼時候。對於遭遇過災難與失控的孩子來說，心底沒有著落是難以承受的。這意味著，如果進行評估的人接下來無法提供治療，需要在一開始就說清楚，否則在孩子眼裡這可能近似於誘惑與背叛。這對治療師而言很殘酷，因為治療師時常覺得自己能提供給患者的服務是有限的，但是這是為了不犧牲患者的利益以保護治療師想要當個善人的願望，我們必須把事情說清楚。

為了使心理治療切實可行，必須非常清楚誰會負起監護之責，否則將會造成混淆，治療師只是一位可能會遭移情投射，也就是透過接觸兒童的內在世界而提供協助的人，還是能替代父母的人。失去父母的孩子，心中有股巨大的壓力，要在治療師身上「找回」失去的父母，因此必須非常小心地避免讓孩子升起這種不切實際的願望，例如治療師是失散已久的親生母親，或是等待被收養的孩子期待治療師將是收養他的人。就外在而言，唯有當某人承諾會擔起父母之責時，心理治療任務才能獲得支持。這份責任可由收養父母承擔，也可由社工與父母或收養父母（或雙方共同）協同分擔，亦可由法院指派的社工協同負責照顧兒童的住宿機構社工一同負責。需要特別留意的是，當這份職責由多方共擔時，不同的人可能會出現各式觀點。有時，專業人員之間的分裂反映出來的是，兒童的內在世界存在極端的分裂，在這種情況下，這些分裂也會特別強大。但是，專業人員之間的分裂也可能代表在照顧兒童的觀念上有所分歧，或者機構之間、之內存在競爭，其中一些主題，在《受嚴重剝奪之兒童的心理治療》（*Psychotherapy with Severely Deprived Children*）一書中，布里頓（Britton）執筆的篇章提供了極為實用的探討（Boston & Szur, 1983）。儘管近來法律架構有所修訂，但布里頓描述的基本模式仍然適用。孩子必定是某個人的孩子，也必定在某個人心中佔有一席之地。

蘿倫和大衛

我想對比兩個評估案例，前者擁有先前定義過的父母功能，後者則缺乏這些功能，每個案例中皆有兩位孩子，同父異母（或同母異父）的手足。這兩份評估提醒我們要留意與該案有關的任何專業人員之密切合作，有多麼困難且重要。

由此可見同事之間存在破壞性分裂的風險：接受精神分析訓練的專業人員並未豁免，不受以行動演出取代思考之擾。在我的案例之中，其中一位在診所內形成了有效合作，另一位則無。

蘿倫（Lorraine）和大衛（David）分別是十四歲與十歲，由社工與預計要收養他們的養父母轉介過來，目前已經入住養父母家中。孩子們的經歷如下：他們在五歲和一歲時，從無法照顧他們的母親那兒被帶走，一起離開的還有三歲的妹妹，她在一次孩子們單獨留在家時發生的意外中嚴重受傷。在這次事件之前，有過多次的忽略與虐待。送醫治療後，三歲妹妹被安置等待收養。另外兩個孩子仍在一起，曾住過育幼院，也有長期的寄養安置，最終非常心碎地遭到拒絕。一位精神科醫師同僚已在診所會見社工與養父母，與他們一同討論孩子們的早年生活、此刻的難題與長期照護計畫，並規劃收養事宜。兩位孩子在學校都遇到一些困難，也都不好相處，養父母希望心理治療能幫助孩子們更能從他們承諾的家庭生活獲得助益。

我決定一同接見兩位孩子，因為在他們動盪的生活中，唯一不變的元素是他們一直生活在一起。我想觀察他們密切參與彼此生活的本質，接著運用稍後的機會分別見他們。

無論如何，我都沒料到會是這麼混亂的療程。大衛看起來比實際年齡瘦小、金髮、整潔、精力充沛；相比之下，蘿倫高大、笨拙、黝黑，看起來比實際年齡還小。在等候室時，他們翻閱一本「嬰兒」書，蘿倫坐在嬰兒椅上，開著玩笑說誰才是嬰兒。大衛令我印象深刻，他擔心如何處理從販賣機拿到的飲料，並熱切地要求搭電梯下樓去我的診療室。我感覺自己迫切地需要掌握主導權，於是說，我們走樓梯下樓，但是可以在結束時搭電梯上樓。

在診療室中間的小矮桌上，我放了一些我挑選過的小玩具，也在窗邊的桌上放了些繪畫工具。大衛逕自走向玩具，但看到蘿倫已經坐下，也跟著坐下。我簡短地說明，這是一個讓我了解他們的機會，也明白表示玩具與繪畫工具都是他們可以使用的。他們四目交接，忍不住咯咯笑起來。大衛的笑聲既激烈又大聲，看起來像是努力讓自己達到高潮。他們吵吵嚷嚷地相互指責：「你讓我想笑。」隨著不斷地咯咯笑，我談到一起愉快傻笑的快樂，也許比起猜測我這個他們不認識的人，或猜想他們在這裡該做些什麼好得多。忍俊不住的笑仍飛快地在診療室蔓延，於是我談到他們的困窘，並在一會之後評述，他們喧鬧的笑聲佔滿了整間房間，沒有留下任何空白。這份評述使我取得與他們的連結，他們開始研究玩具。然而，混亂與噪音相當驚人，競爭無所不在，他們爭吵、搶奪、謾罵，大衛滿口髒話，不斷辱罵蘿倫，她則打他的頭以示報復。

觀察著這一幕，我覺得我的診療室中有兩位非常野蠻的幼兒，待在兩副過大的身體裡。我堅定地說，我想要他們跟我談談他們自己，於是大衛開始講述他們的妹妹受傷的故事。他說母親很傻，她出去了，留他們獨自在家。在講述過程中，噪音與反覆的干擾仍舊不斷，但我勉強釐清他們怎麼理解發生了什麼，也得知目前與妹妹的聯繫狀況。我說了一些話，像是「這一定很糟糕」、「令人害怕」，他們同意這一點，但是無論怎麼努力讓他們把發生了什麼的故事說下去，都會撞上一堵空白的牆與更多的興奮與噪音。

孩子們決定要畫圖，卻也引發爭執，每個人都想要對方的筆，覺得對方的筆似乎比自己的筆更尖，哪怕明明就有削鉛筆器可用。大衛焦躁不安，不斷打擾慢慢地、仔細享受作畫的蘿倫。大衛畫了一位女巫，一隻蜘蛛從她的鼻孔爬出來，並說：「殺了我。」我問她在跟誰說話，他答：「跟蘿倫。」接著把圖推給蘿倫。「會發生什麼呢？」我問。「她會害怕。」他答，接著畫了一隻患有麻疹的長頸鹿，「一種特殊的病，只有屁才會得。」他宣布，然後潦草地畫了一匹馬，意在模仿蘿倫小心翼翼地畫出的馬。蘿倫畫了兩匹馬，第一匹是馬術障礙的賽馬，「牠的頭太大了。」她說，第二匹是拼拼湊湊而出的馬，「長途跋涉後，累了。」她不知道牠的頭朝下是因為累了還是因為吃東西，於是她添上一些草，說這匹馬就像一臺割草機。她談起要自己去騎馬。最近因為跌倒，她的手臂骨折了，她把歪曲的手臂展示給我看，把兩張圖一同遞給我，並說：「它們是給你的。」此刻，她平靜地沉浸在我的關注之中。這種充滿希望的向我求助，帶有最是動人的性質。

與此同時，大衛轉而去玩積木。我在兩位孩子中間試著兩邊都看都聽。大衛的遊戲有兩個階段，第一階段是一段漫長的遊戲：建造搖搖欲墜的塔樓，再用汽車推倒鏟平，或是乾脆用手把它們掃成碎片，樂趣似乎在於當一切粉碎的那個片刻。他談起比薩斜塔和為何傾斜，兩位孩子思索起這個問題：如果倒下，會發生什麼事？對於擊倒毀壞塔樓，大衛狂躁般的喜悅漸漸退去，開始感到挫折，並且為自己無法建造更高的塔樓感到有些痛苦。

共享的焦慮，共構的防衛

這時，我認為我能明確地說明他們共享的焦慮，以及他們用自己的方式傳達這份焦慮，於是我說，他們都感覺到一些不平衡的問題，例如蘿倫的馬的頭太大了、大衛的塔樓頭重腳輕，是一些多到有點難以駕馭的東西？我心中有了一幅關於頭／心智的意象，頭／心智裝不下如此令人困擾的事物。當然，他們已經用直接的方式將這個問題呈現在我眼前，我面臨的問題是，我是否能夠駕馭這些擾人之事。當然，想到他們的吵鬧多少會打擾到附近的同事與患者，確實令我煩惱。在這次介入後，大衛的建築技巧提升了，他非常享受自己的成就。我認為，透過這次詮釋，也許我已經恰當地涵容了他的焦慮。令我驚訝地，他也開始展示非常聰慧的一面，他的機敏不再只是用來折磨蘿倫，而是觀察各種各類的積木，研究如何將它們組裝在一起。

蘿倫一直在談復活節假期的計畫，對於拜訪養母的母親這個想法既興奮又困惑，也談到她的耳朵即將接受耳道通氣植入手術。她仔細地解釋，包括耳朵後的液體與常態性的感冒，她希望鼻子進行電燒手術後，就能擺脫這些濃稠的黏液。事實上，這些症狀明顯困擾著她。我在心中自忖，對於前來診所她怎麼想，這裡也會為她做些什麼嗎？會讓她感覺好一些嗎？她坐到大衛那桌，大衛正努力用小人偶與動物玩些不長的遊戲。這時，出現另一段搶奪彼此東西的片段，但是接著大衛對一座特別精緻的建築全神貫注，兩位孩子也聚精會神於其中。當我思忖這座建築是否也會遭到摧毀時，空氣中瀰漫著非常安靜卻緊張的氣氛。實際上，當車子以危險的速度行駛，伴隨刺耳的煞車聲時，如果有激烈的轉彎，就像賽車場上的車子為了避免打滑，會在即將發生災難前停下來。這段過程裡，兩位孩子都待在小桌邊，投入同一個遊戲。我注意到這座建築的形狀，當他們問我我覺得這座建築叫什麼時，我直接回答它讓我想到白金漢宮。大衛很高興地證實了我的猜想。我確定，這個遊戲對他們兩人而言有著共享的意義，而我推測這與他們全神貫注於這是不是一座「宮」的程度有關，我認為這座「宮」象徵著他們的新家富有令人喜愛且神魂顛倒的物質與情感，並且足夠堅實，能夠承受他們具破壞力的影響。對於有人給予他們這麼多，除了感激，他們也感到不解，質疑這一切是否足以涵容他們強大的攻擊、破壞、測試、毀滅的衝動。

在這次療程中，他們兩人共同建構的防衛令我印象深刻，狂喜與粗鄙驅動的興奮感相當有效地抑制了焦慮，而他們的相互依附減緩了孤單的可能，也降減了必須面對這麼多與自己和未來有關的擔憂時的恐懼。大衛的性格強勢、機敏聰慧，儘管有著一系列的躁狂式防衛，我認為，還是有機會可以很快地接觸到他的脆弱之處。蘿倫似乎比較沒有安全感，急於找到可以緊緊抓住的事物。

我決定接下來的療程要分別見兩位孩子。我將簡短地描述這幾次療程，呈現其鮮明的對比。

個別治療現場

蘿倫半信半疑地開始，我說，大衛不在這裡讓她不安。在簡短地對話，回顧上次和大衛一同的療程（讓她傻笑的「那些積木」）之後，她開始畫圖。圖上有宇宙、地球、天空、行星等等，並在試圖記住行星的名字時迷失了。除此之外，她畫了一幅復活節的圖，卻說這張圖的方向不對，她補充說：「我總是這樣。」接下來她做了張復活節卡片。我說，她畫的圖是想試著讓我了解她所在的世界是什麼模樣，既是外在世界，也是她心中的世界、她的記憶、她的過去與現在、她最初的家庭和現在的新家庭，她想讓我看到存在其中的鴻溝。她不太能理解這一切，我提醒她他們先前告訴我他們的生命故事裡有一段漫長的空白。接著，她讓我注意到她犯的錯誤是把 E 寫成 4，我認為這是在邀請我談談有四個人的新家庭。然而，蘿倫並沒有真的在聽我說話，儘管這次療程平靜祥和，有別於先前的喧鬧，此刻，我擔憂她失聰的程度，在喧囂之中，她能聽見的遠比此刻多得多！

她讓我參與一項動物們的友好遊戲，我被安排為野生動物打造一座動物園，而她則為家禽打造農場。在忽略所有的困難與痛苦感受後，我們相當愜意地待在一起玩小女孩的遊戲。我感到一股巨大的壓力，必須為她送的圖畫禮物、復活節祝福感到愉快，接受她表面上的友善，並且不得挑戰潛藏在表象之下的缺乏界線，在她收拾玩具說「下次見」時，這點更明顯了。這個動作似乎否定了我已經解釋說明過的所有努力，也就是我只見她一次，幫助我和她的父母思考是否規律地來診所見某位（其他的）治療師能夠幫助到她。我相當焦慮，她的理解能力有限，依附能力有些表淺，這點似乎也很明顯，此外，證據顯示出現大量的屏蔽，這會使得接觸她心中受困的孩子格外困難。她並沒有感到焦慮，此刻她也不想。

相較之下，大衛自己一人時，則開放地表示他的擔憂，也談到蘿倫不在讓他有多麼的緊張。「她在的話，會比較好。」他說。他說話時帶著傾訴心事的語調，我感覺他很害怕如此清晰地聽見或感覺自己的焦慮。他轉回積木、建造塔樓，以及一次又一次的被汽車撞毀。他宣布，這輛破壞性的車子是蘿倫開的，而他，大衛開的是砂石車，努力介入與處理蘿倫的襲擊，他很清楚他是好人、她是壞人。我納悶他上次讓我知道他有一些想摧毀事物的感受。接著，他建造了一棟精緻的建築，再一次地，蘿倫的車子危險地逼近，而大衛和他的超人同伴努力保護這棟建築。我試著將這一點連結到他的擔憂，也就是他的人生中萬物皆會破碎，一次又一次，並且提到他的成長史中那段空白的歲月。「那太私密了，」他說，「我不能說那件事。」聲音變得非常微弱，這讓我注意到，相較於排山倒海而來的他和蘿倫可能會充滿破壞力的憂慮，他覺得自己有多渺小與脆弱。

他的遊戲改成去外太空、尋找失落的星星。他說到一個秘密：「當它來地球的時候，有些東西會再一次活過來。」當我聽懂他關於他自己、他的生命故事、他遺失的過去的疑問，他變得相當緊張，他什麼時候會再來？他能待在這裡多久？我談到了在診所繼續接受治療的可能性，他說「和蘿倫一起會比較好」，接著想要提早離開、回家，才來得及看電視節目（泰山）。我試著鼓勵他留下來，他畫了一系列電視上的英雄。「他們幫助人。」

他說，他哼唱主題曲，有了近在眼前的全能的保護者，他再度感到安心。在圖畫紙的背面，他畫了一列載有大量煤炭並冒煙的蒸汽火車，在這段溝通中，暗指著（上次療程中更為清楚的）佔據其心思的肛門期潛意識，這讓他更急於離開。

評估歷程的重要元素

這幾次療程提供豐富的素材，回答了我的評估模式提出的問題。兩位孩子對我影響甚大，也希望我能協助他們，儘管我知道我無法繼續提供治療，即使他們的遊戲與談話縈繞我心、難以忘懷。對此，我的理解是，這是一種溝通，由我在反移情中接收到他們對於獲得協助的期望，也接收到他們對自己的焦慮。在療程中，許多在我身上造成的影響都是轉瞬即逝的，而在隨後對此互動交流的反思中，我能夠思索一些反移情的潛意識面向，並在我理解他們時運用這些素材。這種對療程中的經驗進行反思，是評估歷程中的重要元素。留些時間細細思量發生了什麼事，再慢慢地推斷意義，是在心中整合意識與潛意識素材的重要歷程。務必避免過早形成結論，我們提供的評估療程結構本身能夠促使我們運用遐想（reverie）的歷程（Bion, 1962a）。

可信的證據表明，適應不佳的防衛削弱了孩子們的真實能力，這些防衛主要是躁狂與過動，加上未經修飾的分裂與投射。我也了解到，在直面這些衝動的破壞性時，孩子和養父母可能必須面對如何堅強且存活的壓力與焦慮。和兩位孩子一同待在房間一個小時的經歷，讓我活生生地瞧見文化的碰撞：兩位孩子形成了一個小幫派（Waddell, 1998），父母（般的人物）可能會發現無法參透這個小幫派。不難想像，這一點對試圖站穩腳跟、做好孩子們的父母的成人而言，會引起多大的焦慮與挫折。

組建家庭，就某種意義而言，是兒童能夠信任父母，相信父母能回應他們嬰兒般原始的依賴需求，並協助他們分離獨立，逐漸從彼此糾纏邁向人格獨立。我可以看見，對這個家庭而言，這將是艱鉅的任務。

這些線索指向什麼樣的治療方式呢？儘管，在兩位孩子一同的療程中，我很難在困惑與飛快的事件中保持清明，但我認為，事實上一起接見他們時，才是我比較能夠碰觸到他們的焦慮的時刻。當他們覺得受到自己精心排練過的曲目、採取共同防衛行動的保護時，似乎才夠安全，偶爾能聽見我說的話。在個別的療程中，儘管有不少證據支持，帶有詮釋意涵地連結兩件事情的意義具有良好效果，我感受到的仍是聾倫的屏蔽，亦即某種失聰，半真半假地以愚笨為防衛，而大衛的焦慮非常容易上升至難以承受的程度。在他們能各自運用個別的心理治療之前，似乎必須先解開一些共有的防衛系統。

一位治療師在和兩位兒童同時工作時有更多的心理空間可以思考，這想法看似矛盾，卻與外在條件相呼應。在接下來的一年中，孩子們的安置將因檢驗這份安排是否能長久維持面臨相當壓力，收養的法律程序也會讓這股壓力更沉重。我認為，提供一個空間給兩位孩子，表達他們對於一同經歷的生活危機有什麼感受，是非常有幫助的，也能夠保護兩位孩子的安置安排，個別的工作可以日後再妥善安排。

丹

有別於前者，現在這個案例屬於專業人員爭奪兒童而未能履行父母之責的類型。工作的背景環境並不單一，包括正式的診所約診與探訪寄養家庭，衝突已嵌入案例之中，換句話說，專業人員深具敵意且失職的情況下，此種保持靈活的工作方式可以帶來重大的影響。彼得（Peter）與丹（Dan）的案例之中，不同時期的評估議題包括：

1. 他們該和誰住在一起？
2. 應該安排他們在一起嗎？
3. 他們需要心理治療嗎？
4. 如何協助社會福利機構為這兩位男孩做出妥善的規劃？

丹是混血兩兄弟中的弟弟。母親住過一間又一間的育幼院，可說是在安置機構中長大，無論是情感還是經濟上，孩子的父親提供極少的支持協助。在母親離開社會福利照護之前，社福機構一直扮演著替代她的家人的角色，從兩位男孩出生伊始也參與不少他們的生活，因而非常擔憂，因為她似乎適應不良，好多次孩子們都可能受傷。終於，丹五個月大、彼得十五個月大時，兩兄弟被送到寄養家庭，由一位養母照顧。丹十個月大時，我參與至寄養家庭探訪的行程，為社會服務系統獻計，討論他們的未來。

關於這段故事，我想聚焦在丹約莫三歲時的片段。那時，彼得被安置在住宿型的治療社區，丹帶給他的社工與寄養母親強大的焦慮。兩兄弟皆呈現性早熟狀況，儘管在上一次正式就兒童性虐待進行調查時毫無所獲，社工仍懷疑他們曾在其中一個寄養處所遭受性虐待。

我受邀為丹進行評估，為長期安置之類型、治療的需求提供建議，並在初期於診所一週接見他兩次。在這些療程中，當前的安置性質令我感到擔憂，因為寄養母親似乎不太在乎丹，而丹其實是位迷人、活潑的小孩。在這短暫的接觸中，丹與我建立關係的能力讓我印象深刻，這段關係從他一開始過快地、樂意地依附我，轉為更真實的關係。以下就是那段期間的過程。

治療現場

丹和我一同來到診療室中，沒有任何困難。在候診室時，他原本玩著一輛木頭小火車，轉而握住我伸出的手，愉快地與我同行，饒富興致。他徑直走向我為他準備的玩具，並在我向他解釋他會來這裡見我兩次、我想認識他是位什麼樣的男孩時，動手翻看玩具。他拿出用橡皮筋綁著的一捆筆，拿掉筆蓋、拆掉橡皮筋，讓它們散落在桌上與地板上。在看過每個顏色的筆之後，他好像想再把它們組回來，很快地從地上撿起各個部分、組回原樣。唯有一個他無法解決的問題，是一隻全然解體的筆，他把壞掉的筆遞給我，示意我必須處理。在這些過程中，他一句話也沒說，儘管我描述他的行動，他似乎非常安心。快速地看一眼積木、玩具、環顧房間之後，他坐到我腳邊的地板上，開始拿出小人偶檢視它們。在他拿出母親人偶時，他看著我，宣稱（他開口的第一句話）：「這是你。」他的注意力只短暫地停留在人偶上，拾起每個人偶、然後放在一邊，接著他轉向動物玩具。

他拿起最大隻的動物犀牛，說「怪物」，彷彿是這隻動物的名字。接著，他短暫地用手指撥弄每隻動物，好似每種不同的動物之間是沒有區別的。唯一一種他叫對名字的是小狗。

聽到外面有聲響，他爬到靠窗的桌子上向外看，似乎沒有考慮到我會不會反對。在看了一會窗外的道路工程後，一盞可調節高度的桌燈令他著迷，帶著好奇心，他小心翼翼地調弄著。我不大確定他覺得這是什麼。在他坐在桌上研究這盞燈時，我仍坐得很近，談著他正在做的事情。他注意到這盞燈已經摔得滿是傷痕了，讓我關注凹折之處，也試圖點亮它，我向他解釋現在不會亮。他饒富興致地用手指觸摸燈泡，讓我阻止他做任何危險的事情，接著，他要了一杯水。

我們去水槽邊接了一杯水，他喝了一點，小心地把剩下的水帶到桌邊，清洗桌燈，用手指將水塗抹在佈滿灰塵的金屬表面上摩擦。帶著極大的熱忱，他試著讓燈變得好一些。有一刻，桌上的電話吸引了他，他希望我允許他玩電話。我必須非常警醒、確保他的行動是安全的，不要太靠近窗戶、不要摔破燈泡等等，他能尊重我的限制，也就是不玩電話、不弄溼我的文件。我發現，在密切的關注下，他的行為是相當可控的。我談起他擔心這些壞掉或髒掉的東西，並且想讓我看到他有多想修好這些東西，而這勢必需要花上很多力氣。

當他對自己的修燈任務滿意時，他爬下桌子，跪在桌邊，用不同的顏色快速地塗鴉畫了一些圖形，但是在我詢問他畫什麼時沒有回答。房間角落的高櫃引起他的興趣，他走到高櫃前說：「怪物。」我說出我的猜想，是否他很怕櫃子裡可能藏著一隻怪物。他推了推門、又踢了幾腳，接著走到水槽邊，要我幫他搬一把小椅子，這樣他才搆得著，然後他玩水玩了一段時間，將水從一個杯子傾瀉而出，再用另一個水杯接住水。他配合我不弄溼地板的要求，像個在廚房水槽玩耍的幼兒，非常滿足。當時間差不多要準備離開診療室時，他讓我幫他一一擦乾。

第二次療程，他遲到很久，所以我們只剩下一半的時間。在候診室，丹在看一本書。M 太太，他的寄養母親，為遲到致歉。我建議丹，如果他想要的話，可以帶著書到診療室，因為他好像捨不得放下那本書，而我認為他可能會急匆匆的，因為在候診室的時間可能不足以讓他覺得賓至如歸。很準確地，他知道該怎麼到我的診療室，快速地領路。他徑直走向玩具，拿起牛來檢查，盯著乳房瞧、再盯著我瞧。接著，他拿起老虎和幾種動物，正確地叫出名字。他檢查鱷魚，拿起玩具時，將它們放到嘴巴裡輕咬一口，然後，顯然是更故意地，拿起牛，打它、用力丟回玩具桶裡，接下來，他讓女性人偶和動物互相打鬥。

接著，他小心地收拾玩具，並走到桌邊，簡短地重複與上次療程相似的遊戲——燈與電話。「這是什麼？」他說，指著一瓶墨水。他讓我拿走墨水，似乎想把桌上的東西擺整齊，因而發現了一個小抽屜，裝著辦公文具，他仔細地檢查了一番。我說，他對這裡的一切充滿興趣，想要弄清楚所有事情。他回到小桌子，開始畫畫，跟我說，他畫的是「你」，然後念出他用的筆的顏色，大多是正確的。他找到一張有些撕破的紙，說：「誰弄的？」並要了膠帶，好用來修補，之後他要求上週用過的橡皮擦——他顯然記得這件事。他對橡皮擦做了各種評論，彷彿要將它佔為已有。

之後，他到水槽玩，對已經脫落的止水塞與鏈條充滿興趣。「誰弄壞的？」他問，試了一會，想把兩個部分裝回去，做不到時才接受玩水。

他回到角落的高櫃前，先是看了看旁邊櫃子的抽屜，試圖打開所有抽屜。接著，他再度說到怪物，看著高櫃的鎖，想要找到鑰匙，才能緊緊地鎖上。我說，他想要讓怪物關起來、鎖好，不要打擾到丹想在這裡做的事情，也不要嚇到他。

當時間差不多快結束時，他非常仔細地整理好所有用過的東西，但是遺漏了一個小玩具——一個裸體的小寶寶人偶，落在地毯上，顯然沒被注意到。

討論

第二次療程中，丹有著非常明顯且值得關注的進展，他能夠好好使用語言、更能分辨、更能探究問題，也呈現了許多線索，說明他還記得上週的療程。

充分的證據支持，對於和一位母親般的人物發展一段關係，丹不僅有興趣、也有能力；對於破壞，他感到焦慮，但也對於修復懷抱希望。我認為，若恰當且長期安置於家庭，他是一位能夠善用此資源的孩子，基於這些線索我寫了一份報告，報告中也建議，在家庭安置妥當後，可以考慮丹的個別治療，因為這將協助他好好地善用家庭生活。

六個月後，我得知長期安置的計畫並未執行，因為社工和寄養家庭都換了，新的社工覺得我的意見和新的寄養家庭母親抱怨丹那些令人憂慮的性狀態與破壞行為並不相符，社工認為必須重新評估，因為他深信丹需要在治療性社區中多待一段時間。關於丹對種族的身分認同與這會對恰當安置造成的限制，都讓這位社工非常憂慮，於是我提出前往丹的寄養家庭訪視，而這項提案被採納了。

透過電話，我與新的寄養母親P太太安排在某日下午到訪。電話中的她有些懷疑，但在我到達時非常歡迎我。三位小小孩在客廳玩耍，當我婉拒去「豪華」房，建議我們待在孩子們的地方時，她似乎很高興。我向她青春期的兒子介紹自己，她正在為兒子準備午餐，兒子則坐在沙發上。丹（現在三歲半）和另一位也寄養在此、共享這個家庭的女孩雪兒（Cheryl，兩歲半），兩人都立刻想要全然獲得我的關注，並且坐到我的腿上。我分別和兩位孩子打招呼。還有另一位約莫兩歲的小男孩在P太太家托育。P太太來自西印度；丹是混血兒，看起來卻很像白人；另外兩位孩子則看來像黑人。房子裡的氣氛很輕鬆自在。兒子走來走去，另一位朋友來拜訪。後來，P太太九歲的女兒放學，和一位朋友一同返家。有一種「隨時歡迎來客」的感覺，所有的大孩子與成年人都對這群小小孩很友善。

前十五分鐘我都在忙，因為丹拿了一本購物目錄給我，要我看。我跟他說，上一回他來診所見我，而現在我來他家見他。他非常友善，寄養妹妹也是，明顯的競爭意味，她試圖爬到我的腿上，排擠其他人。最小的弟弟顯得謹慎，他想加入，也模仿其他孩子，但是沒有那麼快投入我的懷抱。他坐在我旁邊，我確保他們三個人都能看到購物目錄。比起雪兒，分享對丹來說比較容易。他翻著書頁，喜歡看玩具那頁，對玩具桌子特別感興趣，也對鐘錶感興趣。丹能清楚地使用語言表達，雪兒則時常模仿丹的語句。

就著這本購物目錄，我們的談話讓孩子們開心了很長一段時間。

丹提到安琪拉（Angela），之前有時會照看丹的人，也好幾次提到「我的哥哥」。「我的哥哥在肯特（Kent）」。他開始和P太太談彼得的事：「上次是什麼時候去看他的？我們什麼時候會再去？」P太太回答聖誕節之後，並在另一次丹詢問時承諾他，丹可以在聖誕節那天打電話給彼得祝他聖誕快樂。在P太太煮好飯後，她走到我和孩子附近，坐了一會。丹說要樂高積木桶時，她從冰箱上拿下積木，給每一位孩子一些積木。丹很投入地打造一列火車，「去肯特。」他說，把一個小男孩人偶放在火車上。他擅於組合樂高，對於哪塊樂高該放哪裡非常敏銳。

過了一會，P太太出門去接放學的女兒，把孩子們留給我照看（！）。他們幾乎沒有注意到P太太的離去，在P太太不在的時間裡，他們變得更加興奮，讓我忙碌不已。

後來，P太太問起有沒有人告訴我丹的「問題」，我們換到另一間房間。她描述丹和雪兒的性遊戲，有兩次，她撞見丹「企圖性交」。丹的勃起顯然嚇到了P太太，她非常迫切地想保護雪兒，覺得不能讓孩子們單獨相處，很擔心雪兒會被認為遭受過虐待或是很容易被虐待。她也抱怨，丹有過幾次肆意破壞，例如把戒指丟出窗戶，或破壞對其他人來說很重要的東西，例如電視、錄音機等。P太太眼中的丹，有著富有情感、友愛的一面，但在某些時刻會瞬間變成攻擊破壞的那個丹，而她不認為這種行為轉變是有預兆的。

後來，丹和雪兒進到房間，安靜、平靜地玩，因聖誕樹與燈而開心。

當我準備離開時，丹直接地表達不滿，打我、轉過身不理我。P太太強調丹受歡迎、討喜的那面，對此我深有同感。

我認為，當我試著向丹解釋我是誰、為何我們在一起時，對丹造成了影響。我不認為他記得我們在更早之前曾見過，也就是在他十個月大時的寄養家庭探訪行程，儘管對我來說，他和上次我見到的模樣沒太大變化，但是我認為他有能力把上次到訪診所和我這次出現在他家的兩次經驗連結在一起。我想，他知道有必要告訴我，他一心想見他的哥哥。我意識到，截至目前為止，他的人生有著重重的變化與失落，而這是他如此清晰地告訴我他覺得他的歸屬在何處的緣由（母親、父親、哥哥、兩位先前的寄養母親、數不清的寄養手足，以及第一位社工，全都消失了，想必是在令人不安的情狀下消失的，甚至可能更糟）。

安全與涵容都缺席了

如果我們把 P 太太陳述的問題行為，視為丹可能在溝通他的感受，那就很有意義了，換句話說，這位人們頻繁遺棄的小男孩，努力找到一個方式，喚起人們關注他的感受，關於他總是遭到遺棄、迷失的感受，知道這一點，著實令人震驚。在我看來，他破壞他人特別在乎的物體的行為，同樣令人心酸，因為他極度渴望成為某人珍惜的、緊抱的珍寶，相對的，對於他眼中受到偏愛的競爭者感到嫉妒憤怒。我猜想，他以性的方式靠近雪兒，或許能理解為他以不恰當的方式嘗試靠近她，將性興奮當成黏合劑，把她緊緊的黏附在他身上，藉此躁狂般地否認那些存在生命中的許多傷悲。在兒童的心智中，經常將遺棄他們的父母體驗為優先選擇彼此之間的興奮，而非選擇照顧兒童，因此我們常常觀察到，兒童內在認同的是從性角度來認識的父母意象。

涵容（Sorenson, 1997）這個概念提供了理解這位男孩的經驗的一條思路。那則促使孩子們進入體系接受安置的事件，發生在丹四個半月大時被留在洗衣機上，僅有彼得照看。不幸的是，從許多方面來看，無論是生理或是心理上，在接受安置照護的經歷都複製了此種安全與涵容的缺席。各方權勢不斷爭奪他，例如我曾出席一場案例研討會，會上有人提議在丹十個月大時安排日間托嬰，因為他們認為他的寄養母親沒有提供正確的（教育性）玩具與足夠的刺激，但那時候他其實已經習慣她了，也在她身上（她的懷中、腿上、廚房裡）找到歸屬感。在我看來，丹和寄養母親建立的關係值得受到重視，然而這樣的介入與安排卻掏空了這份重視與珍惜。

涵容的缺席，讓丹無法依賴提供給他的安全界線與常理，這一點在他帶給每一位後來照顧者的壓力中起了很大作用：有人會留在他的身邊嗎？他能不能有所依歸？這些問題仍沒有答案。面對如此攸關性命的巨大問題，有時很難正視一些微小的工作，例如建立與維護一些基本結構帶來的益處，但我認為，他能夠運用我的協助，正證明了這一切都值得我們努力爭取。

就此案例與社會服務接觸的漫長過程中，我所經驗到的感受必定曾和丹有過的體驗重複了。我撰寫的書面報告從未收到回音，經常沒有收到案例討論的會議記錄，或者我的意見時常被忽略。事實上，幾個月後，我在報紙上看到一張碩大的男孩照片，是一則為兩位男孩尋找落腳家庭的廣告，我才得知以這次家庭訪問為基礎而為社會服務撰寫的報告，帶來了什麼結果。

現在，值得一問的是，到底是什麼讓那些扛著壓力工作的專業人員難以堅持他們意識上可能認可的好作法呢？沒有人認為小小孩前三年的生命不斷轉換短期安置處所是一件好事，但這種狀況依然發生。有助於理解這點的思路之一是，工作者對自己的個案的反應所帶來的情感效應。反移情的元素相當多元，往往能夠一一辨明。首先，工作的本質可能會激發工作者自身部分潛意識的情緒，個人對於失落、遺棄、傷害、忽略與希望、修復、和解等感受的共鳴，都可能干擾我們的判斷力，因為我們以為陷入自己生命中的難題，而非負責照顧的兒童的生命議題。比如我認為丹和彼得的第一位社工，後來在健康狀況不佳且耗竭的狀態下離職，她曾經努力將她對孩子的感受與當下身處已崩潰的倫敦核心社會服務部門的感受區分開來，只是沒有成功。預算削減、改組、施政方針改變、在地社會服務中心關閉等等，這一切與此案例的議題全都密不可分。未被善待帶給她的無助感，有時遭到否定、有時得不到支持，留她一人獨自面對自己與孩子未來的不確定感與焦慮，她沒有心理空間思考孩子的事情，專業身分認同受到了無法挽回的打擊。我們知曉，助人行業吸引了許多對於自己正努力協助的對象產生個人認同感的人，而這可能會為專業人員帶來風險，因而需要透過執業的結構與督導將風險最小化。

珍貴的覺察能力

不同於前者，反移情反應之中有另一種元素，這種元素能接住並記下兒童溝通時感受到的重要元素。從這個角度來思考，若是我們可以訓練自己細思患者在我們身上翻攪起的感受中那難以理解的細節，那麼我們潛意識中覺察的能力就是珍貴的資源。丹的寄養母親因丹將珍貴物品丟掉、破壞通訊設備而感到的受傷與憤怒，是這段故事中如此流露真情的片段，換句話說他逼迫她（為他）容忍那些未被珍惜的感受、那些連結與溝通被破壞殆盡的感受，並且在她心中體會當他的人生不斷地被中斷、瓦解時有多痛、多憤怒。他只能用行動來表達，部分原因是，沒有人能和他談談他自己。

危險之處在於，我們可能不是在思考之後採取行動，而是受這種強大的潛意識認同驅使下行動。有時，P 太太必須非常努力才能不被激怒，進而再一次重演丹內在的劇碼，也就是沒有人會接受他，接下來就是拒絕他。我也必須很小心，在社會服務單位、關於這個家庭的分歧，透過另一次競爭轉介到另一間專業機構再度演出時，不要因惱火而暴怒。我所屬的診所也發生同樣的分裂歷程，在我著手評估丹的同時，我的同事（專門從事兒童性虐待揭露工作）另闢蹊徑，受警方所託與兩位兄弟進行了視訊面談。直到他們開始工作，社工或是診所團隊的同事都沒有通知我這件事，那場視訊會談中沒有得到更有價值的訊息，也就不令人意外了，因為寄養母親和兩位男孩可能都覺得診所變得令人費解，我在哪裡？我的房間、玩具在哪裡？為什麼一切都變了？

為了我們照顧的兒童的最佳利益，當我們無法理性地自制時，勢必要敏銳地覺察，不應忽視。事實上，我們應該承認、認真看待它，並且有系統地納入思量。當我們發現自己無法全然地控制行為，更別說控制自己的情緒時，這肯定不是令人愉悅的領悟。但，或許這份現實也能幫助我們更佳地理解兒童的情緒，感受他們的生活基本上不在自己的控制之內，那些在機構中接受照顧的兒童更是如此。他們難以管理自己的衝動與感受，而常規的照顧與控制系統（如果控制是有幫助的那種，那麼這兩種概念會在本質上密切相關）對他們而言已經崩潰。於是，採取不切實際的方式以獲得對事物的控制感，而且往往是透過暴力或倒錯，而這些方式通常帶有強烈自我毀滅的特質。

一位我近期正在工作的受收養兒童，曾透過水與泡泡的遊戲告訴我，感覺自己正在創造自己的世界，是一個人變得更投入人際世界的元素之一。在某個程度上，嬰兒啟動了自己的出生進程，這份生理學事實直到近期才為人所知，也適用於心智生活。無力改變自己的命運，對一個人來說是場災難。罪犯性格結構的特徵，即虛幻的權力，並不切實際。關係的開始能對一個人造成影響，但也會讓人受不了，從而摧毀一段關係。

我對丹的評估突顯出一些值得關注的議題。丹自身的需求，主要仍然是與他的哥哥一同接受長期家庭安置，更頻繁、穩定地與他的哥哥聯繫，是當務之急。日後可以為他留意提供他心理治療的機會，但是可能沒有必要。社工對於種族身分認同的焦慮，可以透過感謝他身為黑人專業人士、為男孩提供這些觀點來多了解。讓社工與寄養母親一同感到焦慮的性行動與破壞行為，可以透過對丹的行為賦予意義來應對，並提醒他們，這位小男孩承受了極大的失落與痛楚，這些行為是這位小男孩在努力處理這些失落與痛楚的方式。這是一份請求進行個別評估的案例（帶有以個別心理治療為工作重心的意涵），其所需的回應，需將兒童所處的環境全數納入考量，識別對孩子的投射，也提供涵容，以聽見孩子們未被聽見的溝通。這份任務旨在串起兒童的需求，以及應負此責的成人所具有的回應潛力。

評估面面觀

現在，我簡短地討論，在為心理治療進行評估時我心中的各種選項。建議個別治療或許是合適的，無論是以一週一次，或是以密集工作為基礎。對一些遭受嚴重剝奪的孩子而言，一週一次的工作已經證實是最佳的介入，因為它提供了一種節奏，使孩子接觸到的強烈情緒落在可承受的範圍內。因為資源有限，或者常態性地帶一位孩子來做治療會對替代家庭造成的困難，調整出實際可行的方法。一如我在第一個案例提及的，也可以考慮和手足一同工作。對某些患者來說，能夠參加兒童的心理治療是非常有益的，特別是受到嚴重迫害或非常壓抑的兒童，他們能夠運用團體中的其他成員，涵容與表達自己人格特質中不熟悉的一部分。假若，評估顯示問題落在兒童的外在環境，而非內在世界，那麼或許需要安排的是家庭治療、與父母工作，或者為背後廣大的專業網絡提供諮詢，至少先這麼做。

由於，與受到嚴重剝奪的兒童工作，對治療師而言有著特別高標的要求，因此在選擇治療師上有一些相關的要素。面對極為強烈的心智痛楚與困惑時，經驗不足的治療師需要很多的督導與支持，才能治療這一類的個案。涵容兒童投射而來的絕望，是非常艱難的過程，當兒童的無望感與治療師的信心不足相互糾纏時，是非常難在治療上取得進展的。但是，即使是非常有經驗的治療師，也可能需要專業支持，因為兒童對自己的生命能否存活的恐懼深深影響著他們。有時，有些人可能在療程中出現肢體暴力，就這一點來看，診所比私人執業處所更適合提供治療，因為診所能提供一些規範與安全感，這是兒童與治療師可能都需要的。與這類兒童進行治療時，絕對必要的附件是，與替代的家庭、社工等環節一起工作，最好是由承諾會保護兒童心理治療結構的診所同事執行。在修通兒童的忐忑與多疑時，兒童心理治療的結構勢必會遭遇打擊。最後，極其重要的一點是，為這一類型的患者提供治療，是一份長期的承諾，相較於其他兒童，他們對於失落與改變帶來的焦慮更沒有防禦力，如果可能的話，應該盡力避免更換治療師或者中斷治療。

即便有著這些具警示意義的考量，在評估受到嚴重剝奪的兒童的經驗中，我往往特別有收獲。兒童治療師有能力提供兒童在早期發展時缺乏的某些經驗，而令人驚訝的是，仍有許多孩子還有能力回應這份新的經驗。能夠觀察到，當孩子們擁抱被理解的機會，以言語或行動傳遞清晰的訊息，是一份殊榮。精神分析理論的發展，讓我們得以開始理解受創傷與忽略的兒童，不僅讓我們打開眼與耳看見痛楚的痕跡，也聽見求生與康復的潛力。

【第七章】為兒童與家庭進行評估典範的發展（1995）

評估，指的是什麼？如何做？在本章中，我將細數其歷史變遷。一九六八年，當我初入塔維斯托克接受兒童心理治療師的訓練時，評估以相當標準化的方式進行：一位精神科社工接見父母，調查其社會與發展背景；一位兒童精神科醫師接見兒童一到兩次；一位兒童心理學家針對兒童執行綜合智力、成就與投射的測驗。接下來，如果建議孩子接受心理治療，一位兒童心理治療師會與父母會面，在兒童的治療開始之前提供一次諮詢，而孩子的治療可能一週一次到五次，有多種可能性，父母這邊則由社工定期提供會談療程。後來，隨著專業結構與身分認同的改變，這種模式漸漸消失了，心理師變得非常質疑測驗的效用；社工想要成為治療師，而非其他專業人員的助手；兒童心理治療師被視為有能力為治療進行評估的人，除非有明顯的醫療因素。或許可以這麼說，一個傳統的專業體系，也就是由精神科醫師扮演執行父親權威，更迭至更民主的團隊合作理念，這種新理念能夠在可取得的資源底下，讓不同的專業人員貢獻各自的專長。

隨之出現的，是跨專業的評估團隊，所有的案例工作幾乎都有至少兩種專業人員出席。我們會就轉介訊息來衡量該納入哪類專業人員，而資深的臨床工作者可能來自各種專業背景，例如，假若在學校明顯適應不良，那麼教育心理學家可能會接手為此案例提供諮詢；如果孩子是由當地的政府提供機構照顧，那麼社工可能才是首選。這種模式源於我們的經驗，也就是與外部機構的聯繫最好由那些熟悉他們的工作、和他們有共通語言的人來處理。事實證明，在醫師對醫師的溝通中，這點尤其重要。接下來，我會以臨床案例說明這種工作模式。當我以獨自工作為基礎為個案提供服務時，我會努力維持這種團隊合作方式帶來的多層次思考，同時意識到我自己傾向於將焦點放到個人身上，因為這正是我的臨床專業。

治療實務的重大轉折，是初次面談開始納入受轉介而來的兒童與全家人，或者至少納入父母。一開始就讓父親參與其中，是為了避免將家庭中的情緒問題標定為「母親的事」這種陷阱，也防止讓未出席的父母成為家庭功能中分裂且丟出去的部分，而這是我們需要有所覺察的。如果孩子還小，那麼第一次會談時，我偏好先與父母單獨見面；如果是青少年，我偏好先與孩子見面。評估會談的主要目的在於，與患者共同探索他們如何看待自己的問題、找出他們尋求什麼協助、思考將哪位家庭成員納入治療能帶來成效，而非下診斷。目的在於提供有人聆聽、也努力理解的經驗，最重要的是，雙方皆為這段歷程負責的經驗。

接下來我簡短地描述三個進行中的評估案例，強調這份工作本身的多樣性。這些案例落於光譜的不同極端，案例一是需要、也在尋求精神分析的兒童，案例二仍有許多議題尚待澄清，案例三關注兒童的外在環境才是當務之急，並在更多元的處置建議下思量心理治療的可行性。

潔西卡

第一個案例說明了適合轉介進行心理治療的情況，但也反映出父母的抗拒，表明他們可能不願走上這條路。這段故事始於兩年前，一對專業人士夫婦因七歲的小女兒潔西卡（Jessica）前來尋求協助。在信中，他們表達了對潔西卡的擔憂，諸如她不願承認自己的女性特質、睡眠問題，以及與母親的關係緊張等等。我先見了父母：父親七十歲，相貌出眾、身型挺拔，雖是垂暮之人，仍在學術領域工作；母親約五十多歲，是一名教師，帶有溫柔卻敏感的氣質，流露出深深的憂慮；他們的大女兒，當時十六歲。父親是英國人，母親在非洲出生，潔西卡出生後前三年半在加拿大度過，之後才回到英格蘭。母親的母親身體狀況不佳，她近年來多次往返非洲。

見到潔西卡時，我發現她是一位稍微男孩子氣的孩子，立刻就滔滔不絕，非常渴望談論那些令她憂心的事。她的焦慮主要是排山倒海而來的攻擊性，她覺得必須在父母面前藏好，更令她困擾的是，她難以區辨幻想與現實。她詳細地談論《小鬼當家》這部電影引發的嚴重恐慌，意識到自己無法將電影中的人物和生活中的一些大人區別看待，也很害怕良善的外表能掩藏凶殘的現實的這個想法。在我們最初的兩次會談中，潔西卡因我對她的理解大大地鬆了口氣，在家中的焦慮行為也減少了。我建議父母安排心理治療，但或許因為嚴重的症狀已消失，他們決定不立刻進行治療。幾個月後，母親寫信告訴我潔西卡平靜多了，更後來，再次收到他們的來信時，我並不驚訝。

令人擔憂的新問題是一場在學校的危機。一月時，潔西卡的班導意外地消失了，由其他兩位老師替補。關於這位班導，頗為神祕，事實上，我得知這位老師是因班上一位孩子埋怨其表現不佳而遭到解雇。潔西卡並不討厭新的老師，課業上也沒有明顯障礙，但是她對上學變得極為焦慮，待在教室對她而言非常困難。早晨，她非常早就醒了，因恐懼而緊繃，說她頭痛、肚子痛，上車、下車都得經過一番搏鬥。在學校時，她跑出教室，有時甚至完全離開校園。老師們很同情她，為她想出支持性的結構，也就是當她受不了待在教室時，可以離開去校長的書房坐坐，每週她也和女校長見一次面，談談她在學校過得如何。

我安排與潔西卡見面。母親帶她前來。這一次，她身上男孩子氣的程度嚇了我一跳。她剪了男孩子的髮型，在等候室時，第一眼我以為見到的是一位男孩，她正和另一位小小孩玩。在我和她解釋我現在有新的房間、更大也更舒適時，她和我一同前往，但她的第一句評語是，角落的水槽有少許從水龍頭滴下的水。當我請她和我談談母親在信中提及她在學校的困難時，我很難聽清楚她說的話。她似乎非常沮喪、措詞簡短、迴避我的眼神、垂頭喪氣地坐在椅子上。在不斷溫和的鼓勵下，她才勉強表達出非常害怕，然而又不知道是怎麼回事。她很努力，也知道不能這樣下去，她必須上學，但是她很不舒服、想尖叫。她說：「當我回到家、遇到媽媽，我變得很凶殘。」這時她說起話來自信得多。在這個脈絡下用一個古怪的詞，一個更常用來形容野生動物而非憤怒或生氣的孩子的詞，令我印象深刻。我發現，我很擔心她的心理狀態，也感受到她母親筆下的無助與恐慌。

她述說入睡有多困難，很早醒來、感覺不舒服、總是很累，在學校不吃午餐，因為她無法加入其他孩子們。她告訴我，她不解為何老師離開了，也對大人們給的曖昧不明的解釋感到困惑，這說明她努力地保持理性卻感到挫敗。

接著，她陷入了陰鬱的沉默，彷彿已經將能說的都說完了，而我也為我癱瘓的心智、不知道該如何度過這五十分鐘的療程感到驚訝。當我覺察到一個生命徵象時，我發現自己鬆了一口氣：她的手正在玩，兩隻手握在椅子的扶手上，用手指彈出一段節奏。我認不出是哪段節奏，但我說出猜想：「這是不是一段音樂訊息？」她變得更有活力，以改變姿勢與給予評論來回應。她指出椅子扶手上的凹痕，心想為什麼會變成這樣，另一隻扶手上也有一個相似、但小一些的凹痕。她用手指細膩地感受、仔細地探索，指出它們並不完全對稱。接下來的發展是，她用兩隻手繞過身體，直到相遇，手指慢慢地伸向彼此，最終相觸，但也僅是勉強碰觸，這傳達出一種感覺——兩隻手並不與彼此匹配，一如椅子的扶手並不對稱那般。潔西卡緩緩地測量椅子的扶手，告訴我其中一邊比較長。當我和她聊水龍頭漏水的房間、不太對勁的椅子時，氣氛輕鬆了不少，她的聲音變得有力，找回了原本的聲調。她讓我看其中一隻手的兩根手指似乎黏在一起，因此整隻手無法正常運作。我們談了她的信念，也就是她的心出了點狀況。她拓展這個手指遊戲，用指甲刮椅子扶手的末端，告訴我她想把它們弄平，讓它們一樣。她是在刮除亮光漆破壞椅子，還是透過抹滅差異、錯配與時間流逝的影響等證據來消除焦慮，這曖昧的訊息似乎很清晰。

到了療程尾聲，她以戲劇性的方式表達出絕望與走投無路，聲音再度弱如耳語，告訴我她的父親不能幫忙。「不能再這樣下去了，」她乞求，「明天要上學，讓我害怕。事情變糟，我該怎麼辦？」我說下一週我還會再見她，然後我們會想想如何幫她。

精神分析的著力點

在我看來，她迫切地需要表達她的適應不良，她所承載的，顯然不僅是此刻的苦痛與焦慮重荷，也包括對於我先前的治療提議無疾而終的認識。她在告訴我這一次必須做些什麼，給我的訊息是：「你必須認真看待這件事。」我認為這位女孩很可能受憂鬱侵襲的原因有三，首先，是她攻擊衝動的程度，其次，是出於她對父母耐受憎恨與其他負面情緒的能力感到不安，因而出現抑制自己的現實檢驗能力，第三，比起一般的孩子，或許年紀尚小時，她可能必須面對因疾病而失去父或母，或者失去部分能力，她成年的時候，父親早就超過八十歲了。在我看來，她缺乏能幫助她處理重大失落的內在資源，而分析可以在這一點上協助她。我認為，她身上的男孩子氣可能與這些議題有關。一位母親可能失去一個有能力的丈夫，但取而代之地擁有一位活潑的男孩；相同地，過度認同受損的內在母親的女性自體，會透過過度發展男孩自體來防衛，否認與受損的內在母親的牽連。她心中的分裂，呼應著母親過度強烈、沉重的憂慮，和父親略顯平淡且過度理性的性格中某程度上脫離現實地否認衰老、脆弱與熱情。我認為，在潛意識中，潔西卡選擇了一個她的父母不會漠不關心的症狀，父母都很在乎她的學業，也因在校的難題非常心煩。因此，此刻為她安排治療應是可行的。如此一來，她的人格之中那些父母難以承受的面向，可以在治療中獲得協助。

我們可以將此類型的案例視為典型的適合接受兒童分析的例子——一位承受極大心理痛楚的兒童，尋找對自己的理解，並且認識內在現實和內在現實的強大影響與意義，而父母能夠理解這些尋求治療的原因。或許，有人會希望在提供潔西卡治療的同時，也給予潔西卡的父母治療的機會，協助他們更加理解潔西卡，也為數年後複雜的青春期做更好的準備。

巴勃羅

第二個臨床案例或許更能代表多數經轉介前來接受兒童和青少年服務的情況。在需要同時關注多條路徑的前提下，如何建立介入的架構顯然是更為困難的。T 女士來信，為她的養子（收養當時他二十二個月大）尋求協助。在回信中，我提供一次初始面談諮詢，她很快地回電接受我的安排，並且詢問我是否期待她帶兒子前來。我回電、留言，表示在初次會面時希望單獨見她。

T 女士是位單親媽媽，有兩位從中美洲領養的孩子，五歲半的特蕾莎（Teresa）和現在三歲的巴勃羅（Pablo）。她四十出頭歲，打扮休閒、氣質良好，是於輔助醫學領域執業的專業人士。

T 女士才和我說了兩句話就開始哭，她告訴我，她擔心巴勃羅曾在嬰兒期遭受性虐待，因為巴勃羅對待她的行為非常奇怪。當他在嬰兒床的角落醒來時，他會向後退、遠離她，用手和胳膊擋住臉、尖叫。她不知道要不要把他抱起來，還是給他一些空間。但是，比這個更奇怪的是，他對待她的身體的態度，反覆地用手指戳她的肚臍、嘴、下巴與脖子之間的凹陷，接著反胃、嘔吐。她認為什麼東西在他眼裡都是陰道，他甚且逐步地研究她身上的所有孔洞。在她家，她對裸體很自在，和巴勃羅的家鄉非常不同，在他的家鄉身體是從不會外露的。現在，儘管他沒有呈現其他任何性化行為，她思索是否她的裸體喚醒了他的受虐經驗。

我建議在我更了解孩子的經歷後，和她一起想一想這些事情，於是，她告知我她的背景。她發現自己無法懷孕或維持關係，但還是想要有孩子，於是決定嘗試收養。她深信倫敦不會有機構接受她成為養父母，因此決定找另一個國家，她在一九八〇年代曾在當地工作、居住。由於她具有深刻的文化連結且承諾會以雙語養育孩子，機構接受她成為養父母。她收養了十個月大的特蕾莎，很快就與她親密連結。特蕾莎嬌小、營養不良，但是很快地急起直追。沒多久，特蕾莎的母親告知T女士，她有一位同母異父的弟弟，最後T女士決定也給他一個家，心想這對特蕾莎來說很棒。巴勃羅曾遭遇嚴重忽略，整日被綁在椅子上、幾乎沒有互動、僅有些許食物，因而頭部畸形。一直以來，他都由生活非常貧困的外婆照顧。

有別於立刻和特蕾莎產生依附關係的經驗，她發現，巴勃羅並未喚起她的母性感受，也讓她很不適應新的家庭組成。他的生理健康狀況令人非常焦慮，起初是嚴重的肌肉痙攣，看起來很可怕，儘管後來幸運地診斷為蛋白質缺乏，也妥善治癒了。他還有過兩次大發作（他的生母患有癲癇），儘管腦電圖並無異常，他仍可能必須接受癲癇治療。

T女士清楚地表示，當個單親媽媽比她想像的還要難上許多，這點令她焦慮，但是她知道，擁有巴勃羅是她為特蕾莎做過最美妙的事情，只是她很擔心自己無法用同等的方式愛巴勃羅。

這次初始會談諮詢浮現了哪些議題呢？值得關注的部分中最令人憂心的是，巴勃羅面臨受拒的風險。幾乎到會談結束後，我才得知收養的法律程序尚未完成。顯然，企圖重新塑造一個容納得下他們三人的家庭，對T女士而言是是極大的負擔。當我問到她自己的原生家庭時，我得知她有一個姊姊一個妹妹，但是她完全沒提到父母。因為許多生理問題，巴勃羅已經受轉介至兩間兒童專科醫院，皆附有知名的兒童精神科部門。每一次回診，醫院對巴勃羅的發展預測都讓T女士安心，但她覺得無法表達關係上的困難，對她而言那才是更迫切的問題。同樣的狀況也出現在她到訪安娜・佛洛伊德中心（Anna Freud Centre）的嬰兒保健診所時，她發現這些令她擔憂的事情似乎不大可能得到關注、被認真對待。每個人都因這位帥氣的小男孩極佳的復原與成長而向她道賀，不僅沒讓她受益，反而令她感到挫折。旁人愈是不斷地告知她做得多棒，愈是讓她意識到自己對這位孩子沒有情感，而這令她害怕。

到了第二次療程，潛意識中對小男孩的仇恨變得更明顯，因為他威脅到與特蕾莎的共生連結。這種與特蕾莎過度親密的關係說明T女士與特蕾莎之間尚未達成心理的分離獨立。她感覺自己和孩子在完美的相互理解和愉悅中保持身體的連結。然而，有趣的是，我第二次見T女士時，她覺得有點受夠了特蕾莎的黏人。她解釋，特蕾莎像影子般跟著她，有時讓她感覺壓迫，於是我們探討她是否能預想未來的人生中有成人情誼或愛人的空間。

另一個讓我擔心的是巴勃羅男子氣概的發展。我們可以假設，他急切地表達他對性的好奇與興奮，不僅是在警告母親他需要更多身體界線與避免過度刺激，也是在要求母親認知他的不同，亦即小男孩的本質。我認為，T女士對自己的性可能沒有把握，她也許從對異性的失望，退縮到單身女性與兒童的群體中生活。在這類群體中，攻擊被認為只屬於那些被排除掉的成年男性。在這種氛圍下長大的小男孩，他們的力量可能很難獲得正向看待。

心理治療的正向指標

我意識到自己強調了T女士呈現這些問題的家庭層面。然而，在我眼中，這些探索性諮詢，也是幫助她邁向個人心理治療的機會，我認為她已經準備好尋求協助了。在我看來，她似乎是勇敢的人，願意接受她的生涯決策所具有的心理意涵。第二次會面時，她不再那麼膠著於那些殘留在巴勃羅身上的問題，也就是現下的行為、過去與永遠沒有答案的經歷，並且對兩位孩子的看法更加公允。

可是，應該為孩子們做些什麼呢？一個選項是，轉介母親接受心理治療，相信這段治療能夠修飾她的投射，進而為孩子們的成長創造一個恰當的空間。然而，我認為，特別是在她的單親狀態這個脈絡之下，有很好的理由支持一些附加安排。對於單親家長而言，要了解自己的孩子是比較困難的；父母配偶與孩子所創造出來的三角空間，總是包含具有潛在動力的多重接觸點。我認為，和我諮詢提供了窺見這一面的機會，因為T女士從我們的談話感受到了支持，從而收回一些投射在巴勃羅身上的敵意，也和特蕾莎拉開一些距離。另一個支持進一步探索孩子們狀況的理由是，孩子們成長的環境極為複雜：兩種文化、兩種語言、兩位母親、缺席的父親。和受收養兒童與家庭工作的經驗讓我知曉，即便是狀況並不複雜的收養，在這條道路上也會遇上重大的心理難題。無可避免地，跨國收養是複雜的任務，因為他們終生必須不斷地審視被遺棄與被奪走嬰孩的母親。

因此，我向T女士提議下次一起見他們三個人，這麼一來，我可以親自感受孩子們的人格特質。我預計在會談後，就這次的觀察安排一場簡報，讓她以父母的身分與我保持聯絡，並在需要時使用。可以預見，在未來某一刻，其中一位或者兩位孩子都可能需要協助，在那天到來之前，可以為她自己接受轉介進行治療。事實上，她也意識到，她想要第二次約談的原因是她擔心我的目光會轉向孩子們，而這會讓她覺得受到冷落。這種與自己嬰兒般原始的自體接觸的能力，是心理治療的正向指標。

里

我要提出的最後一個案例，是來自破碎家庭的十一歲的里（Lee）。他和姊姊住在兒童之家，受轉介至診所，就是否合適將姊弟一同安置到寄養家庭與心理治療的可能性尋求建議。這類評估的範圍和目標都很複雜，我們決定工作的方式是：先由兩位兒童心理治療師與兩位兒童的社工進行一次初始會談，再由兩位治療師與兩位孩子進行兩次聯合療程，接著是兩位治療師分別與孩子進行兩次個別療程，最後是與社工們一起進行回饋療程以討論可行的安排。這樣的工作需耗費大量的資源，然而我們的經驗重複證明，如果負有法律之則的社工與負責照顧兒童日常的人員不能參與這段臨床歷程的話，專業人員之間很可能分裂，從而阻礙了評估或是妨礙評估意見的執行。多次經驗遭成人背叛、關係瓦解的兒童，會將他們對成人世界的理解投射到那些嘗試為孩子的利益而合作的專業人員身上，這種投射認同的過程使我們很難不重演兒童預期的絕望。

接下來，我將呈現一次與里的個別療程。在聯合療程中，他姊姊受到的傷害似乎比他少得多，也準備好接受安置到寄養家庭中了，他則呈現出較令人憂心的樣子。以下是這次療程的摘要。

治療現場

在遲到十分鐘後，里在社工的陪同下到達。在等候室，他與社工爭執，沒注意到治療師到來，接著他擺脫她，向他的（男）治療師伸出了手。在他們的手碰到的那刻，他突然將手抽回，好像觸電了一樣，不過接著再度伸出手。到了診療室，他拿出一枚 50 分的硬幣，放在桌上。稍後，他提到這是要買飲料的。接著，他從玩具箱拿出一顆球，提議玩接球遊戲。這是在前兩次療程中他的姊姊發起的遊戲。

接著，里開始建造一所動物園，但是在完成一半時放棄了。他拿起一個男性玩偶、一台車和一輛救護車。那位男士摔倒，好像受傷了。救護車來接他，但是花了很長的時間，當救護車到達時，輾過了那位男士，取而代之的，這個男人偶被放上貨車。

遊戲的先後次數經常變化，沒有明顯的緣由，並在接下來的幾分鐘內，所有的人偶最終都遭射殺，然後里談起一場發生在昨天的戰爭。治療師意識到里的眼神有些怪異，他們兩個人都看著彼此，但是眼神卻從未交會。

接下來，里挖了鼻孔，即便治療師給他衛生紙，他仍背過身吃掉一大團鼻屎。新的鼻屎沾滿了他的臉、衣服，靠近他似乎變得愈來愈困難。

接著，他再度開始玩動物玩偶，袋鼠母親和老虎為了一個小寶寶打了一場架，過程中小寶寶受傷、被吃掉了。治療師對里說明，他經驗到人們為了他打架，或許是媽媽和社工，但是治療師不確定里有沒有在聽他說話。

在該次療程尾聲，里堅持他能自己找到回等候室的路，但是馬上轉向錯誤的方向，兩次試圖進入錯誤的房間。他完全擺脫治療師，也沒有說再見。

在里的身上，我們看到令人心痛的景象，對於曾經與遭受多次拒絕和多重失落的孩子們一起工作的你們而言，可能是令人心碎的熟悉，這些孩子只能聽天由命地置身未能保護他們免受情緒虐待的世界中。里在與任何成人發展信任關係時的困難，會因成人無法支持他而不斷地增強，即使是這麼重要的評估療程，住宿機構的社工們在帶孩子前來時反覆地遲到、每週都由不同的人帶孩子來。里的母親有好幾位孩子安置在機構，還有一位新生嬰兒和她在家，然而她無法給予孩子們任何穩定支持。在母親同意的每週固定拜訪時間，她時常沒有出現。先前的收養嘗試都失敗了，部分是因為母親的涉入，部分則是因為里的行為非常有問題，他會無來由地攻擊其他孩子、操弄大人，並在房子四處塗上排泄物，也無法上學。

在這次的療程中，我們可以窺見里的行為底下潛藏的潛意識信念。不管眼前的人是誰，他會隨性地依賴對方，但是是用一種黏著而表淺的層次，並不對關係抱有期待。一開始他伸出手、然後將手抽回，生動地展現出他的不信任。慰藉唯一的來源是物質：金錢是一種他知道如何取得的資源；身體的產物一直都在，當他沒有別的東西時。在救護車的遊戲中，救護車給予的是傷害而非協助，這顯然是絕望的，在主動背過身、遠離可能會提供給他的東西時，也是絕望的。里有斜視的問題，但是在該次療程開始時拿掉眼鏡、放在地板上。前一週，他把眼鏡丟在載他們來診所的計程車上。他已經邁向倒錯的行動，很難讓他不再這麼做。在爭奪寶寶的遊戲中，證據顯示他具有一些象徵遊戲的能力，但是對於治療師努力地探索其意義時，他並沒有展現明顯的興趣。他自大全能地宣稱不需要任何協助，知道在診所裡該怎麼走，讓我們深感教育這位男孩會有多麼的困難。

一些反思

我們思量著下列幾種選項，似乎很明顯地，里會很快地讓寄養家庭心碎。唯有孩子身上有一些正向的依附能力，才能維持住寄養父母的動機。將孩子安置在治療性社區，似乎是較為實際的選項，在那裡，工作人員可以共同承擔孩子拒絕幫助而造成的痛苦，並得到支持系統的幫助來承受這份痛楚。個別心理治療可以是（理想上，應該是）這類安置工作中的一環。然而，與他這輩子唯一依附的對象——姊姊——的聯繫是重要的，因此任何的安置計畫都需要安排他們兩人規律、穩定的相處時間。這種計畫要達成協議總是特別困難，因為社區安置的成本很高。

第二種可能的選項是，尋找一個有經驗、專門教養這類令人挫敗的兒童，而且父母是有韌性的寄養家庭。這可以與里的教育（在一所「特殊學校」〔還是有這類學校〕）與門診的心理治療一起安排。就治療而言，我傾向於提供一週一次的治療，持續幾個月，作為延伸性評估，衡量里運用治療的能力。假若對意義的耐受度出現發展跡象的話，就可以增加治療的頻率。我們不應該低估不切實際的治療努力可能造成的浪費與破壞。這類患者可能會深深地侵蝕經驗不足的治療師的能力，如果兒童自己沒有準備好接受治療，日後可能會失去以更有效益的方式處理這個問題的機會。

值得留意的是，向里這樣的孩子提供心理治療時，每一次嘗試必定會出現這些困難。這種一生以來皆遇到不可靠的成人的孩子，會很快地考驗治療師的可靠與承諾。里對自己的身體和共享空間的攻擊與污辱的態度，可能讓他的治療師非常難以應對。我的經驗告訴我，這會對機構帶來挑戰，不僅挑戰執行治療的地方，更挑戰治療師。他會努力讓治療師恨他怕他，因為這是唯一的方式，唯一能讓他從自身可怖的絕望中解脫的方式。這意味著，這類兒童的治療將會探測治療師的分析能力有多深厚。哪怕是經驗豐富的治療師在和這類孩子工作過後，也會需要時間才能從療程中回過神來，當然也需要和同事談一談的機會。一位經驗較少的治療師需要好的督導，特別是點出處理反移情時的重大困難。支持治療進行的因素不穩定的後果，例如錯過療程或遲到，對孩子來說可能是殘忍的，也會進一步影響治療師。因此，需要與照顧人員工作，讓他們理解，維持架構絕對是非常重要的。

身為治療師，看著孩子們處在這種糟糕的狀態之中，而我們能為他們做的可能還是很少，是非常不容易的，因此，我們需要來自同事的支持。我認為，處理這類型個案的治療師，有機會和同儕團體討論工作、分享肩負這種責任痛楚時，才可能好好處理這類案例。

第三部
在寄養和收養家庭中成長的青少年的特殊需求

作者長久以來關注童年剝奪與失落，並與生命早年受虐、遭遺棄和生活混亂的兒童和青年一起工作，接下來文章說明她如何運用精神分析理解患者的防禦機制，建立安全的療癒關係。

【第八章】心中的多重家庭（1999）

受收養兒童與家庭成員的內在世界結構，總在不知不覺中經受不尋常的生活經驗影響，這也是接受長期安置的寄養兒童與父母會遇到的狀況。在這篇文章中，我會描述在收養劇碼中參與者複雜的內在世界，將如何影響後來替補的家庭關係的發展。這是一段漸漸演變的過程，因為世代間的傳遞不僅影響一個人的一輩子，而是好幾代。這份理解現在已被廣為接受，也就是收養不僅僅是單一事件或某個時刻，而是一段歷程，終其一生都需反覆再訪收養帶來的意義（Rosenberg, 1992）。個別心理治療工作，能夠從內在現實的角度詳細地記錄、述說收養的經驗，從而將潛意識元素納入思量，而這正是我撰寫本文的主要論證基礎。

針對內在世界概念的簡短討論，介紹了所敘述的臨床方法依據的理論架構。這個概念是克萊恩（1946）重要的理論貢獻，詳細說明了佛洛伊德對於內在或心理現實領域的想像（Meltzer, 1981）。克萊恩與小小孩的工作，讓她認識到兒童如何以具體的方式體驗她所稱的「內在客體」。這是兒童外在世界的重要他人在兒童心中的內在表徵，兒童自身的經驗則會左右這些重要他人的特質。

以下片段絕佳地展示了小小孩的內在世界的具體特性，以及克萊恩對潛意識幻想的概念（Isaacs, 1948）。一位或多或少接受過如廁訓練的兩歲半女孩，在弟弟（或妹妹）出生後，對於在馬桶上排便極度焦慮。坐在馬桶上時，她堅持穿著尿布，這麼一來才能排便。後來，她終於能夠解釋，她害怕大便時身體裡的寶寶會掉進馬桶，所以必須這麼做。如果用尿布的話，她就能夠檢查並確定沖走的是糞便，不是嬰兒。內在世界的「真相」讓這位小女孩難以區辨想像與外在現實。

幼兒對世界想像的第二個重要特徵是，世界是循序漸次整合、組織起來的，例如代表撫育功能的母親抱著嬰兒的內在意象，漸漸地轉為更複雜的母親意象，也就是抱著嬰兒的臂彎與看著寶寶的眼神、微笑的臉龐、哺餵的乳房、說話吟唱的聲音、母親肌膚的氣味等等產生了連結。處在一個外在照顧夠好的環境中，嬰兒的心智會將各種零碎的經驗組織起來，形成兩種母親的樣貌，一種是值得信任的好母親，有著所有令嬰兒滿足的屬性，另一種則是截然不同的壞母親，不可靠且令人失望。這是一段精神分析稱為分裂的過程，也是心理發展的重大成就，讓我們得以在組織心智生活時能夠區辨。好與壞、美與醜、對與錯、愛與恨，是我們整理經驗時必須仰賴的重要的兩端（Klein, 1946）。

寶寶發展時，獲得良好照顧者開始能夠感知內在世界的好母親和壞母親之間的關聯。寶寶也開始為佔據每個人內在世界一生的任務苦苦掙扎，也就是將對我們投以熱切情感和部分自己的客體的多樣且矛盾的情感匯聚在一起。日益增長的區分自己與他人的能力，是個體成長的重要基礎。當幼兒獲得的照顧不夠一致到能促進區辨的歷程，也未能良好地理解嬰兒的需求以修飾早期嬰兒般原始的焦慮時，這種區分自己與他人的能力就會受阻。

許多後來被收養的兒童，在生命的頭幾個月或幾年獲得的照顧，可能會缺少這些有益的特徵。當我們試著理解他們對自己的認識與對新的家人造成的影響時，務必記得這一點。他們實際上需要的照顧，與他們的生理年齡表現出來讓周遭人預期提供的照顧，可能非常不同。他們的內在世界常常是混亂的，難以有意義的分辨（Boston & Szur, 1983）。

多重家庭的一些生活特徵，會對孩子內在世界之本質造成重大的影響。對幼兒來說，許多重要的熟悉處所的印記可能會混淆或遺失。聲音、氣味、窗外的景色，可能突然改變，同樣地，難以預料會看到誰。在心裡，不僅必須留空間給生父生母與養父母，也很可能必須為其他提供過一段時間照顧的重要寄養照顧者留個位子。此外，可能某個照顧者未能適切地發揮功能，無法在兒童心中建立可辨識的印象，因而形成失序的經驗。這可能是機構無差別照顧造成，也可能是嚴重失功能的家庭多位成人的混亂照顧，或者是罹患心理疾患的父母照顧的經驗，使嬰兒難以反覆地辨識出人物的結果。或許我提供的案例不夠詳盡，但這些極端的例子能幫助我們想像兒童遇到特定類型的照顧時的反應。社工是在這些人之外的重要他人，有時是相當長的一段時間裡最能提供一致、穩定狀態的人。與受收養兒童工作時，經過驗證最有用的工具是紀錄安置順序的流程圖（Boston, Lush, & Grainger, 1991）。務必將這些工具視為家庭圖的附件，在相對正常的案例中，它能提供和家庭圖一樣重要的訊息。

凱蒂

現行的作法，往往要求收養家庭能與原生家庭進行一系列的聯繫接觸。但是，這種在心理上的過度擁擠，可能會令孩子困擾。

凱蒂（Katy），九歲，在最近一次與養母對話時解釋，她不想要與生母有任何接觸。特別是，她不想要養母按照約定，一年給生母寫一封信，簡短地述說她和弟弟的生活。再次確定她的照片不會寄給生母後，她鬆了一大口氣，當然她自己也不想寄卡片或紙條。為什麼不呢？她焦慮地向養母透露，因為她害怕生母會透過她的指紋找到她。凱蒂反覆地作惡夢，夢到母親綁架她，儘管她已經在收養家庭生活好多年了，也未曾與生母聯繫。

凱蒂在新的家庭中的安全感，似乎遭受母親，即綁架者出其不意的侵擾。對凱蒂而言，惡夢似乎隨時會在真實生活中成真。解釋或是再保證她的處境並不能安慰她，因為在她的內心世界裡，她仍受到全知、全能、可怕的母親宰制，這是她孩提時面對殘酷、承受忽略與虐待的遺痕。有時，在收養家庭中，她的行為似乎帶有將這種遭受暴躁入侵的經驗轉嫁給他人的企圖，一如她最新的症狀，突然發出長長的尖叫聲、直穿入他人之耳。凱蒂是這麼地害怕這些攻擊者，以致於無法承認自己在現實中的問題行為，因為從她的觀點來看，她僅是進行必要的自我保護。有時，她會讓我們看一眼這個她似乎需要的簡化且理想化的世界。現在，讓她快樂的事情是學習獨木舟，在獨木舟的堅固結構、特殊服裝與救生衣中緊密貼合，代表的是她渴望與一位慈愛、支持的母親的連結，但卻不可得，這位母親將寶寶抱起遠離恐懼，而非使寶寶陷入恐慌。凱蒂形成基本的好與壞分裂的機會，或許在早期發展中受到侵蝕。心智中的這份基礎構件必須就定位，才能開啟心智的整合。有了更完整的整合，才能形成承擔責任與關心他人的能力。

幾世紀以來，小型的核心家庭並非人類特有。將某些地區形成的寄養家庭聯繫網絡，和其他年代的大家庭、當代英國仍存有的少數民族文化相比，是有道理的。在某些地方當局，寄養支持服務能夠讓養父母們認識彼此，並在寄養家庭之間提供喘息式臨時照顧，以便應對假期與危機，就像一個家庭在照顧兒童時需要祖父母、叔叔、阿姨的協助一般。對這些僅有縫縫補補過的破碎經驗可以借鑑的兒童來說，要了解母親、父親、兄弟或姊妹是什麼都是困難的。

此種不解可能會使衝突變得更複雜，尤其是這類兒童時常面臨的忠誠衝突。理解事物的關鍵歷程，儘管在一定的程度上屬於意識歷程，也能使用生命故事類型的工作或其他方式修飾，但是在很大的程度上，這是發生在深層心智中的潛意識歷程。

凱莉與蘇西

就此衝突問題的探討，黛博拉·欣德爾（Deborah Hindle）的研究計畫得出了精采且重要的資料（2000）。她小心地運用觀察，評估接受機構照顧的手足，也與參與其中的成人會談，以檢驗考量手足要一起或分開安置的決策歷程，也試著在這類決策歷程中篩選出有用的準則。她和一對三歲半與一歲半的姊妹工作，那時姊妹倆分別住在不同的寄養家庭之中。這樣安排是法院判決的結果，法院認為生母和年紀較長的孩子應該嘗試修復關係。當孩子再一次遭遺棄時，她被送到另一個寄養家庭，儘管還能透過探視與妹妹保持聯繫。

一同接見兩位孩子時，她們的遊戲充滿活力與生氣。姊姊凱莉（Kelly）出現多種行為舉措，包括邀請妹妹蘇西（Susie）參與遊戲、顧及她、照顧她。當凱莉短暫離開房間去上廁所時，蘇西撲通一聲倒在地板上、蜷曲成團、奄奄一息，直到凱莉回來。女孩們很常提到彼此的名字。當治療師單獨見凱莉時，她明顯較為不安、對治療師懷有疑慮與敵意。霍奇斯（Hodges）和斯蒂爾（Steele）發展的故事樹技術（1995），是研究生命經驗遭受波折的兒童時一種輔助研究工具。凱莉的故事裡，沒有她覺得迷途或受傷的孩子能從任何一位成人那兒獲得協助的絲毫線索，更有甚者，具威脅性的入侵者似乎無所不能、全然淹沒了娃娃屋裡的居民，成人和兒童之間的關係模式沒有關懷。然而，據觀察，凱莉相當溫柔地照顧她的小妹，姊妹之間似乎留存著一些關切。當治療師單獨見蘇西時，她反覆提及當時不在場的姊姊的名字。

這段素材突顯出來的衝突是，兩位寄養家庭的母親都堅稱她們照顧的孩子沒有與另一位孩子一同生活的記憶，孩子們也不知道彼此是姊妹。據 A 太太所述，凱莉和蘇西的關係沒有比較特別，「她對每個人都是這樣。」B 太太則說，蘇西已經忘記凱莉和她住在一起的日子。然而，兩位養母都對孩子有認同感，並且很保護孩子，我們該如何解釋這種盲區？

或許，每一位養母都會擔心，共同安置會危及「她們的」孩子的利益。A 太太生 B 太太的氣，因為凱莉在和母親修復關係失敗後，沒能回到 B 太太的家。或許，她感受到凱莉的感受，也就是遭到 B 太太拒絕、沒能保護她免受更多傷害。一開始，A 太太充滿熱誠，想讓凱莉長期寄養，考慮到母親拒絕讓凱莉出養（蘇西出生時，母親就放棄撫養權、供人收養），但是這種樂觀情緒很快就大幅削減，現在的她只想提供短期安置。因此，她也覺得無法長期留住凱莉，或許對此的罪惡感轉向了 B 太太。

打從蘇西出生，B 太太就一直照顧她，知道蘇西很健康，身為年邁的寄養父母，她和先生無法收養蘇西，但是很有可能可以讓蘇西安置到好人家，那時他們或許還能繼續扮演類祖父母的角色。因此，如果沒有因凱莉存在帶來的額外複雜性，特別是她尚未解決與生母及兩位同母異父哥哥的關係，蘇西可以是新的「完美」家庭的一份子，但是凱莉的存在將再度喚醒蘇西過往中所有令人不舒服的元素。

這裡明顯的矛盾是，孩子與彼此的連結對她們而言是重要的，但是寄養父母卻否認這一點。思考這個現象的一條思路是，留意寄養母親詮釋事實的方式，她傾向於削弱故事呈現的痛苦與不確定性。假若我們能感受孩子對彼此的情感，那麼光是想像突然分開時她們的感受，對我們而言都會非常痛苦，這麼一來似乎就會毫不猶豫地優先考慮讓她們維持聯繫。如果我們爭取一同收養安置，必須認清這將延緩蘇西的永久安置計畫，並且帶來一些風險，因為凱莉到一個家庭之後，一開始可能會喚醒想接受她的願望，但隨後同等強烈地想拒絕她。顯然，這是一位在情緒資源方面給所有家庭帶來巨大壓力的小女孩，在制定安置計畫時，理應同時為她尋求治療協助。這一切意味著，日後收養這兩個孩子的家庭必須是與眾不同的，特別是能夠接納這兩個孩子，她們很容易表現出刻板印象的對立特質，也就是友善和討人厭的，以及有回應的和不依戀的。這個家庭也需要能夠容許和治療師一同照顧他們新收養的女兒之一。這種想法對收養者來說，往往令人不快，因為收養者通常希望，解決孩子問題的所有行動都由「永久」家庭來完成。

臨床介入

人類一接近彼此，內在世界就會與彼此產生動力關係。在所有重要的親密關係（二人、三人、家庭、團體等等）之中，每位成員的所有早期經驗都會對新關係的樣態有所貢獻。現階段發生的事件可能突顯出過去令人不安的問題，這雖然是邁步向前的機會，往往也會引起混亂與痛苦。

臨床介入引領我們走向這些複雜的交互作用的核心。我的第一個臨床案例是與一位受收養的九歲男孩工作。在這個案例中，養母的內在世界為兒童的人格發展扮演了強而有力的組織者。這種潛意識想像生活的跨世代交織，可能會在收養家庭內造成特殊的困境。第二個案例，我將重點放在倒轉歷程，也就是孩子影響了父母。兩個案例也都帶出一些常見於收養之中文化複雜性的議題。

山姆

山姆（Sam）九歲，領養父母在英格蘭生活了幾年，他因為急性懼蛇造成嚴重睡眠問題，無法單獨入睡，晚上會恐慌地醒來好幾次，受轉介前來尋求協助。父母筋疲力盡、束手無策。其他值得注意的困難，包括他對（同樣是收養的）妹妹的嫉妒，以及遇到父母的權威時強烈的好鬥精神。相對於成人肩負的責任，他似乎絲毫無法接受成人也有權力。

與山姆進行兩次的評估會談後，我提出一周一次的心理治療，他鬆了一口氣，同時讓我感受到他在家中表現出根深柢固的防衛僵局。針對睡眠問題，家庭醫師建議短期、聚焦介入，但我認為有必要進行更長期的治療。

第一個學期的治療，山姆能理性地溝通所有事情，除了可能與家裡的困難有關的事情，所以我完全沒聽到關於家裡任何的困難，此外父母繼續表達極度的憤怒。山姆似乎非常熱衷於前來見我，充分利用時間，但是是為了吸引或佔據我的關注，而不是為了從我這裡得到任何東西。對於我說的話，他有禮貌地聆聽，然後丟到一旁，詢問是否能夠繼續他正在玩的遊戲，無論是什麼遊戲。在日益增長的挫敗感中，我苦苦掙扎。

在精神分析架構下工作時，治療師會預期假期對治療的常規節奏造成的中斷是重要的，因為我們關注治療關係中嬰兒般原始的面向，而這往往意味著分離會產生重大的情緒影響。然而，正如我接下來所述，在第一個假期之前，山姆和我的關係發生了變化，令我相當驚訝。更常見的是，我們發現假期是在體驗過後才變得意義重大。然而，對生命早年經歷過動盪的兒童而言，假期在他們眼中可能是重複早年的遺棄，並且在真的發生前就感受到了這份影響。在當下，這似乎不太尋常，但是在我的經驗中，若是能夠談一談在治療中突然爆發的情感，亦即從人格中陌生的一面到生命經歷中未曾消化過的部分，都能讓孩子們鬆一口氣。

治療現場

那一學期的最後一次療程出現戲劇性的轉折。山姆和家人一同在等候室，他淚眼汪汪、轉頭埋進外套不看我，完全不願意和我到診療室。為了讓治療進行下去，我決定邀請他的父母和我們一起到診療室。當山姆還在傷心欲絕時，父母兩人滔滔不絕地說著，幾分鐘後，母親離開診療室去照看妹妹，父親溫暖地說起兒子讓他有多驕傲，現在山姆可以自己上床睡覺，也不會在半夜叫醒他們。這不僅是充滿深情地支持山姆，也含蓄地聲明山姆不需要再來診所了，因此，發生在診療室裡的事情不重要，應該盡快結束治療。

過了一會，我決定請父親回到候診室，我說：「雖然我們都看到山姆很傷心，但我認為他可以獨自和我相處一段時間。」我也向山姆說明，如果他覺得做不到的話，隨時可以去找爸爸。父親有些不甘願地離開了診療室之後，我才可以大方、直接地和山姆談他的感受，也就是，對他來說今天的我變成了另一位羅斯汀太太，我即將離開去過聖誕假期，有兩週不會見他。今天，在這裡，他找不到那個他喜歡一同談天的羅斯汀太太。我說，我認為他以為我會拋下他全然消失，就像很久以前第一位媽咪那樣，所以他不相信我曾告訴他療程會在一月再度重啟。後來在那次療程中，當我說這些話時，山姆待了下來，聆聽我將他的不信任與擔憂，也就是擔憂我不會記得他、不喜歡他、想擺脫他等等串連起來，他安靜、放鬆下來，儘管看起來仍是糟透了。

到了一月，當我們重新開始治療，隨後一長串的療程都用來建造防禦性武器——飛機、導彈、雷射系統和愈來愈大的炸彈。無數場戰爭上演，敵人往往和他出生的國家有關，而他如此小心建造的高超防禦系統阻擋了敵方的攻擊，讓他們不得靠近。每次攻擊重新再來時，安全系統都需要再度升級。他告訴我，年紀夠大的時候，他想從軍。他眼中的世界是，他的國家無依無靠，一肩扛起全世界，無比努力才得以存活。

我開始向他描述，對任何我說的話都回應「不」幾乎成為他的自動化反應，就像一種屏蔽區，一如他在營地之外用黏土建造的圍牆，有一堵用「不」圍成的牆，使我不得靠近。有時，他會允許我穿越圍牆一會，有幾次，他幽默地說「好，我是說不！」以回應我的話。然而，要讓他對這些矛盾的探索產生興趣，似乎是不可能的。我感覺到他的密不可透，也看不到有什麼方式能夠向他傳達，或許我能夠為他陷入困境的自體幫上一些忙。

有好多次，我試圖和假期前的療程連結，徒勞無功，有一天我鼓起勇氣再度嘗試，尋找我曾看過就那麼一次的恐懼且絕望的山姆。當我描述不解那個男孩去哪裡時，或許我用了比平常更富想像力的方式，因此山姆重複地告訴我此刻他沒有更多問題了——呼應了他父親的話。

突然之間，他抬頭看我，說：「那位男孩走了。那不是我。他在好萊塢。」接著說起在好萊塢的男孩的故事。山姆解釋，那位男孩每天都打電話和他談天。隔週我聽到更多細節，男孩晚上沒有任何困擾，因為他的保母賈姬（Jacky）幫助了他。她會陪他，直到他睡著，但是獨處仍然讓男孩煩惱。他在想，如果窩進毯子裡，那麼他就不會看到蛇了，或許會沒事，但是他不太確定。很快地，我得知這位男孩非常害怕，因為賈姬準備離開回加拿大，她的姊姊要生寶寶了，她要去幫姊姊。這位男孩傷心欲絕，「我還會再見到她一次。」山姆這麼說，又很快地糾正自己，「我是說，他會再見到她一次。」這位男孩猜想家裡會來一位新的保母，但是他喜歡賈姬。

下一次療程

接下來，是這次療程之後下一次療程的部分內容。一開始，山姆拿出他的大型戰鬥飛機組件，由尺、筆、膠帶和黏土做成，還有他做導彈剩下的黏土。我說，他今天有個想法，需要檢查是否受到良好保護。我想起復活節快到了，但未提及。接著，他從口袋拿出一個裝滿「尪仔標」的大袋子（那時收集這些小玩意曾風靡一時），用金屬做的尪仔標近似老派的大型半克朗硬幣，每一面都刻有浮雕。他運用黏土，將尪仔標壓印在黏土上，剪下相對的圓形，做出他口中的「假尪仔標」。他愈來愈上手，讓我注意做出來的樣板有多好。我跟他說，他想知道復活節期間我對他的記憶會多深刻，而這幾週沒見到彼此的時間，他對我的記憶又會多深刻。我將這點連結聖誕節之前的沮喪，那時他害怕我不會清楚地記得他，會遺忘他，也不會回來繼續我們的工作。「那是好萊塢男孩。」他糾正我，但是語氣寬容，讓我們的對話得以繼續。接著，當我詢問這位男孩過得如何時，他告訴我更多這位男孩的事：他很傷心害怕，因為他的保母離開了，他的表親來照顧他，但是下週她也要走了，回她的家。我說，我想山姆能不能幫助這位男孩。他看著我，有些驚訝。我解釋，他或許能夠和他說，因為他了解有人離開時很沮喪的感覺。當我在聖誕節離開時，他很傷心，但是他也知道我上次回來了，所以復活節這次也會回來，我們會說再見，但是假期後，我們會再度相見、繼續工作。一個短暫的休止，接著他仰望上方，說有一天他會再見到賈姬。十八歲那天，他會到加拿大拜訪她。

然後，山姆開始玩一個比較的遊戲，真的尪仔標比較好還是假的？他判定假的比較好，因為它更重、更軟、更有彈性。他玩給我看，將這些尪仔標丟到別的尪仔標上或桌上時，它們會牢牢黏住，不會僅是彈開。

我說，這讓我想到他喜歡那些牢牢黏住、不會脫落的東西。

我將這點和他的感受連結，亦即他覺得我們更有希望黏在一起，而不是往反方向彈開、失去聯繫。接著，我繼續談論他的想法，也就是比較兩位媽咪，第一位媽咪留不住他，他的養母媽咪在某個程度上像是假的媽咪，因為他沒有在媽咪的肚子裡長大，但是在他看來這樣更好，因為她和他黏在一起了。他輕聲說：「我的肚皮媽咪。」我問，那是不是他叫第一個媽咪的方式？「不，」他說：「是我媽咪說的。她不喜歡我叫最早的媽咪『媽』。」我說，用他喜歡的方式來想她，對我們來說是好的。這是他給她取的名字嗎？若有所思地，他確認：「是的，我最早的媽咪。」我談起，很久以前他就失去了她，但是也許還對她有很多想法。在他的人生初始的時候馬上失去重要的人。「我才兩個禮拜大，」山姆說，「我的記憶到不了那麼久之前。」我同意並補充，在他的想像中，他最早的媽咪可能仍然很重要。

他還提到更多和新保母有關的想法，也有一次，山姆以為我說「奶奶」（Nana），並且糾正我。我問他是不是也有奶奶。他很困惑，我解釋，有些人會稱呼祖母為奶奶，所以我在想他有沒有奶奶。他抬起頭，冷靜地為我簡述、精確地敘述，他的母親是大屠殺倖存者的孩子，並且補充一段父親家族史的痛苦片段。

該次療程的尾聲，他將假的尪仔標揉捏成一團。「有多少可以活下來？」他問我，好像這是一場遊戲。他讓我看，還是有辦法從一團黏土中拆出來一塊尪仔標——完整的假尪仔標，圖樣紋理清晰可見。

我和他談起對已經死去的人們的記憶，他們死了，可是還活在人們的心裡，在他的心裡和媽媽的心裡。或許，這和他一開始的母親有關——有時他猜想她是否還活著。「還有她的父母，」

他補充，「學校的人說，我長得像我的媽媽、爸爸和妹妹。」他說。我問他是怎麼想的。「我不覺得。」他說。我說他這才明白有時候別人很難接受他是一個曾經有過親生媽媽和爸爸的男孩，因此試圖假裝現在的家人是他唯一的依歸。他不這麼想，他希望我協助他思考存於他心中親生母親和父親的景象。

他問我還有沒有他常玩的積木，我拿給他。該次療程的最後一段，他建造一座地基相當堅固的建築，這與早期的積木遊戲裡，總是搖搖欲墜、轟然倒塌的高塔相比，有著巨大反差。事實證明，這座建築的地基相當穩固，當他建造了一個顯然註定會掉下來的細長尖頂後，還有一大部分未毀壞。

我說，今天的療程來到尾聲，但是他的感覺很不一樣。我說或許他覺得我們已經有了很堅固的談話基礎，所以儘管結束很不容易（一如既往地，他非常緩慢地收拾、企圖拉長療程），但是感覺有一些東西會留在他的心裡和我的心裡，下一次可以在這個基礎上發展，因為這不僅只是一堆碎片而已。他撿起外套時硬幣灑了一地，他在撿起硬幣時對我咧嘴一笑，彷彿是幽默地回應我說的話。

討論

我將探討這段素材中的三條思路，首先，是好萊塢男孩的故事。我認為，很重要的是，我沒有過早地切斷這條故事線。在一段剛好的遠距離和短暫的時間（倫敦到好萊塢，一通電話的距離），山姆與他心中驚慌失措的男孩取得聯繫。我們可以說，這位男孩害怕保母和其他人會丟下他，因為他們受夠他了，也受不了他的憂慮。我們能夠想像，這位男孩希望能記得、也被記得，也極度恐懼會遭到遺棄。幾週後，好萊塢不再遙不可及，我認為山姆需要獲得允許、掌握這段整合的速度（Alvarez, 1992）。這段過程可能會繼續來來回回地擺盪，然而，我們找到了一個地方，讓這駭人的焦慮得以落腳、然後靠近。

好萊塢男孩這個想法，提供山姆一種修通焦慮的方法，讓他能夠將焦慮外化、保持一段距離。對那些帶有容易將人淹沒的強烈感受的問題而言，這種策略是一種有創意的解方。這時，針對投射詮釋是沒有幫助的，詮釋反而會奪走讓我們一同探索的自由空間。

這連結到我的第二條思路。山姆冷靜且理性地講述母親令人毛骨悚然的悲慘遭遇，僅僅就大屠殺的情感意義提供了一則微小訊息。當他在後來療程中談到有關阿姨的事，提到她的骨灰放在樹林中，那裡建造了一座紀念遊樂場。集中營的火葬場與他提到的在森林中的阿姨骨灰這兩者在我心中聯繫起來。災難畫面與兒童的遊戲空間交織在一起，讓我們強烈地感覺到，在這些父母離大屠殺不遠的兒童眼中的家庭樣貌，能夠無礙地玩耍的遊戲空間是很小的。我認為，山姆的陳述向我傳達了母親的悲劇帶給他多大的負擔、他承受了多少故事，以及母親可能需要孩子的心理空間來容納她個人的痛苦回憶。

他囫圇吞下的家庭故事，並非一段他能夠真正賦予意義的故事。他宣布，他要跟我說的是「母親的」悲慘故事，這段宣示意味著「她」的故事和「他」的故事之間的距離。當然，這是在不同世代之間家族史敘事建構中微妙的難題，說這段故事的人有其獨有的轉折與看法，況且成人看事情的方式會傾向於忽略兒童的觀點。

第三條思路是，我們看見了有別於他人對山姆生活的看法，山姆的痛楚。一定是他透過語氣讓我曉得，「肚皮媽咪」這一詞彙對他而言不太正確，因為我認為是出於一知半解下地留意到這份不適，才向他提出疑問。他的抱怨讓這一條思路更加明確——他覺得，在學校和社交場合必須配合這個一家四口完美契合的謊言讓他備感壓力。這個謊言包含了他對與生母的情感連結不忠，直到今日，隨著與生母的連結漸弱，他更容易受到養母的創傷經歷影響。我注意到自己正思考一種可能性：山姆對母親的憤怒、拒絕，是不是在拚命努力地與她保持距離，並在一定程度保護自己不要捲進母親的惡夢之中。有趣的是，見到一位保母更能回應山姆的需求、理解他的擔憂，對山姆有很大的幫助，因為她不會那麼容易陷入恐慌狀態。

這裡戲劇性地呈現了上一代人的創傷，這些創傷未曾在心中轉化，也未找到象徵性的表達方式。或許，惡夢中的黑蛇在某個程度上代表山姆對恐怖的集中營的想像，而這是他的母親需要（透過）他來協助她處理——或許與黑色皮革的納粹裝束、火葬場的黑色煙柱與納粹黨徽有關。

讓我們停留片刻，思考一下父母。由於無法生育，進一步損害了母親的去涵容與消化她自身的駭人經驗的能力。這可能已經讓她覺得，納粹的詛咒直接闖入她的身體，摧毀了她的生育能力。在這麼多的早期失落之後，加上一份失落，為收養帶來了巨大的希望與焦慮，假若父母配偶能夠在一起，希望便是將大屠殺的惡夢放到一旁、開闢新的成長之上。然而，極度懼怕會重演災難，讓兩位父母都不足以應對養育孩子的日常中遭遇的起伏，每次不順遂都會是失控的破壞性歷程的開端。因此，父母都把山姆的脾氣說得相當令人不知所措，也都試圖讓對方單獨應對山姆。

史蒂夫

那麼從父母的視角會看到什麼呢？我選擇一個案例，讓我們一窺修通焦慮的歷程，這種焦慮有著雙向的共鳴，同時回應父母與孩子。我認為，這個案例呈現了我們如何透過與孩子的關係帶來的新機會來處理根本問題，進而達到解決與改變。

我正和一位單親媽媽 B 女士工作，她收養了一位男孩，現年十七歲，曾有一段非常動盪的青春期。史蒂夫（Steve）目前住在環境極佳的收容所，而這段重要的物理距離，使他們得以重建關係。一天，母親向我描述史蒂夫生日前後的事情。他們一同去購物，為他添置新衣。她清楚地向史蒂夫表示預算上限，一如既往地，就她的拮据景況而言，是慷慨的額度。令她高興的是，史蒂夫選了她能負擔的品項，這麼一來他擁有一整套滿意的衣服，也一起吃了點心。到了牛津街的公車站，就在道別時，史蒂夫試圖榨乾剩下的些許英鎊，直到用完她給他的生日預算。她拒絕了，感覺焦慮淹沒了自己，心裡想著他會拿錢去做什麼（通常是毒品或賭博的債務），也氣憤原是慷慨的禮物現在變成很吝嗇。史蒂夫對她的威脅、語言與肢體虐待愈來愈強，令許多路人呆若木雞，也令 B 女士感到絕望與恐懼，彷彿又經歷一次發生過上百次的暴力爭執。除此之外，史蒂夫對她吼：「沒有母親會像你這樣對待兒子。你只在乎你自己，你不是我媽！賤貨。」她要搭的公車到站，她報復地丟下：「史蒂夫，兩週內我都不想見到你。」她慌亂地上公車，到家時仍因憤怒與恐懼顫抖。

一段時間後，她冷靜下來，在心中思量：「我不能這樣做。這是他的生日。被人們遺棄已經讓他吃夠多苦了。我是他的母親，他的生日我不能缺席。」接著，她透過收容所留了一條訊息給他，問他想不想為生日做些安排呢？如果想的話，請讓她知道（當時她想或許可以去看場電影。）史蒂夫回問他們能不能一起吃頓飯。

在這段如此激烈地翻攪強烈情感的故事，亦即與受收養兒童的生日有關的特殊傷口，事情失去控制，但他們兩人努力避免重複彼此都滾瓜爛熟的關係破裂，也因此，現在可以不僅只是重演過去，總是有機會，有些新東西。如果不是這份樂觀，可能永遠不會發明出收養這個解決之道，以解決一些還沒有解決的事情。只是，這項任務的複雜度，經常讓我充滿驚嘆。

結論

對於收養的孩子和他們的父母而言，他們的人生將以難以預料的方式受到兒童早期經驗的影響，這會是跟著他們一輩子的現實。當我們對兒童早期的經歷一知半解時，特別難理解這點——因為沒有正常的家庭記憶幫助孩子理解事物，糟糕的日子可能以令人費解的方式爆發。這也是為什麼，在收養程序完成後合理地提供家庭支持是如此重要。當家庭成員遭遇發展上的壓力或受焦慮侵擾時，生命早年動盪留下的陰影很可能落到家庭之上。對於內在的安全感嚴重斷裂的孩子們來說，分居、離婚、疾病和死亡是特殊的威脅，而常見的轉變，如上中學、搬家、有弟弟妹妹和離家等，也會喚醒強烈的憂慮。對於受收養的兒童而言，青春期的性發展與隨之而來的關於賦予他生命的性伴侶的本質的疑問，是備感威脅的時期。這種關注經常會透過由潛意識支配的性關係表達出來，重新演出關於生父生母的潛意識幻想，這段時間對家庭而言可能特別棘手。因此，養父母在應對孩子青春期複雜變化的過程中，可能與青少年對自己早年經歷所賦予的意義緊密交織、強烈碰撞，而這可能令人感到陌生且不安。

問題的本質在於，收養與寄養造成了極為複雜的家庭結構，其內在現實的面向，亦是我在本章主要著重敘述的維度。不斷迭代的法律與社會架構，屢次確保外在維度，也就是持續與原初家庭接觸的真實經驗，是這幅畫面裡愈來愈多的景象。理解潛意識幻想與經驗這兩者如何交互作用，不斷地挑戰家庭和所有與家庭工作的人。

【第九章】維多利亞．克林比耶一生中的關鍵時刻

概念性分析（2003）

南明爵士（Lord Laming）為維多利亞．克林比耶（Victoria Climbié）之死撰寫了報告（The Stationery Office, 2003）；在閱讀這份重要且令人深感不安的報告時，我發現很有用的概念，本章借用了一些。來自西非的維多利亞，被送到歐洲接受阿姨考奧（Kouao）的照料，後來在非常極端的情況下，遭受阿姨和阿姨的男友曼寧（Manning）殘暴對待與忽視而亡。南明報告中揭露的相關法規的公共服務的缺憾，成了改變兒童保護法令與行政程序的堅實基礎。

我在分析中運用的一些概念，和日常思緒非常接近，另一些概念則源於精神分析理論，因為我相信這能夠清楚解釋這份調查揭露的令人困惑卻又反覆發生的事實。我特別關注下列議題：心理痛楚、功能落於臨界不足、嬰兒般原始的被迫害焦慮、困惑、防衛性分裂與鏡映歷程。我同意，個人與機構的反應不當，與他們試圖介入的事件所帶來的令人不安的影響有著密切關連。我的思路主要來自於身為兒童心理治療師的執業經驗，試著了解和描述維多利亞在英格蘭時的心智狀態，這是遺漏掉的關鍵要素，也是了解該事件意義時的重要因素。我知曉有一些社會工作方面的文獻，但是本文主要參考的仍是臨床觀點，因此更帶有私人見解。

迴避心理痛楚

首先，我們必須從關注心理痛楚的核心地位開始，這是所有南明爵士提到的人在他們的生活與工作中面臨的處境。我的評論多半將焦點放在一位尋常的專業人員從事困難的工作時，可能會為了對抗心理痛楚而動用防衛機轉。值得注意的是，儘管這份調查報告一再強調維多利亞身上受到的傷害有多駭人，卻鮮少提及她心理上一定也承受了極為強烈的痛楚。當然，沒有攝影師能記錄下這份痛楚，但是我推想，要了解該份報告中詳述的大量專業人員運用的防衛性逃避，先理解面對或者迴避心理痛楚的方式是非常重要的。

追根究柢，迴避什麼呢？我認為一項重要的元素，也就是意識到維多利亞的生活環境有多糟糕所帶來的心理衝擊。在報導的故事中，對於意識到這一點的防衛機制非常明顯，而對現實的認識採取防衛，必然會嚴重地扭曲心智運轉的功能。常見的密切相關的例子是「視若無睹」（Steiner, 1985），也就是看不到眼前的事物，因為如果看到的話，將在心中引發太多的騷亂和各種形式的「對連結的攻擊」（Bion, 1959），有系統地切斷按道理應該連結在一起的事情，這也是一種防衛，因為建立連結會成為痛苦焦慮的根源。

在精神分析理論中，個體受這兩種防衛形式主宰是很常見的，稱為邊緣性病態，這項事實提醒我們留意大規模的功能失調，也就是南明爵士報告中陳述的，涉入兒童保護工作的社會服務、健康服務與警方人員。南明爵士清楚地描繪這些組織，某個程度上這些組織的功能可比擬為邊緣人格患者（Rustin et al.,

2003），無論資深或資淺，組織內許多員工都無法面對現實，並依照安排好的保護他們免受災難影響的方式工作，因為潛意識中，他們深信合理地直面現實將會帶來災難性影響。

許多精神分析師用不同的方式敘說此種個體內的防衛組織型態，其中以約翰・施泰納（John Steiner）的概念最為實用。他稱這種個體受恐懼現實宰治而創造出的保護性結構為「心理撤退」（1993）。一如患者能夠在潛意識中說服自己，只要他留在自己心理撤退的狹小域限內，就能夠真的迴避現實，因此，前述的機構工作者與機構本身，如同他們的結構與執行業務所呈現的，似乎相信他們能夠迴避、不去思考和維多利亞與考奧接觸的經驗。思考，意味著我們對自身的經驗賦予意義。如果沒了這種意義感，很難想像每個人對於採取行動的責任感會落到何種境地，而這正是這份報告不斷強調的現象。

與邊緣人格防衛相關的心理痛楚具特定的性質，涉及兩股相反力量之間的衝突，說到底是愛與恨這兩股力量，以及因意識到矛盾情感而升起的罪疚感。我想，謹記這點或許是有益的：許多報告描述的行動（或不作為的時刻），很明顯地說明這些「無為」源自於，直面人類的殘酷與瘋狂在專業人員心中翻攪起的強烈感受，而專業人員渴望與這些感受保持一段距離。偶爾，人們會在暗示之下感受到恐懼與憎恨。

另一個令人不安且驚訝的主題是，證人之間不誠實的程度。對此，一般的解釋可能會歸因為，說謊者在意識上渴望免除責備，這是這則故事裡的一部分。不言而明地，從各種檔案中刪除證據，明顯帶有蒙蔽的意圖，南明爵士也暗指，在這場悲劇之後，不少轉換工作的資深主管可能也做了類似事情。然而，個案和專業人員之間的潛意識鏡映這個概念，或許能讓我們更了解第一線工作發生了什麼。考奧與嘗試提供協助的人們的供述裡滿是混淆與謊言。要分辨惡意的不誠實與混淆事實（邊緣精神病性狀態〔borderline psychotic states〕的一種）兩者之間的差異，往往不容易。在後來的審判過程中，考奧的行為強烈說明，在此期間，她的心理狀態出現嚴重障礙，很可能診斷為嚴重的人格疾患。報告證據顯示，她對事實的混淆與扭曲似乎會影響、入侵許多與她接觸的人的心智，特別是在一段關係中，當她試圖讓另外一個人用她的角度看事情時。值得注意的是，她非常成功地達到目的：醫師、社工、警察、牧師和其餘人士在深信維多利亞有問題的狀況下做出決策，也就是認同各式各樣的疾病（疥瘡）、行為問題（尿床和其他干擾行為）和受邪惡靈體附身，但所有狀況的問題一致指向維多利亞需要治療、擺脫她體內的壞東西——這是考奧的信念，也是她所見之事據以不斷模糊真相的力量之源。我認為，這是投射性認同的歷程，也就是專業人員的思考受到考奧的瘋狂佔據，這在某個程度上解釋了為什麼會發生這樣的事情。有別於能夠觀察、進而質疑考奧的信念系統，工作者開始鏡映這套系統（Britton, 1981），正如我接下來細述的那般。

最後，這份報告引人反思，執行兒童保護任務會如何在工作人員身上喚起嬰兒般原始的焦慮。感覺到無助、依賴、服從權威、自覺了解不足、像個嚇壞的孩子般不假思索地遵守規則（確實，猶如考奧在場時，旁人觀察到維多利亞的行為）、感覺害怕，滿腦子都是想盡快回到「正常」的世界。為這些工作人員提供的訓練和支持，似乎不能幫助他們調動自身的心理能力中較成熟的那面，以應對這項困難工作引發的無法避免的情緒亂流。

南明爵士的報告

在運用上述的概念更深入探討之前，我要提醒讀者這份報告的內容是很有幫助的。長達四百頁的正式報告造成的影響，不僅只是閱讀這類龐雜文本的辛勞，報告涵蓋的背景包括已知範圍內維多利亞的生命故事，以及五間不同的社會工作機構、兩間醫院、兩位兒童保護團隊警察接觸的經歷，此外還有一段簡短的反思種族與文化議題，小心地落題為〈與多元文化工作〉，描述在調查第二階段針對兒童保護工作舉辦的一些專題討論會，以及討論會的結論，並就社會關懷、健康照護、治安與支持兒童照顧與保護的泛政府組織等議題，對中央政府提出大量的建議（有一百八十則）。這些建議主要指向需改善程序與所有相關服務的督導與管理，這麼一來就能有信心地相信人們會依規行事。這個想法源自於，南明爵士反覆地觀察到，問題的根源來自於不良的執行業務方式，換句話說，並未遵循既定之程序，包括社會工作、警察、醫院、機構間合作、留存記錄、督導新進人員等等程序。我感興趣之處在於，為何會出現這類常見失誤？我相信，這不僅只是報告中陳述的效率低下、系統性失誤和個人失誤而已。如果我們僅是要解決好的組織與合理的執業方式這類事務的話，這些建議對於要打造一個修正管理與組織缺陷的系統而言是非常有用的。

然而，這份報告時不時提及，諸如「如果她用心處理這件事情」（13.41，指維多利亞身上無法解釋的傷痕），或「在社工與家庭的關係之間，『重視未知』這個概念應具中心地位」這類細節。這些評論涉及一個困難的領域、個別工作者對案例的思考，以及進行這種思考時迴避不了的焦慮，特別是與未知與探索相關的焦慮。這是專業工作中最容易受到焦慮干擾的領域，既有對組織內文化的職業焦慮（例如在完成必要的工作時資源不足，或是害怕受到責備），也有因密切接觸個案帶來的難題而升起的焦慮。

深入分析

如果我們將心思集中在一些細節的重要意義上，就能為維多利亞的故事補充不少內容。這份報告一開始，照片裡的維多利亞是令人驕傲的孩子：潔淨的衣服與頭髮，一如眾人眼中考奧總是容光煥發那般，和幾個月後維多利亞邋遢、受忽視的外表有著強烈對比。在閱讀她離世七個月前的住院紀錄時，這張讓人感興趣且喜愛的孩子的照片，浮現在我的腦海。顯然，這位孩子具有良好的能力，能夠與成人發展深切且恰當的依賴關係。在尚未傷痕累累之前，她依賴一位說法語的護士，這位護士答應會花一些時間陪伴這位熱切且信任她的孩子。或許，拜訪新生兒病房讓她快樂，與她對年幼的手足、有許多孩子的社區的記憶有關。但是我們看見，這與她和考奧相處的生命經驗同時期發生，而這顯然讓她對世界有了非常不同的看法。

這位孩子是怎麼做到讓這兩種截然不同的關係全然互不相通的呢？受虐兒童文獻中常見的解釋是，對於正在發生的事情，兒童會產生羞恥與罪惡感、伴隨著對施虐恐懼，造成兒童對此守口如瓶（Summit, 1983）。

就這一點，我們或許能給一個意見，也就是，維多利亞可能經歷了一種常見於「機構監護兒童」的現象，換句話說，非常難將她感受到的兩種不同的世界合而為一（Rustin, 2001）。童年時，與父母在象牙海岸的家，她認識的世界與她和考奧相處的生活天差地遠。後來，待在法國一段時間後搬到英格蘭。在法國，還有考奧的其他孩子，後來這些孩子與學校，也就是她熟悉的地方、熟悉的語言都消失了。此外，頻繁地遷居、短期的民宿，到幼兒托育保母的地方又是另一個不熟悉的家，乃至後來考奧的男友曼寧出現，參與了她的人生。考慮到考奧具有明顯的精神障礙，我們不得不想，維多利亞是否時時刻刻面臨命在旦夕之危。

如果人生沒有任何穩定可靠的人或地方可以依靠，孩子該怎麼活下去呢？我們從維多利亞的反應找到一些線索。我認為，她害怕被遺棄。她在密德薩斯中央醫院（Central Middlesex Hospital）入院後，保母卡梅隆（Cameron）太太的女兒將她留在醫院，她的焦慮狀態清楚說明了這一點。而這種根深柢固的恐懼，是她發了狂般努力討好考奧的原因之一。畢竟，有一次帶她去卡梅隆太太家時，考奧要求她永遠留在那裡。「有我的容身之處嗎？有人會照顧我嗎？」維多利亞必定無聲問過這些問題。她的父母決定將她這位「受寵」的孩子送到歐洲，接受預期的教育扶助，對她而言必定充滿複雜的意涵。一方面，她是得到特殊機遇的、特別優秀與聰慧的女孩，另一方面，在潛意識層次，她可能深深感到自己是家裡多餘的那人。「為什麼是我？」想必令人憂慮地盤據她的腦海。要理解她在依賴他人的強烈焦慮、了解為何她無法告訴任何人發生了什麼事進而向外求助時，背景扮演重要的角色。我認為，她擔心「壞」維多利亞是不受歡迎的。以不恰當的方式讓她出院的醫院，可能讓她更加恐懼，因為沒有人受得了壞維多利亞。考奧和曼寧（可怕的）聯合攻擊，全然奪走她生而為人的權益，這必然不斷削弱了她的能力，也就是相信有人覺得她是有價值的。當日常毆打維多利亞的證據呈現出來時，曼寧說：「她不會哭。」我認為，可以說是因為她深信沒有人聽見她哭泣的聲音，亦即為她所承受的痛楚賦予意義，於是一部分的她再不能感受或思考任何事物，只剩下她是令人難受的非人之物。這讓我想到毀滅人格，這種毀滅在集中營的折磨中經常出現，而關乎人格毀滅已經有人描述得淋漓盡致了（Levi, 1958）。

南明爵士寫道：「在生命的最後幾週，在沒有暖氣的浴室，她躺在浴缸中，在自己的排泄物裡抽搐、虛弱、飢餓，僅以塑膠袋裹身……維多利亞可能曾『迫切地希望有人注意到她』。」我認為，這種說法過於樂觀了。在維多利亞的處境尚未如此惡劣之前，她都沒能夠尋求援助。讓自己承認希望會遭到摧毀這一點是重要的，因為這類的事情發生時，我們渴望抗議，然而受害者可能做不到，受困於重重惡夢的世界之中。

失去自體感

在我看來，這則故事有一個重要的細節，對維多利亞和考奧而言蘊藏著奧祕，也就是，實際上維多利亞護照上的名字改過，以符合考奧有意帶到歐洲的另一位孩子「安娜」（Anna）。一個人的名字，在某個程度上，是一個人身分認同的核心元素，然而，假裝成「安娜」將導致維多利亞失去自體感與價值感、感到困惑與焦慮。此外，反常之處是，他們讓維多利亞剃光頭、戴上假髮，使她和那位女孩的護照照片看來是同一人。我們必須想像維多利亞可能有什麼感覺：她的自體在這些傷害她的行為之下遭到否定。考奧的心中的確有另一位孩子，這份證據同樣重要。我們從近期研究得知，被視為替補已逝兒童的孩子可能面臨艱難的處境（Etchegoyen, 1997），毫無疑問地，維多利亞正是一位「替補」兒童。

無論考奧有個需撫養的孩子以取得住房與社會福利的願望有多麼工於心計，我認為必須將維多利亞並非真的是安娜這點納入考量，因為對考奧而言，這不僅只是現實意義的問題。她努力讓教會介入她和維多利亞之間的問題：是否「維多利亞」元素，在她看來是邪靈附體之源，必須透過祈禱與驅魔來驅逐？

此外，在調查報告中，維多利亞出現尿失禁，被假定為曼寧想要擺脫她的原因。這種行為上的症狀可能意味著什麼呢？在法國停留的那段日子，她曾接受醫療照管，然而沒有證據顯示她先前曾經尿失禁，當時，她的問題是疲憊與皮膚感染。我想，我們能夠推測，在單獨和考奧相處的混亂數週裡，累積的壓力撕扯著維多利亞，她壓抑自身感受，超出了能忍受的範圍。顯然，這位孩子沒有哭，但是尿液流洩，或許是在訴說她那未流下的眼淚。對一位先前已能控制排尿的兒童而言，尿失禁也是一記警鐘，說明她已經崩潰了，她撐住自己的能力已然坍塌。

我們無從得知在和考奧搬去與曼寧同居時，維多利亞有什麼感覺，但是有一些假設似乎無庸置疑。由於他們全睡在同一間房間裡，考奧和曼寧的性生活、關注於彼此（而非維多利亞）都呈現在維多利亞眼前。這可能是維多利亞第一次和考奧在一起時考奧有伴侶。在法國時，共享這個家的只有維多利亞、考奧和考奧其他較年長的孩子們。看著眼前的伴侶，這一幕必定會喚醒她對父母的記憶，並讓她心傷，特別是在她的日常經歷愈來愈恐怖的狀況。記得曾有慈愛的父母，然而眼前的父母卻像最令人驚恐的惡夢，對這位孩子而言，想必承受著巨大的壓力，她一定會對遺棄她的好父母感到強烈的悲痛與憤怒。

對一般的好父母而言，尿失禁不是一個容易處理的症狀，因為會翻起心中的原始焦慮，擔心髒污、難聞氣味、某種東西持續不斷地來，淹沒吸納髒污並清理的能力。濕透的床墊最後扔出去了，恰當地隱喻維多利亞和折磨者之間日益增加的致命交流中涵容的崩塌。她透過尿失禁表達的無望與無助，可能挑起了他們的施虐傾向，因而愈演愈烈。我認為，這是讓他們害怕的災難性髒亂和污染愈來愈多的狀況下，為了保護自己而採取的原始手段，基於此點，才會病態地將維多利亞監禁到浴室和垃圾袋中。對他們而言，她變成危險的垃圾，讓他們覺得受到迫害。這些症狀是不少人或多或少知道的，卻沒有獲得應有的關注，我覺得其他人可能因為所知道的事實而感到不安，卻無法處理。視而不見、眼不見心不煩，似乎容易得多。

與孩子談心的能力

維多利亞的行為中，另一項記錄有案的特徵是，某次她對社工大吼，讓我們清楚看見她在附和阿姨的論調。維多利亞說的話，大意是社工不尊重她和她的母親，她們應該得到一棟房子。對一位母語不是英文的孩子而言，在此之際，她表達得迫切又明確。南明的報告將此解讀為維多利亞是在指導下扮演她的角色，然而，我們也可以就這段對話的迴響深思。身為極度缺乏人權的受害者，維多利亞已經消失，變成安娜，參與了這則虛構的故事，假裝考奧是她的母親。如果我們只是把她的行為聽成她被用來替考奧發聲，那就忽略了她也是在溝通她的處境。她是一位孩子，需要那些在多數孩子眼中是基本要求的東西來生存，也就是一棟房子，一個棲身之所。

這份觀察引我反思，讓南明爵士強烈評論的與維多利亞接觸的事實之一，也就是，即便是在具有隱私可以讓她說出更多實情的狀況下，也沒有人曾單獨與她對話。在正式報告中，她並非單獨接受「訪談」。或許，「訪談」這個想法本身能幫助我們理解為何從未如此安排，訪談聽起來如此正式、帶有法庭色彩。在訪談成人時，社工和其他人會用到的技巧，和與一位幼兒建立恰當溝通所需的技巧，兩者之間存在著巨大的差異。最能生動地呈現維多利亞像個孩子一樣的專業觀察，是她待在北密德薩斯醫院（North Middlesex Hospital）時的少許記錄。在更早的事件中，在保母卡梅隆太太的陳述和急診室初級醫師的紀錄中，兩者皆以日常語言簡單直白地描述那些很可能不是意外造成的傷口，這是第一位診察維多利亞的小兒科醫師提出的診斷，他在考奧不在場時檢查維多利亞，用「非常神祕」形容維多利亞。這清楚地讓我們看到，維多利亞不是能利用機會向關心她的人吐露事情的孩子，即便她的傷口是當下最受重視的。

執行兒童保護的社工與警察都需要具有與兒童溝通的能力，但是這絕對不是簡單的任務，至少有兩個原因，首先，對孩子來說，要找到恰當的方式和一位實際上是陌生人的成人訴說、觀察、傾聽，本來就不容易，而缺乏合適的訓練與督導會讓狀況變得更糟。在觀察兒童的行為、與之互動，並詮釋這些行為與互動上的技巧不足，茲事體大（Tanner, 1999; Youell, 1999）。然而，即使努力改善這種狀態，在緊迫如此案的狀況，也無法解決第二因素，那就是孩子要如何信任陌生的成人，以及成人如何覺得他們可以侵犯家庭期待的隱私，並且介入兒童與父母之間的關係這無法迴避的問題。維多利亞的「神祕」表現讓我們清楚看到，要有效地和她談心，必須多麼敏銳且有毅力。人們傾向於嚴厲地批評未能達成這項任務的專業人員，覺得與未經訓練但更敏銳的非專業人士相比之下他們大為遜色。非專業人士覺得他們能夠運用他們的常識、留意細節並且賦予意義。

如果社區中沒有教師或其他長時間認識孩子的人參與的話，那麼兒童保護這項專業任務將面臨極大挑戰。此一事實也提醒我們如何識別風險最高的兒童，也就是那些沒有人持續深入了解的孩子。維多利亞的經歷和許多難民或是尋求庇護的孩子一樣，為了生命安全，她不得不參與欺瞞，例如在海關入境處同意扮演安娜，不然，她還能怎麼樣呢？對於身處這種境況的孩子而言，要釐清誰是值得信任的人，幾乎是不可能的任務，況且「當局」看起來就是最不能信任的對象。維多利亞生命最根本的權威，也就是她的父母，終究是無意間將她交給了折磨她的人。

這則故事還有另一值得評論之處，他們於西倫敦尋找住所期間，一位輪值社工記錄下維多利亞的儀表等細節，並描述她「看起來就像一位會在援助行動（Action Aid）廣告看到的孩子」。在維多利亞心中，她可能的確認為自己已經是「援助行動」的接受者，一如後來的駭人下場那般。這時，她已經從相片中燦笑的孩子，落入非常極端的受忽視狀態，以致於看起來像是為了引起西方社會的同情與罪惡感時，慈善單位會選擇拍攝的對象。這裡有兩個看事情的角度值得一提：其一是維多利亞本身認同了這種絕望匱乏的兒童；其二是專業人員面臨的難題，亦即她在專業人員身上造成的影響。沒有任何東西是能充裕地給予這類孩子的：住所不足（也因此迫切地希望將他們遣送回法國），更概括地說，是人力與物力資源不足，不足以讓我們認識這類孩子提醒我們的極端剝奪。第一位參與此案例的社工曾留意到考奧與維多利亞的膚色差異，也注意到維多利亞哭泣時考奧並未安慰她，懷疑她們是否確實為母女。我認為她有所疑慮卻沒有採取行動，是因為她意識到這些剝奪，卻不確定自己能夠承受多少。

政治議題

　　這涉及到一個重要的議題，也就是維多利亞的族裔在這場悲劇中扮演了什麼樣的角色，她的黑膚色是否成為某些人恐懼的來源（與先前討論過的髒污有關），同時成為藉口，也就是在兒童照護系統面對文化差異時，以政治正確但未經深思的方式來擺脫令人不安的觀察——當考奧在場時，她誠惶誠恐地順從？這是否猶如「援助行動」的註解一般，啟動了難以附和的焦慮與罪惡感，因為如果有機會的話，想向倫敦社會服務部門求助的兒童會有多少呢？至於疥瘡診斷歧異這件事則關乎另一層面。當談到疥瘡導致警方與社福單位拒絕到訪時，這個診斷猶如火上澆油，在哈林蓋市（Haringey）內掀起近乎偏執且未經深思的反應。當保護兒童的任務反轉為需要保護工作人員免受兒童侵害時，這個特殊決策是如此令人訝異。為了理解這一點，我們必須牢記，在這個國家，普遍敵視移民和想要提供庇護所的良善願景近乎破碎的大背景。從這個角度來看，這份任務所喚起的複雜感受，對每個人來說都是難以應對的。他們是社區的官方代表，既是渴望排除異己、關閉邊境，卻又試著相信自身的慷慨與好意的社區。理解此種矛盾是艱鉅的任務。我們需要承認大環境的政治氛圍是一種壓力，特別是涉及責任的分擔時。

比方，在伊令倫敦自治市（London Borough of Ealing）受轉介接受初談的家庭，約莫百分之六十到七十是來自他國的家庭。這個令人訝異的統計，突顯出某些特定地區承受這類問題衝擊的程度有多高，隨著這份統計同時發表的聲明是：「對於來自他國看似無家可歸的人們，尚無清楚的程序與指引……很常讓我覺得，除了專業判斷外，人們無所依靠。」顯然，當工作人員不得不求助「專業判斷」時強烈地感覺到脆弱，我認為這傳達出，在缺乏程序的保護下，運轉的個人感受到的孤獨與赤裸，在資源嚴重不足的狀況下，他們不得不面對痛苦與匱乏。南明爵士的程序並未保護在社區第一線工作的社工與其他工作人員，讓他們不用承受壓力，亦即意識到自身的限制、痛苦與匱乏在我們的社會承載了多深沉的壓力。能夠協助個人思考痛苦經驗的好訓練與督導，無論如何都能降減壓力。

失靈的系統

要騰出空間來容納進行這艱鉅任務時所浮現的感受，是不容易的。這些感受令人不適，某個程度上，如果要正視這些感受，必須想得更深、做得更多，而這可能會帶來麻煩。這些感受，是其中一位證人提到的「直覺」，這位證人說，這些感受被丟到一旁，而不是反思與衡量，這份實情與廣受關注的從事這份工作時缺乏任何有益的督導密切相關，同樣地，也和在許多關鍵時間點缺乏足夠詳細的書面記錄相關。那些令人不安的觀察並未討論或記錄下來，都是迴避思考的例子。特別是在這個案例之中，幾乎未曾看見兩個人、兩個心智能夠一起想一想到底發生了什麼事。許多與此案相關的人員，似乎僅有少得可憐的片刻能夠分享他們的見解。顯然，這是失靈的系統，同時鏡映出維多利亞的處境中重重斷聯的系統，在象牙海岸的家和阿姨的家之間連結失敗，在象牙海岸、法國、英格蘭之間存在斷層，更別提在任何一個國家之內可能的無數次搬遷；其間還存在兩種語言的差異，而對口譯員的需求，受到怪異的信念阻撓致使事態惡化。顯然，維多利亞能理解也會說不少英文，而考奧使用英文溝通的能力則取決於她覺得會獲得何種傾聽。然而，這種「可以不用努力溝通，因為理解想必不易」的感覺一再地重演。

這則故事，無論從哪個角度來看，都有一種訊息無法傳達的感覺，在應有而未有的談話與記錄中是如此，在未能如願傳遞的書面訊息中是如此，在更象徵的層次上，未能掌握正發生之事的意義的這份實情更是如此。沒有人「收到」，或者至少沒有任何一位當權者採取行動，最終，整個系統和維多利亞一樣無能為力，理解不了任何發生在她身上的事情。對她而言，唯有當她能整合心智之中天差地遠的經驗，她才擁有自己的生命故事，或者，用更正式的語言來說，她才能傳達出「連貫的敘事」。

在理性論述的層次上，為了更有效執行兒童保護工作，必須齊心思考、協同合作，說起來是很容易的。然而，對維多利亞而言，內心世界的整合卻讓她必須面對邪惡可能會全然摧毀美好的恐懼，也因此，讓它們全然離散感覺起來安全得多。住院期間，在護士的照料下她顯得自在，但是當考奧來訪時，他們卻看到一位完全不同的孩子。這種極端的分裂是一種防衛策略，是為了保護自體免於解體。這類歷程也在許多的人心智中運轉，如果檢視實證與專業衝突之間的矛盾，那麼他們的日常工作與現實感將會岌岌可危。南明爵士評論，警察讓社福機構「牽著鼻子走」，維多利亞的父母和維多利亞同樣被考奧「牽著鼻子走」，了解這一點實在令人不安。即便觀察到許多考奧的「操控」行為，卻似乎仍沒能讓人們特別警覺在跨專業的團隊中再造這種行為的風險。

鏡映歷程

鏡映是一個複雜的概念，肯定容易遭到誤用和過度使用。然而，我認為我們無法不注意到，在和維多利亞與考奧接觸後，專業人士的行為似乎被扭曲。報告的序言中提及，「那些惡意利用兒童弱點的人……傾盡全力地掩蓋他們的行為」的傾向（1.14）。如果繼續閱讀調查期間浮現的各種遺忘、缺失的紀錄，甚至是主動銷毀證據，我們觀察到許許多多人以各式各樣的方式掩蓋自己的行跡。一件具有說服力的事件來自維多利亞於密德薩斯中央醫院的入院記錄，一份很長的傳真檔案，是手寫紀錄，因此傳到北密德薩斯醫院時難以辨識、閱讀。這份難以解讀的證據，就此無人追問。此一反常的現象，也就是人們反應無法閱讀傳真，鏡映出更廣的層次上，人們無法閱讀（在解讀的層次上）擺在眼前的事實。呼應這一點更令人不安的事情是，工作團隊成員的流動率和在一線服務數不清的代班人員，這樣的安排使得他們更難以應對流離失所的家庭的問題。在由地方當局監護的兒童案例中，我的臨床經驗說明，社會工作投入的連貫性，是獲得良好成效的最佳指標，對於無家可歸的家庭而言更是如此，尤其是剛由他國到來的新移民，需要一個不變的中心、一個參照點、一張熟識的臉孔。在大型的官僚體系中很難做到這一點，但是我們愈不這麼做，愈不可能有效地工作。

兒童保護

近來，兒童與家庭心理健康政策制定領域，非常關注與患有精神疾病的家長同住、成長的兒童所面臨的高風險（Department of Health, 2003）。人們普遍觀察到，受過訓練處理成人心理健康問題的工作人員，事實上經常會忽略他們個案的孩子長期暴露在混亂且令人不安的環境下會受到哪些影響，有時甚至遺忘家中還有需要撫養的孩子。這個宏觀視角或許有助於思考維多利亞的經驗。一如一些較不正式的對考奧的描述，她是一位令人不敢和她待在一起的人，她的理解能力與讓人理解她的能力變化極大，她的故事不一致，她的要求引起人們的焦慮與罪惡感，她的功能落於臨界水平、社會處境邊緣，加上她的宗教信仰，包括被邪靈佔據的想法，綜合起來讓她儼然屬於少數族群，有著非常遠離主流的思維，因而顯得怪異且難以解讀。此外，證據也顯示，她對於法律與權益的理解有限，而對於一位焦慮的專業人士而言，這是令人不安且備感威脅的處境。

考奧讓維多利亞聲稱遭曼寧性虐待那一幕，捕捉了這個問題的本質。這項指控迅速撤回，似乎讓工作人員鬆了一大口氣，他們得以擺脫懷疑有兒童性虐待的調查，以致於沒能意識到這件事件的先後順序可能帶有令人憂心的嚴重後果。關於維多利亞受虐的故事放錯了焦點，聽來也絕非實情，但是一位兒童錯誤的指控，是否遭到他人唆使呢？這提醒我們孩子遇上麻煩了。這裡，顯然再一次出現難以聽見的潛藏底層的溝通。需要處理的事情，或許並不符合既定的兒童性虐待的調查程序，就此案而言，要追蹤進度，必須找到下落不明的考奧和維多利亞。此刻，整個狀況愈來愈混亂、失序、令人困惑，無法符合任何有條有理的標籤。

兒童保護這個概念是如此包羅萬象，如果我們採用廣義的說法，就能輕易地看見為什麼所有的壓力會導向另一個方向。事實上，要保護維多利亞，勢必要廣義詮釋這項任務。每當工作人員設法拋下令他們擔心考奧的理由時，他們經驗到的感受可能近似維多利亞在世時日復一日體驗到的許多片刻，也就是每當她短暫地逃過身為受迫害的主要對象時。想必是積蓄以久，才會透過順從或麻痺自己的覺察與感受來逃離戰火，與自己的記憶和希望長久斷聯。

正念這種防衛性的解方，很不幸地，與複雜的政治體系完美貼合。對個體而言，能夠輕易看見，若是無法將事情留在心中、無法建立連結、無法連接過去與現在並形成觀點，將會導致自體支離破碎與關係破裂。不幸的是，證據顯示，有不少的個別工作者似乎使用這種方式工作許久，顯見，個人的思慮不足和系統層次上的缺失一樣多。一如我先前描繪的，維多利亞和考奧的心智狀態一同帶來的影響是令人難以消化的，除非工作者有一套理論與實務方法，能察覺這個層次上的不適感，並且有個脈絡能夠理解這些心智狀態對自己造成了什麼樣的影響，而不是掉入認同與反向認同之中，否則，是不可能完成所需的個案工作的。在本章中，我試著探討我們迫切地需要在多個層面上關注訓練、持續督導與諮詢的本質，這些是工作的必要資源。

【第十章】與早年受虐與忽略的受收養兒童之精神分析式工作（2018）備註

本章探討的案例的制度背景非常重要，不僅是重要的歷史，也記錄了英國兒童心理治療發展一個重要的時刻，克萊恩思潮與後克萊恩思潮的理論發展背景的重要性不分伯仲。首先，我將從架構探討這兩種面向，唯有匯聚這兩個面向，方能成就此種臨床工作方式。

介紹

一九六〇年代，勇敢的兒童心理治療師開始嘗試運用精神分析的方式與兒童工作，對象是早年生活經歷了非常極端的剝奪與折損的孩子（Boston, 1972）。分析式工作有望幫助嚴重心理障礙的兒童的這個想法，在六〇年代的倫敦精神分析社群中達到高峰。得知消息的家長、兒童精神科的同僚對兒童分析懷有極大熱情，對訓練的需求不斷增加、國民保健署診所體系雇用了仍然很少的合格的兒童心理治療師，為轉介來的各式各樣困擾的兒童提供服務。兒童輔導（child guidance）的傳統與智慧，也就是在生命之初未能與「夠好」的客體建立關係的兒童，需要「環境治療」（Dockar-Drysdale, 1990）。人們認為，精神分析需要一位已受認可、內化的良好母性人物作為起點。

比昂更進一步地闡釋（1962b）克萊恩對心智早期發展的解

釋，對此，兒童分析師與兒童心理治療師視若珍寶。他的「母親的遐想」理論，也就是母親在照料寶寶時心智的開放性，能覺察到強烈的嬰兒般原始的焦慮，並將這些「無以名狀的恐懼」（nameless dreads）轉化為有意義的情感經驗的能力，刻劃出一個心智是如何透過與更成熟的存在關係而成形，她的體貼入微、敏銳回應，構成了意義與思考的基石。「涵容與被涵容者」（container/contained, Bion, 1970）一詞，將生命早年的親職養育裡滿是失序、忽略與辱罵，使得焦慮未曾受到涵容與賦予意義，也就是為幼兒混亂、難以預測的行為梳理出頭緒。因此，投射性認同不再只是入侵與攻擊，而是重新定義為溝通，因而開啟了新視野。假若在一段移情關係之中，這些兒童破碎且激烈的經驗能夠被搜羅（Meltzer, 1967），似乎就能啟動發展，他們的心智狀態會取代病態的防衛，讓他們從關係中獲益、成長，感受情感沒有那麼令人難受，進而學習。

這種新精神分析視角需要新的技術，對於心智未能構想的患者而言，對焦慮與防衛的古典詮釋是難以承受或運用的。一如比昂（1962b）和比克（1968）兩位描述的，思考最早的嬰兒般原始的恐懼與「做夢」（用比昂的語彙），最初是由母親完成，或者在臨床背景下由分析師實踐。這樣的體悟也促成了更多構想，例如施泰納（1993）的「分析師中心」（analyst-centred）的詮釋，作為將詮釋聚焦在患者的心智與經驗上的必要前提。

早在許多理論構想形成之前，比克創建的「嬰兒觀察」（1964），對於臨床訓練初期的兒童心理治療師而言，已經證明是非常重要的，可以協助治療師找到與心智尚未成熟、易碎或崩潰的兒童相處的方式，並訓練治療師密切地觀察母親和寶寶的情感交流而不介入（為在壓力之下持續觀察奠定了良好的基礎），也能接收兒童需要投射出來的情感（無需倉促回應）。要接收並在心中留住這些往往以非語言方式來溝通之事，需要耐心與心理空間，這正是嬰兒觀察所培養與支持的能力（Rustin, 2016）。因此，兒童心理治療師特別能夠理解源自比昂的洞見的理論，也渴望將他們的臨床與觀察經驗與比昂的概念結合。

一九七〇年代，塔維斯托克診所在兒童臨床工作的演進中扮演著舉足輕重的角色。基於嬰兒觀察（Rustin, 2009）的優良傳統，診所致力於促進國民心理健康，這意味著不再僅是服務少數了解並接觸得到精神分析的特權份子，而是服務所有人，此外團隊為了照顧患者而納入不同的專業，促成了專題研討會，讓塔維斯托克診所有機會學習如何為那些照顧受嚴重剝奪的兒童的機構（最早是兒童之家，後來主要是寄養監護機構）提供諮詢，並且探索為這些受困擾的兒童與青少年提供心理治療的可行性（Boston & Szur, 1983）。許多兒童接受治療服務，他們的治療歷程也在專題研討會中呈報，讓人愈來愈深信，兒童的內在是有可能改變的。人們也更理解要促成這些改變所需的條件（長期治療、持續地與照顧者工作、密切督導以支持治療師、機構容忍兒童大量的行動化，以及社區連結，特別是與學校的聯繫），也更了解提供兒童庇護的收養和寄養家庭所承受的巨大壓力，成員們衷心地感謝跨專業臨床研究專題研討會提供的價值。與這些孩子工作時必得承擔的高度焦慮、心智痛楚和不確定性，用二十一世紀的用語來說就是「風險」，都在有結構的團體工作歷程中被涵容，支持臨床工作者以最好的方式「冒險」。

隨著兒童心理治療在英國逐漸普及，引人注目的趨勢是，系統監護的兒童受轉介來接受心理治療的比例很高，目前這仍是公共心理衛生診所運用兒童心理治療師的主要方式之一。對這個族群的心理治療歷程與結果進行審慎且重要的研究工作，使得為生命早年受到忽略與虐待的兒童提供心理治療的適用性（Kennedy & Midgley, 2007）得到認可。

提姆

現在，我要探討的案例可能相當具有代表性，代表許多由父母收養的兒童，這些父母渴望幫助在生命一開始曾遭遇災難的兒童。這些家庭發現兒童帶著嚴重的難題，令他們的父母或身邊的人感到非常不安。我的患者提姆（Tim），在我和他開始一週一次的治療時，時值八歲。在此之前，提姆和一位同事進行了密集（一週三次）的精神分析式心理治療數月，後來同事意外罹患重病，原本預計在合適的時間點回來和提姆繼續工作，然而事實告訴我們已經不可能了。因此，我繼續接見他，在他十二歲半順利進入中學時結束治療。

這個案例點出了當代以精神分析方式與兒童工作的重要面向，頻率就是當前普遍存在於精神分析界一個非常重要的議題。雖然，我僅能以一週一次的頻率見患者，然而我相信，我和他之間存在這一段精神分析式的關係。儘管在治療頭幾年，他在療程中大量地行動化（稍後敘述），但我們仍能將焦點放在移情／反移情的動力之上，我們的工作也確實處理了深層的內在客體關係。

初次見提姆時，他似乎缺乏一種對人類家庭的歸屬感。他在五歲時被收養，認為自己是個外人，而在家庭的脈絡底下，這個劇本淒楚地一再上演。在他的治療中，我被推向極端的焦慮，甚且懷疑自己是否能夠堅持下去。

生命經歷

提姆在三歲九個月大時來到 P 家庭，那時這個家庭已經有了一位養子，七歲的傑克。這對夫婦非常渴望組成一個家庭，在得知 P 太太無法懷孕時，決定收養孩子。他們已經收養一位早年經歷駭人的傑克。有機會收養第二個孩子時，他們同意了，儘管當時家庭氣氛緊張，P 太太承受著巨大的壓力。

提姆的早年生活滿是災難與悲劇，生母是性工作者，青春期是在機構監護下成長。她的第一個孩子被帶走後，隨即進入收養家庭。在數次終止妊娠後，她生下了提姆。提姆出生後頭三個月，和生母住過不下六個處所。幾個月後，因為嚴重的暴力，她和提姆的父親分離，隔年嫁給另一位不斷進出監獄的男子。據稱他不喜歡提姆，然而這位男子在母親紊亂的心中似乎有著特殊的地位。之後一年，另一位孩子出生了。提姆和手足曾自願在地方當局的照顧下度過不少時光。提姆兩歲時，家發生了火災，小弟沒能活下來。社福機構接手照顧提姆，並規劃他的未來。母親從未同意他的收養計畫，然而她沒有出席最後的聽證會，因此計畫依規執行。

提姆兩歲三個月時接受監護，他在寄養家庭的行為顯示曾遭受性虐待，經過調查大致獲得證實。此時，據述他患有發展遲緩，幾乎不說話、無法自己進食、行為過分地與「性」相關，並且稱呼每個人為「媽咪」。

他的母親有權每週探視他。當她沒能出席時，提姆會明顯地展現憂鬱。在寄養單位待了超過一年以後，在托兒所的協助下，他進展明確，因此開始為他思量收養計畫。然而，提姆住到P家庭後變得退縮，迴避眼神接觸、退化地出現是非不分的行為。

起初，P夫婦因為擔心傑克而來到塔維斯托克診所，幾年後，他們漸漸提起對提姆的憂慮。他們述說，他會隱藏真實的自己、說謊、攻擊其他孩子、出現「性」相關行為，後來也談到他們（特別是母親）非常難以走進他的心。他們描述在提姆三歲半時與他第一次見面的情況：他在繁忙道路的人行道上，朝著往寄養家庭相反的方向高速地滑冰。提姆現在七歲了，受傷、生病的時候會躲起來，默默地蜷縮在自己的床上。提姆拒絕接受照顧，因而讓母親很受傷，但日後她告訴我們，提姆初次來到家裡時她就覺得自己不愛提姆。事實上，她說有時她會恨他，她覺得自己和傑克有著很深的羈絆，以致於沒有什麼可以分給提姆，父親則覺得自己和提姆比較親近。此刻，值得關注的是，在孩子們的治療期間內，都由一位非常專業的精神科社工提供這對父母穩定、長期的支持。

在發現兩位男孩之間的性遊戲之後，P先生與P太太希望能考慮為提姆安排治療；傑克已經接受一年的治療了。一段心理治療評估顯示：提姆對於自己破壞的能力與衝動感到極度焦慮，但也展現出需要關愛且情感豐富的一面。幾個月後，治療以密集的一週三次為基礎開展。

第一位治療師和他一同度過了非常困難的兩個學期的工作。在短暫、誘人的插曲之後，發生了重大的暴力事件。診療室裡，提姆大搞破壞，也以他的無情與距離感令治療師深感不安。不幸的是，接著她意外生病，必須休假數個月、不能來診所。怎麼辦呢？提姆和他的父母都對提姆的治療和治療中斷感到非常沮喪，對診所而言，似乎有必要為提姆提供一些支持。我正是在這個時間點加入，同意以一週一次為基礎接見提姆，直到他能恢復原本的治療。

治療現場

我與提姆工作的第一次療程，就能明顯看見他帶有挑戰性的行為：探索房間時，他試圖在天花板的板材上戳出洞，也在療程中，透過在窗邊做出旗語信號般的滑稽動作，企圖吸引（同時在診所另一間診療室接受治療的）傑克的關注。然而接下來，他著迷地投入製作降落傘，用一個我為他準備用來裝些小玩具的小塑膠袋，貼上一些膠帶、黏在一起，呈現出一個打開的降落傘。他告訴我，他想要降落傘輕輕落下，但是所有他黏在降落傘上的東西都太重了，導致降落傘立即墜落地面。對於膠帶不適合降落傘這件事，他既堅持又挫折，離開時仍一心追求這份執念，並發下豪語下週要用繩子試試看。

接下來的幾個禮拜，他用盡了所有方法測試我的界線，但也因此創造出精妙的遊戲：他告訴我，我會被困在一座監獄之中，以囚犯的身分。下一次的療程，因為一場大雪，這個家庭無法前來診所而取消。當他下次前來診所時，再度對降落傘這個主題產生了興趣，讓我談起上一週取消療程帶來的衝擊。我說，在他得知他們無法來這裡時，或許在他看來，就像是要墜落到地上那樣。他的遊戲進展為拚命努力要控制房間和我，包括一連串的活動：先是用桌燈扮演一位驗光師，結果這位驗光師其實是來逼供的，他用燈光照射我的眼睛，以一種極其殘忍的表情盯著我瞧。

當我把頭轉開時，他非常憤怒。

他移轉注意力，在家具底下爬來爬去，房間裡充滿了排泄物的味道。接著，他試圖撥電話給 119（緊急求救）。我所有評述得到的只有「去你的」或是一聲咆哮，唯有一次例外是，當他想向我解釋他住在哪裡，並且畫了一張詳細的住所區域的倫敦地圖這短暫的插曲。在我阻止他讓房間淹水的意圖之後，他再度變得更加友善，告訴我某一版的《大鼻子情聖》（*Cyrano de Bergerac*），他感興趣之處在於席哈諾礙事的長鼻子（Cyrano）使得飲水變得困難。我找到機會和他談談這個想法，也就是他侵入性的審訊我、檢查房間，事實上或許阻礙他從我這裡得到一些好東西。

這段治療前幾個月，有好幾次療程將我身為治療師的能力逼到崩潰邊緣。提姆以各種令人眼花撩亂的武器威脅著我平靜的心智，而我時常覺得遊走在絕望臨界點，找不到部分的他能夠回應我對他的理解。週四清晨，即他來診所那天，我醒來時會非常焦慮，因恐懼而引發生理反應：我能否將事情控制在承受得了的程度內？讓我恐懼的，包括他在窗戶高臺上的危險行為，他喜歡以此來折磨我，或是憂慮我的房間和房間內的物品，乃至於我自己的人身安全。當他一把抓住我的頭髮，彷彿要連根扯下時，這些恐懼有時會化為現實，但多數時候是提姆心理上的冷酷，讓我覺得備受虐待與脆弱。

療程中有許多時刻都讓我覺得無處安放我自己，因為提姆會霸佔所有的家具，讓我在診療室裡迷失且無家可歸。我感到羞恥無助、龐大且愚蠢，因為我知道無論說什麼他都會嘲弄我。有一回，他說我是泰晤士河畔的一個臭乞丐，說我住在紙箱裡；那一刻，我確實感覺自己毫無防護地暴露在他人格中最殘酷的那一面之前。

後來一次療程，提姆在我眼前演出一場性愛畫面，我才比較理解這段羞恥的經驗（Cregeen, 2009）。他爬上我房間一個高櫃子的頂部，那裡可以平躺。在這之前，他已經用紅筆在牆壁上胡亂寫一些辱罵和露骨的性相關字眼，接著他帶著筆，從我的頭頂上方更加尖銳地譏諷我。當他躺在櫃子上時，我必須站得相當靠近，以確保他不會跌下來。他在狂亂興奮的狀態下扭動後，開始以非常下流且喧鬧的方式演出性交，並且聲稱我渴望觸碰他，因為他太棒了。

這一幕在我心中喚醒的恐懼與痛苦是令人難以承受的。我認為，我被迫感受提姆幼年時所經歷的一切，亦即痛苦地意識到母親，一位性工作者的生活，而他暴露在這樣的訊息底下同時感到興奮和羞辱。我認為他對母親的深愛，以及對她良善自體的邪惡破壞與他嬰兒般原始的脆弱混合在一起，激起了強烈的羞恥與困惑。過早暴露在成人的性活動之前，對他的伊底帕斯發展的影響，毫無疑問地因現實的性虐待經驗而加劇，並在診療室中真實上演，也讓我有機會和他談談這一點。在描述他的行為之後，我說，他想讓我認識一位小提姆，當他想像我在這個房間和一位糟糕的塔維斯托克爸爸在一起時，他感到非常沮喪。他想讓我知道，今天他的心裡裝滿了一位性感又愛現的母親，也就是我，喜歡讓他覺得被丟下、強迫他看他受不了的事情。或許，很久以前，媽咪做的事情讓提姆覺得很痛苦，然而他卻無法忘記。

他的反應令人出乎意料，非常感人。他安靜下來，請我幫助他爬下來，並且去水槽拿了一塊布，擦掉牆上所有的紅色塗鴉，非常小心地做，房間裡一片寂靜。這花了他很長一段時間。

發展的徵兆

現在，我想說明治療歷程中的一些元素，這些元素象徵提姆需要在我的心中佔有一席之地，讓他感覺他確實歸屬於某處（Rustin, 2006），哪怕這份信念如此脆弱，很容易因分離而受到擾亂。

我認為，在提姆意識到一開始的想法，也就是回到第一位治療師那兒並不可行，以及我需要以長期關係為基礎和他繼續工作時，一定程度的安全感進入他和我的關係之中。提姆開始偶爾讓我一瞥他那些劇烈且痛苦的回憶。我與他之間的肢體衝突頻繁，每當有任何可能讓他受傷時，他總是明顯地展現出脆弱。他表現得彷彿他的皮膚沒有絲毫完整性，儘管有時我猜想他是否希望讓我感到罪惡與焦慮（因為可能傷害到他），但是多數時候我感覺他深信他沒有任何保護罩。在某次療程中，我和他就我能夠允許的底線到哪，有了一系列的漫長衝突之後，在他站在窗邊的桌子上時，我抓著他。在努力介入、阻止他踢我之後，我氣喘吁吁地對他說：

> 提姆，我的工作之一是照顧你的身體和我的身體，如果能事先預防的話，就不要讓你或我受傷。這是為什麼現在我要抓著你，因為當你心煩意亂的時候，待在窗邊並不安全。

他身上戰鬥的緊張感消失了，蜷曲成團，輕聲哭泣。幾分鐘後，他對我低語：「沒有人在乎過我的身體。」我和他談，小的時候他擔心沒有人在乎他，他以為在面對世界上所有令人害怕的事情時，唯一可靠的是讓自己感到夠大夠強才能生存，我也談到，對於我是否能夠理解這些感受，現在他覺得更有希望。我坐到他身邊，輕聲和他說話，堅信繼續和他說話是非常重要的。因為他蜷曲成胎兒的模樣，看不到我，但是我認為我的聲音讓他安心，我的話對他而言也是有意義的。

某次，當我談到他還是嬰兒時的經驗，他非常平靜地說：「現在，我不想再談那件事情了。」另一次，療程前半段，他躲在由房間內所有可移動的家具組成的路障後，猛地向我投擲東西，接著，他開始在家具堆裡搭建營地，用我提供的毯子當做屋頂。他蜷縮起來，完全躲進他的安全港灣之內，讓我看不見他，用微弱的哭泣與呻吟和我溝通，表達他正在挨餓、渴求著遙不可及的食物。

聖誕假期之後是一系列重要的療程，就在假期之前，他以異常直率和愉悅的心情告訴我學校的戲劇公演，那是一個關於十九世紀的倫敦罪犯被流放到澳大利亞的故事。他扮演一名囚犯，描述運送囚犯的船和最後一天的早晨與親友道別，也唱了一首淒美的歌曲，關於失去家園與所愛的一切。他的歌聲甜美，情感豐富地講述了整個故事，不禁讓我思索個體和母－嬰溝通之間的深刻連結（Malloch & Trevarthen, 2009）。當他在假期之後歸來，在他的哥哥的療程重啟之前，他有兩次的療程，這兩次到訪對他而言似乎意義重大。他的母親只帶他來，而不是把提姆當做另一位年長孩子的附屬品（也是提姆認為最受寵愛的孩子）。在短暫的爆炸性開場後，他環視我的房間，看起來像是忽然靈機一動，開始有秩序地將所有的家具移動到不同的位置，不雜亂，而是為了創造一個新的空間。這回所需耗費的體力勞動之巨大，我擔憂某些物件對他而言太重，於是提供協助，他接受了，我們就像兩位搬家工人一樣地合作。他用植物與他的抽屜（譯註：治療師為每位接受治療的兒童備有一個私人儲物抽屜）裡的物件裝飾重新擺設好的桌子，說這些是裝飾品，也為自己打造了一個小角落，幾乎全然與世隔絕，在那裡他能跪在毯子和抱枕上、在矮桌上繪畫，而我則坐在他為我安排的就在他身旁的位置上看他遊戲。我確信，現在的提姆在家時肯定有了全新的感受，才用如此戲劇性的方式安排這個空間成為他自己的房間。在接下來的數次療程中，他重複這個安置動作。

在療程中上演這樣的過程一週之後，我從 P 先生那兒收到訊息，因為全家人都生病了，不得不取消每個人的療程。而在提姆的療程開始七分鐘之後，我接到櫃檯打來內線，說提姆正在等我，顯然出了狀況，傳給我的那則訊息並不正確。我倉促地準備好迎接提姆，花了幾分鐘，因此晚了十分鐘開始療程。可以預見地，那次療程極其困難。他跑在前頭，把我擋在門外，後來，我強行闖入，接下來是一連串的挑釁與危險行為，例如吐口水、投擲東西、令人毛骨悚然的威脅。唯一一個稍微安靜一點的片刻，是他在玩搖搖欲墜的牙齒，最終成功地拔了下來。接著，他非常焦慮地盯著牙齒，深信隨著這顆牙齒他一同拔下了一些肉，現在他的嘴裡有一個他所稱的黑洞。該次療程的最後幾分鐘，他盡其所能地把我的房間搞得一團糟，惡意地丟下一句，勢必要花我很多時間才能清理乾淨。

關鍵療程

下一週的療程以較平和的方式開啟，令我驚訝的是，我們甚至是一起進入診療室，這是工作好幾個月之後的第一次。

他臉上帶著明確與肯定，立刻開始搬移家具。在我談到今天的他想要讓房間是屬於他的時，他用相當友善的方式讓我協助他搬動桌子，商量哪一邊該移動等等。氣氛似乎緊張且詭譎。當他走向抽屜時，非常猛烈地關上裝有他的玩具與媒材的抽屜。接著，他背對著我，帶點神祕意味地，彎腰抓腿，就在膝下之處。我說出我的猜想，他的腳是否有點痛，但是不確定要不要讓我看看。他靠近我，並告訴我：「它癢，是咬的。」我說：「當你想要摔打、弄壞東西時，這種傷害好像會反擊到你身上，讓你感到受傷。」於是，他拿來一條毯子，躺在現在位於窗戶下方的沙發上，把自己完全包裹起來。就在他打算這麼做時，我建議他把窗簾拉下來，因為房間變得有點熱。我決定把窗簾放下來，雖然這麼一來，為了要碰到窗戶我必須靠到他身上，有點太近了，讓人不舒服。然而，他還是很平靜。在毯子裡，他短暫地一動也不動地躺著，然後好像在抓什麼。我說出我的猜想，他感覺到有些不對勁。他回應，但是我幾乎聽不到，所以他又說了一遍，聽起來像是：「陰涼又涼爽。」我說他在找一個讓他不曬太陽的保護傘，因為今天太熱了，接著繼續談到上一週他也想有人保護他。我提起上週他受傷的嘴巴，思索著今天受傷的腿，接著提到那顆掉了的牙齒。「因為我的牙齒，我拿到一英鎊，」他輕快地打斷我。「是嗎？」我回應，並補充：「你很高興我記得你的牙齒，當你知道我記得你的時候，你覺得親切很多。或許，今天的你需要把自己包裹起來和這種受傷的感覺有關？」他探出頭來，相當嚴肅地將抱枕捲進毯子裡，在地上做出一個整齊的包裹，放上他的桌子的桌角。

接下來，帶著審視的眼光，他環顧房間後，拿著灑水器，到水槽裝了些水，給植物澆水。一開始，他溫柔地為櫥櫃上方的吊蘭澆水，小心翼翼地摘下幾片枯葉。「垃圾桶在哪裡？」他問，又補充：「它不長了，還沒有長任何一片小葉子。」接著，他移到窗台上的植物邊，用友善的語氣問我：「你有在澆水嗎？」我說，他很疑惑我能不能一週又一週地把對他而言重要的事情放在心上，我是否知道如何照顧成長中的東西、提供他們需要的東西。帶點嚴肅的語氣，他對我說，其他孩子來這裡的時候，我應該把植物拿出去，小小孩可能會把植物葉子拔得光禿禿。我談起他的疑慮，也就是在這個房間裡是否允許他不同的感受一同出現，繼續跟他說，幼小的、野蠻的、憤怒的小提姆常常想要攻擊我、我的植物和我的房間，但是這讓現在在這裡思慮比較周全的提姆很擔心，因為他想讓植物和他自己能夠成長。

提姆再次仔細審視房間，拿了畫冊和筆到房間的一角落座，描繪起灑水器，就像在工作室的藝術家般，非常小心地擺放安置好的靜物。坐在沙發上一會兒後，我說，今天他不大確定他希望我多靠近他。通常，他會在身邊放一把椅子給我，但是今天他的感覺很複雜，似乎不能這麼做。我將這一點連結上一週延遲開始讓他不開心，也讓他不確定我是否值得信任。他抬起頭，彷彿光突然照射下來，重新安排了房間，在平常會放椅子給我的地方放了把椅子，接著他說：「如果你想要的話，可以坐這裡。」我說，當他不確定我是否想和他待在一起時，他就不敢肯定地告訴我他想要什麼；上一週，當我沒在正確的時間出現時，在他看來就說明了我不想要他。

我到他身邊坐下，看他作畫。幾分鐘後，他意識到這會改變紙張的明暗光影，再度要求我移動，他向我說明光線的問題，而這會改變他的構圖。我移開，回歸最初的安排。我說，今天我們把這件事放在心裡，並且思考這意味著什麼。我提出，他想在我身上找到像父親的那面，那個我會看到提姆正在向我學習、也會認可他感受到的良善且勤奮的那一面的他。在他繼續作畫的同時，我談起今天的他很關注明暗光影，或許他在想，他對我的光明與暗黑的感受是否能夠連結起來。作為回應，他看向右後側的桌子，在房間非常陰暗的角落，特別是在這個時刻，因為外頭陽光明媚。我說，現在的他有興趣看看陰暗的角落。對著陰暗的角落，他作勢說「哈囉，哈囉」，問我有沒有聽到回音。我說他希望我能聽聽「寶寶」提姆的聲音，那個提姆想探索他和我的內在世界。

就在他專注於這個遊戲時，他注意到外頭的路上有警報聲。「那是什麼？」他問。我好奇他有什麼想像。「謀殺……有一場意外，有人受傷……火警……有貓在屋頂上……有人威脅要自殺。」接著，他又一次提到火災、有人受傷、救護車及時到達，就好像回憶一件他已經知道的事情；讓人特別心酸，因為我知道他的弟弟死於火災，也是這個原因他才被帶離母親的照顧。我說，提姆在想今天的緊急救援，這是他想讓我準備好迎接我和他之間的許多災難，這樣我才能及時到達、給予正確的回應與正確的想法。上一週我遲到時，他一定覺得發生災難，因為他很害怕我受傷或是死了，也很害怕他會被丟下、得不到協助，就像D女士生病必須中斷和他的治療時他曾擔心的那樣。今天，他覺得更有希望，他讓我知道他在擔心什麼，對他自己也對我；他覺得我能夠理解他有多害怕，就像一隻受困屋頂上的貓咪，這讓他覺得是有可能獲救的，而災難也不一定會發生。

他轉而蜷縮小桌子下，藉著將一條桌腳撐起來，掙出更多空間。「在這個底下很好。」他心滿意足地說。我說，他今天覺得終於能夠和我一起安定下來，而這就像是找到安全的家。接下來，漸漸地，氣氛變了，或許是在他看到一些留在桌底的上回他留下的繪畫痕跡。他開始拉扯桌子的抽屜。我說，現在他想要探進所有屬於我的空間，找出所有不屬於他的一切。「電話在哪裡？」他生氣地問。我說，今天的他對我、我的房間、其他和我有關的人都滿腹疑問，也記得那具曾經在這裡的電話。我提醒他，他知道我把它拿走了，因為那具電話讓他太生氣，也太干擾我們的工作了。

接下來，他要了一些顏料和一點點水。我說道，他想讓我在心裡牢牢記住這裡常常會有危險的事情，也記得我們因為他喜歡把髒水噴得房間到處都是而有過許多衝突。提姆說他會非常小心，要求只在壺裡加一點點水。他仰躺著，開始在桌子底下塗抹黑色的顏料。我納悶他是否想告訴我他在做些什麼。「全黑，」他說，「這樣就沒人能再使用它了。」在他塗畫時，我說提姆想要佔有這裡全部的空間，想要我全部的心思都在他身上；我將這點與上一週當他覺得被騙、想用口水淹沒我連結起來。在桌子底下，他繼續非常小心地作畫。我提醒他，他曾想過如果有其他的孩子來這裡，那些孩子會糟蹋我和我的所有東西，一如早前他曾告訴我的，某位小孩可能會拔掉植物的葉子。在他的心裡，其他的小孩似乎就像攻擊、貪婪、佔有慾強的那個他。我談起他多麼希望能在羅斯汀太太身上貼一張標語，對其他的所有孩子說明「禁止入內」。「不只是孩子。」他輕聲說。我說這很重要，他糾正我，並且解釋，想到其他人和我在一起就讓他受不了，無論是孩子還是大人（這時，我想起他的母親是性工作者帶來的痛楚）。「我很好，不是嗎？」他說，似若沉思。

就在他格外小心地作畫時，他說：「塔維有死過人嗎？」我問，他能不能多跟我談一談這個問題，他卻只重複一次。於是我說我有兩個想法想要和他分享，上一週，他非常害怕我死掉了，也害怕在我的心裡他死掉了，也就是我忘記他或者不再關心他了。對小提姆來說，這感覺起來就像是我放手讓他死去，甚至是殺了他。此刻，我們來到今日療程的終點，他再次擔憂我會不會讓他在我的心中活著，直到下一週，而他又能不能記得我呢？我提起當療程來到尾聲，他感到困惑，我要送他離開，到底是因為我們已經完成今天的工作、他也準備好要離開，還是我用殘酷的方式把他丟出去，一如他上週的感受。我們花了最後幾分鐘一同收拾。提姆顯然非常焦慮，母親會責備他把顏料沾到衣服上，拿起素描本，他向父親展示他在等候室時畫的作品。我認為，這是為了要讓他自己安心，因為他的畫作會得到賞識。

討論

在我看來，這次療程預示一種可能性，維持足夠長久的連結，可以讓提姆與內在母親嚴重分裂的關係有所改善。先前多次療程中的強烈窒息、易怒、緊張不安的氛圍減弱了，取而代之的是一種節奏感，使得我有足夠的時間說明、他有時間聆聽。我知道，在我們同時進入房間的那刻，有一些重要的事情發生了。時間的維度（Canham, 1999）出現在他的心智之中，也就是他在想兩次療程之間我有沒有給植物澆水，在他告訴我牙仙子留下一英鎊的消息時，是在告訴我一個能夠連結上一週和這一週、外在世界和治療世界的故事。有別於以往，他迫切地渴望將診療室的騷亂封存起來，將和我在一起的時間與在等候室時展現的那個相當迷人的他（在櫃檯，他是大受歡迎的）區隔開來。

一旦他開始看見療程與療程之間間隔了一週的空間，其他來見我的孩子們也就出現了，確實，也如他所述，不僅是孩子們。

他不再視我為一位心不甘情不願、不值得信任的奴隸，是他非得掌握與控制不可的對象，而是將我看成一位他可以提出請求的對象，也因此，如果對他而言最重要的東西不是我的話，我也不會感到受傷，重要的東西可能是圖畫，能連結他與他父親的圖畫，在臨別那刻讓他能牢牢握在手中的東西。

在技術上，他毫不留情地帶給我的難題是，我能夠承擔的風險有多大，例如滿地的黑色顏料、沾滿我全身。我認為，最重要的是，我無法預知也必須忍受冒險帶來的痛苦。假若我設下太多的限制，那意味著我一點也不信任他擁有為自己行為負責的潛力；然而若沒有限制，那麼我必須在明知道他有本事在憤世嫉俗的詭計中享受虐待的同時，相信他能珍惜獲得理解與找到意義的片刻。

一些反思

與提姆工作的這段臨床歷程，點出了克萊恩思潮與後克萊恩思潮的核心思想，經驗證，在與受虐、受剝奪的兒童工作時，這些觀念特別受用。描述嬰兒強烈需要母親反應敏捷的照料時，克萊恩（1936）獨到的見解在於，嬰兒的焦慮不僅是因為生命最初全然的依賴而起，也因為迫切地需要宣洩恐懼，亦即因自身排山倒海而來的衝動而引發的恐懼。在她的眼中，寶寶的愛與恨源自於生／死本能，是打從生命之初就無從迴避的，如此，就不能只將母親理解為，為了確保寶寶生存與成長的生理照料的供應者，也應理解為，提供心理上的接納以減輕寶寶對於被遺棄的恐懼。由比昂發展出的心智成長理論，呈現出嬰兒和母親之間，透過投射認同、母親的遐想和理解等機制，進行的前語言溝通歷程，詳盡地闡述了克萊恩對嬰兒呱呱墜地之後與客體的關係的描述。

從提姆的早年經驗來看，不難理解為什麼他會對失去安全感特別敏感。當他的母親應付不來時，頻繁、短暫、不連貫地交付不熟識的人照顧，心事重重的母親、居無定所，加上施虐的伴侶，手足身亡，長期失去母親的照顧，後來準備接受收養時也失去寄養母親，在這些之後，失去第一位治療師又添上一筆失落，使他一再經歷外在威脅。外在缺少了一位可靠的父母人物，意味著他的內在世界滿是他懷疑且不信任的人物。然而，漸趨明朗的是，他與我的關係不穩定，不僅是因為他很容易認定我將是另一位遺棄他的如母親般的人物，也是因為猛烈的不信任與仇恨高漲，讓他感受到威脅，無處可投射他的攻擊。如果我不在的話，他能活下來嗎？「塔維有死過人嗎？」他問，我認為這個問題更深層次碰觸到的是他的焦慮，也就是關於失去內在母親客體與他自己岌岌可危的健康自體。落下的牙齒留下的令人恐懼的黑洞，和他明顯地痛苦的身體的脆弱感，兩者皆傳達出對於生命中的失落、缺乏免受死亡焦慮的保護，有著發自內心非常早期的恐懼。就此主題，比克對早期的嬰兒般原始狀態的描述（1964, 1968），與塔斯汀（Tustin）後來的作品（1981），成為兒童心理治療師與嚴重失常的兒童工作時的必讀經典。

隨著觀察、反思與記憶能力的成長，嬰兒心中深深的不安感能夠獲得減緩。然而，生命早年曾經歷多次更換主要照顧者的兒童，想必在記憶方面、某些特定區域會有所缺失。養育他們長大的父母，不見得會知曉他們早期生活的故事。我認為，在我和提姆的工作中，我展現出有能力憶起療程初期的細節，對他而言是非常重要的，這讓他體驗到我的記憶功能良好，能夠記得並引用相關的事情。在與他工作的後期，他區辨過去、現在和想像出的未來的能力不斷成長，似乎也讓他準備好邁向治療的結束。

當然，第二個關鍵問題是，過去的事情能不能修正呢？除了深切關注心理生活中的這股特殊力量，讓克萊恩找回重心的，不僅有她對人格中的愛與恨的平衡的關注，也有她對修復衝動的探尋。在最初與提姆工作的數個月，他對自己冷酷無情的行為會帶來什麼影響沒有一點擔憂，正是這一點讓我最感不安。這與他的父母感受到的強烈的苦惱相互呼應，他們擔心，提姆慣性撒謊且拒絕承認任何錯誤，是未來心理病態、違常的徵兆。也因此，當修復和創造性行為出現時，其意義是非常重大的（Segal, 1957）。當他願意著手清理他在我的牆壁上胡亂塗寫的色情字眼時，為他開拓了運用藝術媒材來探索內在與外在現實的可能性。

他在藝術方面的開展，也意味著伊底帕斯情結的發展。在初期，強勢的伊底帕斯組態裡，父母的性交描述為連續不斷的、暴力的、醜陋的、倒錯的，這個情況讓孩子備受折磨，讓他感到被排除、無能與羞辱。在最早期的反移情中，孤獨是我明顯感受到的一種經驗，不僅只是提姆經常投射給我的被忽略的嬰兒感到的孤獨，也包括在我的心智之中沒有成人可以求助而感到孤獨。毫無疑問地，這與我的感受重複了他的母親在他生命最初兩年得不到支持的狀況有關，但是我也將之視為一種伊底帕斯連結的破裂，也就是，我——做為母親——在治療期間找不到父親。有時，在療程之後，我發現自己需要找同事談一談，恢復一點現實感，意識到身邊有一些支持。因此，伊底帕斯三角的特徵是，它會頻繁地缺席（O'Shaughnessy, 1989）。當提姆開始作畫，包括用紙張寫下那些難以啟齒的訊息與想法，似乎正以新的方式展現他的心理空間，象徵性表達與伊底帕斯三角的新可能性攜手前行。正如布里頓（1989）所述，在我以觀察者身分看著提姆與父親連結的同時，我的心智能夠自由地運作、重新與我的精神分析直覺和學識上的資源交流。

當患者的生命早期經歷過嚴重的虐待、忽略和失落時，無法避免地，治療師也必須經歷一段長時間的惡劣對待與被忽略的感受，並從中活下來。唯有孩子能感覺到治療師真正理解被視若草芥、面對許多殘酷的事情、相信人生在世總是孤寂是什麼滋味的時候，患者才可能發現，有一顆心智有能力掂量應對他的經驗，而不會丟回去給他。要做到這點，我提過的精神分析式概念是非常重要的資源。同樣不可少的，是一個能理解這類型工作在臨床上需要足夠長的療程、團隊支持的機構，也知曉這類型的工作必然會在一定程度上對物理環境造成破壞、破壞治療師的心理狀態的機構。然而若是不能獲得治療的協助，這些兒童自己、他們的家人和廣大的社會在未來數年內可能必須付出極大的代價。精神分析給予我們理論支持，使得介入與改變都可能實現，這是值得關注的事情，在未來，這樣的工作也應該受到支持與保護。

備註

本文的早期版本發表於二〇〇一年，名為〈被逼到牆角的治療師〉（The Therapist with Her Back against the Wall），《兒童心理治療期刊》（*Journal of Child Psychotherapy*），27（3）:273-284

【第十一章】心痛之所在？
身體、心智和家庭挑戰（2005）

在與一位男孩進行精神分析式心理治療的過程中，他多數時候都感覺自己容易遭到誤解，我發現自己思索著他與父母之間缺少相互理解之苦，以及父母的內在世界的本質、他們與彼此連結的方式之間的關聯。這個家庭的三個人，每人都承受苦楚，但是卻沒有多少空間能夠看見對方的苦痛。

我必須從哈里斯與梅爾策（1976, 1986）發展的家庭模式之典範談起。他們提出，父母任務的核心是涵容與成長發展有關的心理痛楚，而家庭的功能受到一組兩極對立的動態流動狀態影響：

產生愛；傳播恨

促進希望；種下絕望

涵容憂鬱心理位置的痛楚；散發迫害心理位置的焦慮

思考；製造騷亂

顯然，投射與內攝趨勢的平衡是這個典範的一部分。這個理論可以用區辨多種家庭關係，稱之為「伴侶家庭」（couple family），在這個類別下的子群有：「娃娃屋家庭」、「母權」或「父權」家庭、「幫派」家庭、「顛倒的」家庭和「基本假設」家庭。

我的患者的家庭，讓我想起娃娃屋家庭。梅爾策與哈里斯認為，這種結構是父母在成長過程中未能認同青少年群體而形成，因此在對待父母這方面，持續地留在潛伏期的位置上，亦即需要滿足父母的期待、傾向於崇尚順從、缺乏勇氣與獨立判斷，也缺乏想像力。他們可能會在某個程度上迴避接觸大一點的社會，同時對權威人物懷著敬畏之情，儘管也會暗中詆毀。父母要求兒女當個「好」孩子，這個特點助長了道德上的優越感，使得實現並且守住安全感成為勝過一切的願望。因此，兒童發展過程中的疾病、經濟困頓或任何明顯的困難，必然會帶來恐慌。家庭生活中較私密的領域裡，這類家庭與社會的關係所具有的隱匿特性，似乎也會呈現在家庭關係中迴避吐露情感和對性的覺知，因此，身體經驗在家庭生活的地位受到雙重阻礙，同時對性與任何疾病深感焦慮。在關係發展失敗時，傾向以身體化症狀述說心理上的苦痛。

這會造成一種情形，有能力熱切投入的孩子，卻面臨痛苦或無法理解的挫折，這樣的處境底下，錯配與誤解的經驗可能取代相互理解的希望。此種僵局的風險在於，受阻的愛的衝動會轉變為恨與暴力。如果孩子不管客體多麼無動於衷，堅持努力溝通，還是有機會促成聯繫，讓孩子可以在它處安置渴望獲得認可的情感，也能容納與父母般的人物相遇時激起的強烈情感。然而，若是絕望感佔了上風，情況就會惡化，因為溝通的渴望會萎縮，也確實會侵蝕掉對於生命的渴望。當家中發生可怕事件之後，我的患者寫了一張紙條給父母，說他不值得活著，希望與他的泰迪熊和牛仔帽埋在一起。父母帶著這張紙條前來診所，述說他們的絕望，但是似乎無法對孩子提到心愛的泰迪熊與牛仔帽賦予任何意義。我記得，當時我想的是，這個事件以如此令人心酸的方式傳達出不被理解的苦痛。與父母工作的同事也經歷同樣的痛苦與重演，換句話說，當他們探索亞當某些行為的象徵意義，嘗試拓展父母對兒子的理解時，卻常常因為對行為可能具有意義的這種想法而受到嘲弄與輕視。一如我的患者所處的家庭父母的關係，若是擾亂了最初的母－嬰連結，那麼可能會煽動憤怒與潛在的暴力，及至危險程度。

亞當

亞當（Adam），現年九歲。我已接見他十八個月，起初心理治療的頻率為一週一次，後來增加到一週兩次；另外，一對同事以一週一次為基礎接見他的父母。這是一個相當不尋常的安排，診所的評估是，唯有非常規律的投入和治療伴侶的韌性，才有機會改變這個家庭槁木死灰般的狀態。亞當出生時，養父母在海外收養了他。由於他們不易分享私人訊息，我們無從得知母親為何無法懷孕，但是他們的家庭背景樣貌愈來愈清晰。母親的母親在她幼年時離世，經由亞當與我的溝通，並非透過父親，我們得知，因上一代遭遇大屠殺，這份失落在父親家族留下濃重的陰霾。他們雖然是虔誠的猶太人，但不隸屬猶太正統（東正）派。

我初次與父母會談時，收到提醒要有心理準備這將是一場艱難的相會。他們已與當地各種單位接觸並接受協助，卻極度蔑視這些服務，目前，他們和他們口中的「專家」取得聯繫，也就是塔維斯托克診所的收養專科團隊。最初接觸這個家庭的會診精神科醫師與資深社工深感不安，他們覺得亞當處在嚴重的風險之中，因為他憤怒時會攻擊母親，然後跑到馬路上。他們發現，父母無法聆聽亞當，也無法聆聽自己與臨床專家的聲音。他們帶著記下所有亞當糟糕行為細節的筆記本，全副武裝地來到診所，希望重述這些行為，並在臨床專家說話時，提筆記下所有專家說的話——那些他們期望也迫切需要的專家建議與指導。臨床團隊討論後決議，一定要由一位有經驗的兒童心理治療師對亞當進行評估，因為評估的過程可能會激起父親的駁斥意見，為了應對這可能的威脅，我以相對堅定的態度表達我要提供他們個別評估，之後再提供父母更進一步的諮詢，以討論我的建議。一開始，我打算將這位男孩轉介予一位受訓中的兒童心理治療師，進行高頻治療，但最終，我覺得中斷治療是不可行的，所以我必須親自見他，儘管這意味著因我時間有限必須降低治療頻率。

與亞當工作總讓人覺得隨時可能面對關係崩潰，從來沒有一次的療程讓我覺得可以放鬆戒備。我難以放鬆，既是因為他非常樂於欺瞞、哄騙我，讓我誤以為我們在誠懇地交流，事實上他正就某件事情欺騙我，也因為當我與他起衝突時他的衝動與暴力行為。他熱愛嘲弄我，譬如威脅要讓診療室淹水、打破窗戶、摔碎家具、讓我或他受傷。在他相當狂野的遊戲中，他會重現戰爭場景、恐怖主義行動與災難的場景，經常演出未危及生命的失足，失足對他而言似乎是嚴重的傷害，可能甚至斷肢（他以嗚咽呻吟來暗示）。想到他能夠讓我恐懼、失去希望或者開始恨他，讓他無比興奮。與此同時，如果我錯過了他對我和治療產生正向依附的證據時（他時常透過讓我充滿焦慮與憂慮邀請這麼我做），我會察覺到我們在移情關係裡重複他未被護持與不受歡迎的經驗。對於這個想法，我已經有所警覺，也就是進展的時刻會特別出現在療程氣氛明顯接近邊緣時。如果能夠倖存下來，承認並涵容、不渲染，那麼往往會發生一些事情，這些事情以更直接的方式呈現關連，也帶有轉化的特質，並讓我體會轉變之美。就這一點，我將提出兩個例子。

涵容的重要性

第一個例子發生在某次療程之後，那次療程亞當對我大發雷霆，因為我堅持他畫的圖必須放在我這裡，從他帶來的書上，他仿繪了戰鬥機和導彈（典型的對戰爭強烈痴迷）。我談了我和他在這個房間一起完成的事情的價值，而這些東西屬於我和他雙方。下一週他前來時，看起來非常猙獰。他氣憤地清空玩具箱，將玩具灑得到處都是，但是隨後在一團混亂之中抽出某個特定的東西，同時假裝他成功地就紙張供應問題騙過我，從而得到更多紙張。我確定，他試圖讓我陷入一種負面且多疑的心理狀態。他拿著一張新紙坐下並說想要一把鋒利的刀，以刻出一些形狀。這本來可能會令他崩潰，但在我稍稍提點提供給他的媒材後，他意識到可以使用剪刀與一隻先前因憤怒而折斷的尺的鋒利邊緣。他剪出三個圖形，有點像三角形 ，在做這些時（不尋常地）請求我協助他。他把這些圖形放到第二張紙上，讓它們彼此接觸，然後做出飾邊，並用膠水黏好，接著，他小心地以明亮的色彩、拼色的形態，替圖形上色。通常，他只用黑色，所以彩色往往是珍貴的指標，意味著溫暖出現了。他做了一個裝飾性的邊框，稱之為「相框」。

我和他談，在他的作品裡，三個圖形交會可能就像三個人在一起組成一個家庭？必須等待，並且觀望是否互相契合，心情該有多麼複雜，一如他曾想要我等待並觀望他的作品最終是什麼模樣。這是否也像我們兩人在這裡工作，思索如何將亞當心中的不同事物結合起來，又該如何將所有的尖銳與憤怒的感受與多一些耐心與友善的感受結合起來？或許今天的他，覺得這個想法相當重要。該次療程最後，亞當將他的作品交給我，請我好好保管。顯然，他希望別和混亂的玩具箱放在一起，玩具箱裡多數畫作在他心中滿是憤怒時都有被摧毀的風險。

我相信，這次的療程讓我們看見亞當心中浮現了創造的衝動，也將他偏執、破壞的那面分裂出，投射到我身上，藉此保護創造力。稍後，他覺察到我能涵容具破壞性的猜疑，因此能夠接觸幫得上忙的我，於是作為分析式伴侶的我們，工作有了動人的經驗。他美麗且有趣的作品述說著這段歷程。

一些反思

在第二個例子中，他投射的暴力成分幾乎將我擊垮，迫使我不得不在他眼前重拾我破碎的心智。這發生在上回療程的艱難結尾之後，上回的結尾，他試圖「殺死」我的植物，偷偷地用熱水澆灌它們，再假裝那是冷水，他正照顧它們。在我介入時，他得意洋洋地扯斷我的百葉窗的拉繩。親眼目睹他享受破壞，無疑令我痛苦不堪。到了下次療程一開始，他告訴我《愛麗絲夢遊仙境》裡的三月兔說：「我遲到……」也搞混了復活節與聖誕節。由於這次療程之後會因法定假期暫停一次，於是我說，取消一次療程讓他感覺時間變得混亂，或許也很難記得下週三一如往常地我們可以再見面。我將能夠記得事情的大男孩亞當與釐不清楚、覺得每件事情都混在一起的非常小的亞當小男孩區分開來。他從箱子拿出一大團黏土，開始和我玩拋接遊戲，彷彿那是一顆球。

接著，黏土球突然變成武器，猛力向我投擲，企圖傷害我，也猛地投向窗戶，意在砸碎窗戶。他舉起椅子砸向我，在一番不怎麼光彩的爭戰過後，我向他說，他不能傷害我或嚴重地破壞房間，如果他繼續這麼做的話，我就必須停止今天的治療，給他一點時間去等候室冷靜下來（直到這一刻，我仍未如此做過）。他抄起一把椅子丟向我，於是我說，現在我必須帶他回等候室待五分鐘。他竭盡全力抵抗，幾乎要哭了，顯然陷入嚴重的恐慌之中。認知到因為他傷害到我而讓我憤怒，我說：「讓我們試試看，換一個方法來解決問題。」我回到我的椅子上，他則躲到離我較遠的角落。我描述剛剛發生的事情，跟他說錯過一次療程讓他非常生氣，他很需要讓我理解這一點。

他開始利用所有可用的家具建造一座「安全屋」，毯子和坐墊是關鍵要素，讓我意識到他需要一些柔軟的、能接納的、保護性的東西，以擺脫他在我身上引發的一些行為。他請我協助他搭建房子的屋頂（用躺椅的床墊）。他在安全屋休憩時，透過縫隙窺看外界，每隔幾分鐘就問我能不能看到他，我談起，他覺得我不理解當他見不到我時會有多受傷和憤怒——在他的心裡，我變成那個一走了之、忘卻一切的羅斯汀太太。他覺得他必須傷害我，才能讓我明白他有多痛。「我沒有讓你傷得很重。」他說。我同意，同時告訴他，在他惱火的時候，對我們來說能夠了解究竟出了什麼問題，真的很重要。他拿來一支筆，在牆上偷偷寫下「亞當（愛心形狀）梅根」，並且吹噓這些字跡是擦不掉的，但是又在我問起時告訴我他寫了什麼。我說，他想讓我知道，他是一位有能力愛人的男孩，他想讓我知道這一點，是因為有時他會非常恨我，這讓他害怕，有時他能讓我恨他，這也讓他害怕。下週一不來這裡讓他害怕，他會想念我，也擔心他會失去他心裡的那個我。我補充，他想在我的牆上留下他的名字、強迫我記得他，在這個假期、在我的心裡，牢牢守住他的位置。在那次療程後段，就在我感覺他冷靜下來時，他自發地到水槽取了些水，非常小心地拭去字跡。末了，我們一同物歸原位，房間回復原樣。

反思這次療程，我才看懂其核心特徵是羞辱的投射，這一點在我最初退避到實行行為制裁時，沒能好好涵容。在黏土球變成武器的那個瞬間，讓樂於信任他的我挨了一記悶棍，亦即利用我的愚昧與天真。我予以反擊，但也很快明白，如果我實現我的威脅的話，在他的母親面前，他將會感到多麼丟臉。回想起來，我在心中看見那個嬰兒正在剛分娩的母親和即將接手的母親之間，驅除了溫柔相遇的可能性，取而代之的是殘酷、困惑、傷害與羞辱。在反移情的經驗裡，我成為一位面目全非、扭曲且醜陋的我——無法理解，只會用成人的權力維護我的目的，全然與內在的父性特質失聯，而父性特質本可以協助我覺察我的成人思考功能，並且了解患者的渺小脆弱感。直到我回到座位上，我才從心中找回一種精神分析態度，開始釐出一些頭緒。這些受患者的投射影響、被淹沒的糟糕時刻，充滿羞恥感。當然，找回理性，意味著我能夠以較友善的態度看待我自己，收拾我造成的混亂，又或者說，用不受迫害的方式，我認為這呼應著亞當後來快速、仔細、毫無怨言地除去他寫在牆上的字跡。這一切，一方面強調出禮儀（合乎道德的行為）與一致、溫和與美麗，另一方面強調冷酷（否認所有的關心）、混亂、無動於衷與醜陋等這兩種形象之間的連結。事實上，值得注意的是，亞當是一位能夠在上一秒看起來相當友善（開放且熱切），又在下一秒當惡意佔上風時表現得非常可怕且令人心寒的孩子。

令我訝異的是，先前提到的娃娃屋家庭理論幫助我說明了，在與亞當的工作中我費力對抗的難題。我注意到，在我描述的療程中，我心中的分析式伴侶已然崩潰，我們輕易地看到，潛伏期式地退避到規則之中、缺乏想像力、對肢體傷害過度警覺，以及就我的位置預設道德合法性。此外，我也對於羞恥的作用感興趣，羞恥感似乎成為強勢情緒，取代了罪惡感和關懷——此為從強勢的自戀位置移動到客體關係位置的訊號。

近期的一系列療程，更進一步地點明羞恥和失望的核心地位（Emanuel, 1984; Cregeen, 2009）。另外一次，起因是父母為了讓亞當參加學校的運動會決定取消一次療程，而預計錯過一次療程成為導火線。亞當花了很長的時間，虐待折磨一個他向來愛不釋手的貓頭鷹玩偶。他扮演貓頭鷹的角色（「貓頭鷹先生」），以幼兒的聲音乞憐，同時扮演施虐者。他將貓頭鷹先生重複壓進水底，猛烈地將它扔到房間各個角落。我對他說，想到亞當來不了的週三這個時間，貓頭鷹先生和其他的孩子會到這間房間來見我，讓折磨人的亞當受不了，他嫉妒地想要忘卻自己的不安，假裝自己是一個沒有任何感覺的人，除了殘酷與殺戮帶來的興奮。他努力忘掉他多麼喜歡貓頭鷹先生，以及不能來這裡有多難受。這些詮釋語句並沒有幫到他，反而讓他在水槽邊變得更狂野，以致於我必須介入，以免水淹成災。這場破壞更進一步升級到他重複地踢我。我說，我必須把他的鞋子放到診療室之外，直到療程結束，因為我不允許他這樣傷害我，而且我也看出他無法讓自己停下來。他很生氣，卻允許我這麼做，不過不久之後，他把一個堅硬玩具直直地丟到我臉上，讓我嚴重受傷、大受驚嚇，花了一些時間才找回一些思考能力。亞當嚷著他一點也不在乎週三，我是個愚蠢又醜陋的賤貨、治療像屎一樣、我覺得他很糟糕。在我看來，這一切之中尤為重要的是，他所攻擊的對象，是一位他認為對他懷有敵意且拒絕他的治療師，而我們正處理的是最初的受拒這份難以承受的經驗。亞當嬰兒般原始的自體覺得，他被視為一位糟糕的男孩，而不是值得被照顧的男孩，一種毀滅性的羞辱經驗。

事實上，我面臨的利刃是我的恨、恐慌、懼怕，是這些讓我無法思考與關心。有些片刻，亞當成功地投射出大量的困惑、仇恨、受迫害與絕望，將我淹沒。我認為幾乎要吞噬我們的危險是，在移情之中再度重演羞恥感與罪惡感：一位無法照顧寶寶的母親和一位覺得自己僅剩醜陋且令人失望的寶寶。因此，我們的治療面臨著死亡的風險。收養父母無法懷上孩子的羞恥感，和亞當對此的覺察，並殘忍地利用這一點，是正在上演的情結中更深入的一面。事實上，亞當的父母已經盡其所能地愛他、照顧他，我也非常努力地幫助他，然而在亞當強勢的內在結構跟前，這份事實卻面臨被抹煞的風險。

涵容需要於內在重新建構我與有幫助的父性特質的關係，重新找到陰莖為連結，逃離自大全能陽具的迫害主張（Birksted-Breen, 1996）。為了做到這點，需要諮詢一位督導，也需要大量思考如何為我和亞當創造安全的設置，也就是透過介紹一些新的規則，透過努力保護他免於令人難受的挑釁。我決定依照臨床管理辦法正式報告我的傷況，以此協助我足夠認真地看待已發生的事情，並且不忽視已經脫韁的凶殘衝動。

家庭文化

行筆至此，我就家庭文化對亞當的問題產生的影響，發表一些意見。在與兒童工作時，我們可能有機會接觸、認識父母自身的難題，我們所處的是不尋常位置，能夠透過移情／反移情關係來認識兒童內在的父母人物，加上一些對於現實中父母的內在世界的認識，綜合兩者思考。意識到家庭的能力或許無法支持兒童的發展潛力，可能是特別痛苦的。如我先前提到的，這讓有毒的誤解這種危險的動力，可能活躍在不斷發展的家庭關係之中。在與兒童進行分析式工作時，這是無法迴避的隱患，工作者必須小心地問自己，哪怕改變不了父母，兒童理解自己的能力是否足以保護他免於重演破壞性行為。

在這個家庭中，當亞當有一些進展、親／子間敵意緩和的階段就會出現一種反覆的疾病模式，成為父母的關注焦點。雙方家庭都有虛弱的祖父母，因此住院與探視不斷佔據父母一方或雙方的心理空間。他們神色黯淡、焦慮如山，讓亞當和他們互動的努力變得愈來愈絕望，對於母親而言，這往往導致亞當的肢體攻擊，而她無法保護自己，也激起更多對他的摧毀能力的憂慮。前來接受療程時，他會激烈地講述他讓自己受的傷，以極為誇大的方式聲稱他的痛苦與傷害。每當情緒溝通不順暢時，痛苦就成為身體上的現實。他對於能不能被愛極為焦慮，並表現在對母親的憎恨行為上，讓他們兩人都陷入絕望。這段關係已經被簡化為肢體表達，受傷的身體取代了受傷的情感，成為焦點。

這裡的重點在於，臨床上要將注意力放到聆聽失去的象徵、語言溝通和思考等心理功能上，這些潛藏在我們眼前的傷痕累累的身體底下的心理功能。可以說是「身體會說話」，如果我們懂得傾聽，一旦接受到這些訊息時，就能夠為我們的患者找回身體與情緒經驗的連結，於是，意義終得以浮現。

在與兒童和家庭工作時，此種理解身體化現象的方式，也包括澄清誰的痛楚才是問題的核心。在我的案例之中，儘管方式不同，父母和亞當雙方都很痛苦，然而，我們往往看到，一個家庭之中僅有一位成員呈現外顯的不適，實則是為了另一個人承受這份痛楚。因此，非常重要的是，不要將症狀加總後視為貼上標籤即可治療的疾病，而是要思考處在複雜的內在與外在的親密關係中，人與人之間的平衡受到嚴重擾亂。如果想要達成長期的改變，臨床介入必須同時在內在和外在等兩個層面進行。

值得一問的是，家庭的許多困難明顯地打從一開始就已經存在，為何在這個時間點轉介亞當前來接受治療？其中一項因素可能是他爆發式的成長，他更快速地由一位小男孩長成相當高的男孩，而且熱愛體育，這也是他最重視的能力。當負面情緒不再淹沒他時，他是相當英俊的，讓父母開心，有時也確實如此，例如他在學校演出的耀眼成就，而我卻認為這同時是一種威脅。他長得不像父母，與亞當的原生家庭維持有限的聯繫，讓亞當和父母雙方都過於關注原生家庭的影響。他精力充沛地投入高強度訓練，經常佔據許多療程時段；當他感到肌肉力量充滿，更是刺激了他的自大全能感。縱然如此，如我所述，在事情不順利時，這種全能感可能會以令人吃驚的方式崩潰。他的母親並不脆弱，但是在他發怒時顯然很怕他。或許有人說，意識到青春期將近，為她自覺是有能力的母親帶來挑戰，因為這對夫妻以潛伏期模式行使父母之責的原因是未能擁抱青春期的性。當然，對於父母在處理性相關事務上的弱點，亞當相當清楚，而且顯然是以羞辱人的髒話嘲諷母親（和我）的專家。兒童的原生家庭，是收養父母與受收養兒童心中延續一生的任務，在生命的每個發展階段都需要重新修通。當然，先前我提及的哈里斯／梅爾策的家庭分類，非常有益地勾勒出家庭生活自帶的發展挑戰，因此在理解兒童／青少年服務需要接受協助的父母時，特別好用。

第四部
與父母工作

與父母進行精神分析式工作，即修通家庭生活的潛意識面向，能夠帶來更多理解，發展更和諧的家庭關係。

【第十二章】與父母對話（1998）

本章概述一種以跨專業團隊實踐家長工作的模式。長期以來這種模式一直是國民保健署內兒童、青少年與家庭心理健康服務的根基。近年來，不少這樣的團隊構成發生了變化，有時是翻天覆地的，因此仍提供與父母工作的深入服務已非常少見，往往由具心理教育性質的團體介入取代。然而，我還是想說，受過精神分析式訓練的治療師，在支持因孩子的問題備受困擾的父母時，能提供多麼豐富的內容。這些工作形式仍然非常有意義，也能在各種提供兒童心理治療的場所看到，同時是許多私人執業場所的工作方式。

或許我們可以從歷史背景開始。早期，兒童心理治療師能夠仰賴與經驗豐富的社工密切地合作（Harris, 1968）。戰後，兒童輔導診所很幸運，因為有真誠的跨專業精神，特別是社工致力於以精神分析為基礎來理解人類發展和家庭關係。在溫尼考特的許多作品中，都能看見他對跨專業團隊的理解如何深深地影響他在醫院的工作，也是在這樣的團隊之中，他的創造潛能得以發展，建立了良好的實務標準。這是非常特有的照護文化。

在我受訓期間和剛完成訓練的頭幾年，我接手的兒童案例經常獲得這種支持，可能是受轉介兒童的母親或者是夫妻一同接受長期工作，焦點可能放在伴侶關係上。在尋找一個能回應父母的焦慮的方式時，精神科社工有辦法在心中切切實實地記得孩子真正的模樣（Shuttleworth, 1982）。社工們傾向於以近似個案工作

（我的意思是，傾向支持父母的功能）和心理治療的方式工作。他們會適當地運用移情，作為證實情緒衝突的來源，但是鮮少明確地運用移情。然而，這些日子以來，社會工作的訓練與專業架構發生了巨大的變化，也侵蝕此種執業方式。到了一九七〇年代末，人們對於內在世界如何造成關係難題的興趣漸弱，家庭治療站上舞台中心，成為社會工作者更感興趣的治療工具，兒童治療師則必須重新思考如何與父母工作。

這種處境使我們之中不少人認為，前方的道路是，我們需要互相支持對方的臨床案例工作。我們時常注意到，如果沒有為父母提供長期的工作，那麼兒童的治療就會面臨中斷、不規律出席等風險。誰能比我們的同事更能提供必要的幫助呢？然而，這樣的發展在技術方面引發了重要的問題。我們接受非常謹慎的訓練，在精神分析的模式底下觀察移情與反移情現象、詮釋潛意識素材，並以洞見為最主要的工作目標，然而與父母工作時，這樣的方式不盡然都是合適的或者為父母所接受，因此，我們必須學習換個方式，運用我們的觀察能力，觀察客體關係中潛藏的模式。我們也發覺，在我們眼前的可能是不穩定的婚姻、邊緣性人格障礙、成人精神病崩潰的風險與倒錯的家庭結構等等，雖然這一切都能在兒童與青少年工作的訓練基礎上系統地處理，但仍將我們帶入了新的領域。無論是訓練或是深入思考臨床問題，我認為我們還沒有完全解決這個問題帶來的後果。在塔維斯托克的訓練中，與父母工作專題研討是必修學分，但是這項工作確實非常困難。或許，沒有要求接受個別督導，使得工作者不夠關注這項工作與其重要性？這項工作是否能達到一定的水準呢？或許這方面的焦慮，也是促成兒童心理治療師繼續接受成人心理治療或分析訓練的原因之一吧！在追求專業能力更上一層樓的道路上，每個人往往有很好的理由，但是有時尋求更多訓練的壓力來自於我們在訓練中沒有解決這個問題，亦即在兒童心理治療師的執業中如何培養與成人工作的必要能力。

與父母工作的模式

在回顧與父母工作的範疇時，四種主要的類別在我心中逐漸成形。在光譜的一端，有種案例是能獲得父母的支持，以保護與維持兒童的治療為首要目標。第二種群體，是父母為自己的親職功能尋求支持。與家有寶寶或幼兒的父母進行短期工作，正是此類別之內專項發展而來（Daws, 1989; Miller, 1992），這個類別包括那些覺得無法理解孩子的行為與人際關係的父母、想更進一步理解孩子的問題的父母，以及拚命適應非常艱難的生活條件的父母，例如家庭疾病、經濟壓力、失能、傷慟等。這類型的父母可能認為自己正與專業人員並肩合作，也可能覺得自己需要協助，但是焦點總是清楚地放在他們為人父母的角色上。第三種類型有著明確的工作目標，是要改變家庭功能，並且作為整體療程的一部分，獲得父母首肯。適當的工作方式可能包括婚姻治療、焦點放在家庭內關係的個人工作或家族治療等等。光譜的另一端是父母其中一方，甚或是雙方接受個別心理治療，這意味著父母是為了自己，而把自己交託給治療師成為患者，哪怕一開始是出於對孩子的擔憂才與治療師會談。無論是孩子的治療師或是家長的治療師，兩邊都著眼於家庭內部的改變，而無論是搭配兒童的治療或是獨立工作，精神分析式心理治療都能發揮作用。我全然了解這樣的分類是粗略的，擺在我們面前的臨床案例往往在這種或那種工作類型之間游移，不過我仍相信，在茫茫大海中做些細分還是有些用處。有時，從光譜的一端移動至另一端時，我們不僅要掌握界線，也要明確地向患者說明。這有點像從評估轉到長期治療的過渡階段，若是能在行進的工作中明確表達眼下的目標已經有別於彼此最初同意的終點，這麼做或許是合適的；標示出這項轉變，既能讓我們在改變技術時確實獲得許可，也讓我們不困惑自身的責任範疇。接下來提出的案例將就這幾點更進一步討論。

請允許我優先談談支持兒童治療。近期一個案例在我心中仍栩栩如生。一位即將開始一週三次治療的八歲男孩，信奉基督福音教派的父母已分居，雙方與兩位孩子都保持密切的關係。先前，這位男孩參加過一年的兒童團體治療，同時母親參與搭配的家長團體，提起這個團體時言語中帶著溫情。接著，她為自己申請個別協助，並獲得一週一次的療程。然而，仍需另外顧及父親的需求。夫妻關係鬧得很僵，有各種法院的傳票與強制令，但也真的很努力分擔照顧孩子。A 先生有躁鬱發作的傾向，曾經嘗試激烈自殺，現在由一位精神科醫師照顧，也安排諮商，作為精神科照顧的一部分。面對他時，若是他和太太對兒子的重要性不分伯仲，他會非常不悅。當我的學員接手這位男孩的治療時，傳來一份厚厚的檔案，包括不少他給執行長的傳真，裡頭是對診所工作人員的抱怨。我們該提供什麼給這位父親呢？眼見不少麻煩即將接踵而來，我決定最好採取明確的方式。我以個案顧問（這是塔維斯托克給予臨床個案主管的稱謂）的身分與 A 先生進行了初始會談。這次會談中，我們談定我會協同他的兒子的治療師（一位年輕男士，這是他的首位密集個案）每個學期與他見一次面，審視心理治療的進程。若是在預定的會議之前，A 先生有任何疑慮，都歡迎與我聯繫。儘管在初次會面中，他以令人擔憂的語氣威脅，宣稱如果他被排除在兒子的治療決定之外，或者出現任何虐待之情，他將毫不猶豫地諮詢律師或向有關當局投訴。整體而言，A 先生是支持男孩前來接受治療的，也分擔了帶男孩前來療程的責任。

我的感覺是必須考量不少因素，首先，這位父親需要感覺自己受到重視、負有父母之責，不因精神疾病而遭忽視；其次，他需要診所清楚說明誰負責什麼，特別是因為先前這個案例的管理狀況相對混淆；此外，涵容 A 先生的責任必須落在一位資深工作人員的肩上，這位工作人員需要有足夠的信心因應潛在的霸凌，也能在家庭與臨床團隊成員心中保有權威。作為心理治療師，我們往往避免採取權威立場，不過我認為，在某些狀況下，基於知識與樂於承擔責任上，維護專業權威是合適的。對不穩定的父母來說，這可能是最好的涵容。

尋求協助的父母

接下來，我們把焦點放到「與坦率地尋求協助的父母工作」，我想談兩個截然不同的案例，都關係到自閉症兒童的父母。探討這類型的父母時，不得不提到的一點是其特殊需求，因為他們既受到孩子參與的服務網路之複雜度影響，也受到處在這種家庭之中特有的孤獨感影響（Klauber, 1998）。世人很難理解他們的孩子，他們也很難融入社交生活。蘇・里德（Sue Reid）和楚迪・克勞伯（Trudy Klauber）曾嘗試一種很有用的方式，為這些父母組建一個團體，約莫一學期一次於傍晚另外聚會，討論家長共同擔憂的議題。在因應家庭與社區的議題上，家長們感到彼此之間的支持。這是一個在以個案為基礎的常規工作外額外安排的團體。

為了執行支持父母的工作，兩種模式可供思量，其一是兒童的治療師同時與父母工作；此種安排可視為每學期的審視會議的延伸，也是在父母非常不願意見其他人時最合適的選擇。當然，在資源有限的狀況下，這可能是唯一可行的選項。當受轉介前來的孩子具有精神病性特徵或自閉症特質時，父母想要密切地與孩子的治療師保持聯繫是很合理的。治療師往往是最能夠幫助父母理解孩子行為裡難解特質的人，若是能夠理解這些怪異的儀式與暴怒，對父母而言，更能知道如何回應（Tischler, 1979）。

荷莉

我與一位具精神病特徵的女孩荷莉（Holly）一起工作長達九年，從她十三歲到二十二歲的心理治療療程，我發現，起初我抗拒接受的，亦即與她的父母工作，事實上是富有成效的，儘管一開始，我希望他們能接受我的提議，也就是為他們尋找一位能規律和他們會談的同事。他們漸漸相信可以將症狀嚴重的女兒託付給我，當他們發現我能理解她的行為與溝通方式，也能認真看待女兒的疾病對家中其他成員是多大的負擔時，他們開始放下一些防衛。特別是母親告訴我們一段插曲，也就是先前大量接觸專業人士讓她覺得荷莉的自閉症應歸咎於她。事實上，最初幾年，她得知需要接受精神醫療的是她，問題是她的焦慮，而非孩子。她深信我能理解荷莉承受的痛苦，也明白要靠近荷莉承擔責任有多麼不容易，這是她愈來愈信任我的原因。

在整段治療過程中，我一學期見這對父母一次到兩次。偶爾，應父母要求，這些會談也包括另一位負責荷莉某部分生活的專家，例如荷莉十八歲時，當地官方社工就荷莉的住宿安置事宜，前來參與我們的會談，後來荷莉入住社區時，該機構主責的修女也來參與會談，時不時有一位非常理解身心障礙青年、也有能力看到他們良善那面的女士前來。在這些情況下，父母視我為荷莉的翻譯，肩負確保其他專業人士清楚地認識荷莉的任務。他們也很珍惜我願意面對且守住現實，因為在違背荷莉利益的事務上，他們經常感受到不得不同意的壓力，特別是否認她的痛苦與疾病的程度、假裝她有個美好未來。

與父母本身的工作中，有四個重要的領域有所成果，一個領域則讓我挫敗。最後這個領域是，我努力創造一個空間替荷莉的妹妹著想，她的妹妹令我擔憂，但在這一點上我從未成功。我們著手處理的第一個問題是，探索在荷莉無情地分裂父母之時可以做些什麼。很一致地，她拒絕母親，更確切地說是拒絕所有女性事物，同時理想化她的父親，一位美術教師。她花了很多時間，用最初讓父親認為出色的創造力讓他著迷，包括製作她很精熟的模型，這些模型是她製作的成打妄想式陰莖（燈塔、風車等等），讓她覺得能夠繼續全然地否認自身的女性氣質。母親痛苦地意識到，荷莉對自己的憎恨與不信任，某種程度上是在回應生命早年母親對她的仇恨。面對自閉症的孩子，母親的排斥感災難性地與原生家庭中精神疾病史留給她的恐懼感相結合，積累了一堆憎恨，而她知道她已經涵容不了。然而，荷莉基於報復而拒絕認可母親慈愛與奉獻的那面，需要父親改變態度：他必須在荷莉扭曲事實時挺身而出，並且挑戰身為較受喜愛的一方的自戀歡愉。在荷莉的整體照護上，我的參與再度喚醒了對母性角色的尊重，讓母親重新感受到自己對荷莉的重要性，父親也將一些佔到的便宜歸還予母親，與母親分享沉重的任務，也就是有時必須面質荷莉。角色顛倒的代價是，母親溫柔的能力和父親堅定的能力都受到了影響。

改變防衛性強迫儀式

第二個著手處理的焦點在於，如何改變荷莉的防衛性強迫儀式。這些年來他們愈來愈信任我，終於能夠向我尋求協助，幫助他們鼓起勇氣堅持立場，對抗荷莉令人窒息、不得改變的僵固性強求。最後，他們反抗了這位暴君：必須搭同一輛巴士、每週在安排好的日子吃同樣的餐點、回答同一個問題千百次。與我、和彼此對話，讓他們得以看見荷莉的信念並非事實，亦即不如她意時世界將會崩塌。她的脾氣是如此火爆，令他們難以承受，以致於他們把自己關進與荷莉共享的潛意識幻想中，像照顧雞蛋一樣小心翼翼地對待她，彷彿荷莉的身分認同是隨時面臨粉碎風險的蛋殼。與賦能他們的父母身分、擺脫荷莉僵化控制的這段歷程有關的是，他們努力維護自己的立場、對抗外婆堅持以有害的方式理想化荷莉，忽略了荷莉有能力踐踏自己與他人的生命。在我身上，母親找到盟友，支持她抗衡自己母親的貶抑與滿滿嫉羨的投射，對抗她女兒的絕望、無意義與無窮盡罪疚感的投射。針對荷莉乖癖的關注進行討論，有時能讓他們在這些看似怪異難解、不可（思）考的事情中找出意義來，他們變得更能夠分辨什麼是有價值、有意義、值得一聽且仔細思考的，什麼僅僅只是在攻擊、需要父母設定限制。家庭生活變成焦慮又順從地繞著荷莉的問題打轉，因此值得一問，例如當荷莉再度千百次要求再保證，確保她不用在家庭旅遊時和妹妹共享一個房間或床時，把這個問題當做合理的問題來回答是否具有建設性？或者這樣表達不滿是否合理？已經小心地向她解釋過，她卻還聲稱不知情時，拒絕被牽著鼻子走合不合理呢？

邁向分離

第三個重要的領域是，協助他們踏出邁向分離的步伐。早年，荷莉曾有過非常糟糕的離家經驗。四歲時，她曾被安置在一家離家很遠的精神病醫院，近乎一年的時間僅有週末才和家人待在一起。母親深刻地理解，對荷莉而言這是嚴重的創傷。事實上，到了後期，母親拒絕接荷莉回家，因為一週一次的分離是那麼痛苦且難以承受。此次過早堅持分離，使母親心生罪疚，難以思考任何讓荷莉離開家的安排。在討論就學安排時，這個議題初次浮現。我第一次見荷莉時，她正準備到當地一所為學習障礙兒童而設的學校就學。這非常不適合，因為她整日響亮的精神病性喋喋不休，勢必會逼瘋老師，況且在運動場她會遭受其他兒童毫不客氣的虐待，因為其他孩子害怕荷莉的瘋狂，以剝削和侮辱她來應對。轉學意味著必須長途跋涉，因此需要安排寄宿、週末返家。對此，荷莉和母親都有一種災難步步進逼的感覺：母親覺得第二次分離將使荷莉永遠不原諒她；荷莉相信她將再次被關進刑房。然而，透過一步一步緩緩向前，雙方都得以擺脫不受時間影響的信念，進而讓現實照入內在世界、改變得以發生。後來，荷莉十九歲時需要更進一步接受教育與發展時，父母可接受範圍的唯一選擇，是讓荷莉住到一個六十公里外的社區。該社區期待住民能在社區內愉快地度過週末，因此她們必須重新溝通這一點。經歷這些變化，我維護荷莉的治療持續進行的能力，似乎讓母親相信未來還是有希望的。

運用彈性技巧

最後一個我想評論的領域是在荷莉的治療最後兩年才成形，我認為這來自於我們開始一同思考治療的結束。母親開始運用療程，首次與她的丈夫分享恐怖家族史中的一些故事。一直以來他都曉得，母親有一位由機構收容的罹患思覺失調的姊姊，事實上，對外婆而言，除非每個人都進入荷莉的瘋狂世界來保護她，不然這位姊姊就是荷莉未來的模樣，每個人都通過進入她瘋狂的世界來保護她。父親從來不知道的是，母親的繼父（生父在她很小的時候就過世了）患有偏執型思覺失調，難以預期且暴力的發作嚇壞了他的太太和她的兩位女兒。因此，母親的童年就在精神病姊姊和精神病父親的陰影之下度過。得知這點後，這位女性的勇敢令我深為動容——她在過去與現在，為了接觸正常、不瘋狂的世界必須付出多少。她在我們的工作中找到一些東西，能夠在這個跟了她一輩子的難題上幫上她的忙，也讓她更加信任她的丈夫的愛與堅定。

在此加上兩則技巧上的短註應該是有益的。我注意到，與這對夫妻會談需要七十五分鐘，因為要在五十分鐘內充分關注與荷莉有關的議題與他們自身性格的發展，是不可能的任務。即便如此，結束療程往往非常困難，雖然父親後來能夠幫助我留意時間的流逝，母親也漸漸認識療程的結構、收拾好自己的情緒準備離去。療程中，情緒往往會將她淹沒，而於離開時努力恢復平靜，保持體面。第二則技巧是，在兩次與父母工作之間，母親能夠自由地打電話給我。她很小心地使用，不太常致電，但是通話後很難控制談話時間。她致電予我，僅在她非常擔心步步進逼的外在變化，以及變化對荷莉的影響時，又或者是她知道荷莉出現某種很重要的變化卻無法理解，非告訴我不可。令人感動的是，在荷莉最後一次療程後一週，她打電話告訴我荷莉很傷心，她們已經談過了，荷莉告訴她：「我想在那間房間裡，這樣我就能和羅斯汀太太說說話。」母親既擔心沒有我的日子荷莉會應付不來，又因荷莉清楚明白地向她尋求支持而感動。

為親職功能尋求支持

現在，我要繼續述說此類與父母支持性工作的第二種模式。感謝茱蒂絲．盧斯（Judith Loose）提供這份臨床素材。

B 先生和 B 太太有位年幼的自閉症女孩貝絲（Beth），他們在女兒的療程期間同時接受一週一次的父母工作。很長一段時間，母親滔滔不絕且重複地談反芻式焦慮，致使父親眼神呆滯並退縮、不再參與，讓與他們工作的人感到挫敗。

B 太太幾個月大時失去了母親，與繼母的關係很差，也痛恨同父異母患有嚴重精神疾病的妹妹。在服過戰役之後，深受創傷的 B 先生來到英格蘭。

治療師發現自己無法想像這對夫妻要如何生育孩子，他們似乎與彼此毫無連結。在治療進行一年後，某次療程的前期，母親辛辣地觀察到治療師去年沒有休期中假期，但是這學期卻要休假，因而點燃了具有生命力的片刻。父親談起自己的父親在患重病時遭誤診，因此他相信最好離會犯錯又不謙虛的醫生遠一點。母親批評學校，在某次意外後沒能提供貝絲乾淨的褲子，只讓她包上尿布就送回家。「如果他們有備用的尿布，為什麼沒有備用的褲子呢？」他們也提到某次愉快的家庭出遊，談到貝絲發展出區辨食物的新能力。該次療程後續，治療師問起母親對於全家共餐的記憶。

母親傷心地說，學校的午餐是她的主餐。午餐之後（因為爸爸很晚回家）如果不是在保母那喝點茶，就是爸爸再婚後，和繼母與那時只是嬰兒的妹妹一起用餐。她冷淡地說出最後這句話。治療師問起點心，她餓的時候呢？這麼一問似乎讓她很感激，她說了一個穿著制服就不准吃甜點的令人發笑的故事。B 先生看來興趣盎然，彷彿未曾聽過。母親承認，時代不同了，他們的大女兒愛麗絲想要的時候隨時可以買包洋芋片。

當問到 B 先生對童年餐點的記憶時，他帶著微笑說，飯菜分量都很多，特別是早餐，家人都聚在一起，爺爺奶奶也常來。那一刻，他似乎很開心，繼續說起高中和大學時代在農場打工賺零用錢的往事。那時都和農戶一同用餐。在城裡工作不好找，如果他的名聲夠好的話，總能找到「除葉」的工作。治療師詢問他能否解釋「除葉」。

他似乎活了過來，以一種近乎熱情的方式描述玉米成排配種、授粉的歷程。他談起，在望不盡的成排玉米間，用一種節奏上下走動，一一拉開玉米外層的葉子。這也是第一次，在椅子上的 B 太太確實轉過身面對 B 先生。治療師覺得她不再需要緊緊守住每個細節，因為他已經有能力抓住太太的注意力。帶著令人訝異的溫情，她看著他。

臨床素材

我認為這份素材非常美妙地呈現出發生在這對父母之間，一段在治療師的引領下踏出的歷程。丈夫與妻子對各自的生活愈來愈感興趣——他們認為過去與現在，對方沒能參與的時光豐富了他們的關係。母親心中早期的剝奪與匱乏不再那麼沉重。這次療程似乎讓他們感到快樂。

為了與淹沒先前療程中那些未經思索的言語流動抗衡，治療師所採用的技術包含了三種元素，皆根植於細緻的觀察：其一，她很快就接住負向移情。她證明，她有能力處理這個問題，緩和了 B 太太關於被照顧的嬰兒般原始的絕望，亦即源自於早年失去母親，感覺自己對母親而言太難承受。在 B 先生和 B 太太讓貝絲練習如廁的遲來努力中，可以看見他們內攝性認同了一位有能力的成人。其二，故事重複出現時，她打斷 B 太太，是為了留住 B 先生的關注，同時傳達出她可以涵容 B 太太，也重視 B 先生對療程的積極參與。其三，對父母任一方的想法與感受，她皆表現出積極的關注與好奇。這傳達出一種訊息：他們各自的生命故事都是重要的，當每個人都能被聽見時，就能夠展開豐富的對話。當治療師允許自己更積極地好奇時，她才能夠發覺貝絲還睡在父母的房間。針對這點討論後，B 太太述說有一回家庭週末出遊，她在度假旅館的大人床旁加了一張床，但是她注意到貝絲想看看愛麗絲的床旁邊的單人床，母親明白了這一點。這種探詢的態度需要治療師小心謹慎，方能成就清晰的理解——在她不理解時，能夠堅持下去。這種探詢態度能夠抵消家有自閉成員的家庭中，清晰且有益的溝通經驗逐漸萎縮、誤解叢生的傾向。B先生含蓄地將這次的經驗和先前比較：治療師L女士知道自己在做什麼，之前的醫師是如此令人不滿。

我認為，身為兒童心理治療師，我們非常適合做上述這一類型的工作（Barrows, 1995）。我們與患者內在嬰兒般原始的部分同頻的能力，讓我們得以觸及成人與親職功能中需要處理的障礙。此案例是一種工作類型的例子，說明我們自身為人父母的能力被喚醒了，可以承擔保護脆弱的責任、挑戰自我毀滅的行為，讓我們對孩子生活的日常細節感興趣。這類工作或許能讓那些曾被剝奪的成人，第一次體驗到父母關愛下關心體貼且考慮周全的舉措。

促進家庭功能改變

現在，我要將討論帶到另一群案例，這類型的案例，家庭內的改變是成員一致同意且明確的目標。這可能導向婚姻治療或家庭治療這一類的工作，但是我想提出對兒童心理治療師有吸引力的一種適切的工作方式，也就是與父母個別的心理治療，並特別著重於釐清發生在家庭成員之間的投射。某個程度上，這可以看成近似以精神分析為基礎的家庭治療（Copley, 1987）。這類型的工作會運用治療關係中的移情，但重心更堅定且集中於探索家庭內部的移情，以提昇情感的涵容功能為目標；使父母自由地發揮父母模式，也能減輕孩子承受的跨世代難題。

D 小姐

這個臨床實例是 D 小姐。D 小姐是一位單親媽媽，在約翰六歲大時收養了他，並在約翰十四歲時開始和我工作。一位曾參與最初收養安置計畫的兒童精神科醫師不定期地和我一同接見這對母子。進入青春期早期時，約翰變得非常憤怒、煩亂，在學校表現不佳，和違法的幫派生活與毒品文化走得愈來愈近，在家也很失控，非常粗魯地對待母親，大量地偷她的東西。

在某次三人一同的療程裡，約翰情緒爆炸地砸碎一幅畫後，我的精神科醫師同事請求我接見母親，她則繼續與約翰工作。最初九個月是一段非常動盪的時期。約翰到青少年病房住了一段時間，多數時間母親都很絕望與恐懼。漸漸地，她能夠重申威信，在必要時取得當地警方的支持，也愈來愈明白，如果約翰繼續偷她的東西、暴力對待她，她就不能讓約翰住在家裡。最終，他被安置在一間配有「專門人員」（key-worker）支持系統的絕佳收容所中。

我將呈現一些近期的素材，這些素材相當具有代表性地展現了一週一次工作所觸及的各式議題。D 小姐並非泛泛之輩，身具多重天賦的她，是一位聰明且想像力豐富的女性，然而她運用這些天賦時卻遇上重重阻礙。要理解這點，她的經歷非常重要。她的父母是在一九三八年逃出柏林的德國猶太難民，有許多親人死於大屠殺。她有一位兄弟，年約三十初時離世。她和一些男士有過非常親密的關係，也有許多朋友，但尚未步入婚姻。

在因為危機而開始工作數個月後，我意識到她需要心理治療，為了她自己。我和她討論這一點，清楚表示這將會和迄今為止的體驗非常不同。我補充，或許她更希望我能轉介她到別的單位，因為她可能覺得兒童與家庭部門是一個讓她和約翰共用的地方。然而，如果她想要的話，在這個新的基礎上，我能夠繼續和她工作，畢竟我們已經一起理解了許多事情，這或許是個讓我們立足的根基。我們都同意結束目前一週一次的會談，給她兩個月的時間，讓她可以考慮清楚。如果她決定接受的話，我的時段將會從下學期開始為她保留。

她接受了我的提議，然而在一場國外旅行時墜入愛河，因此取消了該學期頭兩次療程，也讓我一窺接下來會發生的事情。

這時，約翰十八歲了。去年十二月，D 小姐發生了一場意外，腿部嚴重骨折。因為動彈不得，她未能出席聖誕節前的最後一次療程和一月的多數療程。接著，她拄著兩根拐杖回來。我們兩人心裡都清楚，這場意外和我們開始思考治療結束有關，她摔倒是因為在樓梯的最後一階踏空，這似乎描繪出她的焦慮，也就是面對結束對她而言是一段危險的時光，讓她無法感覺到安全的保護。

多層次工作

在我想談論的那次療程一開始，她注意到我診療室的水槽，上頭刻著約翰的名字（水槽製造商的商標）。她微笑著說，他可能不會喜歡。她繼續述說前來診療室的路途和她在走廊上掙扎時的想法，也就是她再也不想當一名患者，不要在塔維斯托克或惠廷頓（Whittington，一間當地的醫院）。她覺得她永遠不會再來一樓大廳，她受不了必須依賴電梯、依賴前台告知我她到了、依賴那位沒有幫她拉住門的女士，或者依賴我這位決定她什麼時候可以來的人。她補充道，她覺得自己拿不定主意。

我將這一點連結到我們今天打算討論治療結束事宜，而這讓她急切地想逃開，卻又感到搖搖欲墜且渴望依賴。她接著談起約翰，他目前正在服六週的刑期。這個星期她很擔心約翰，知道他在電話裡少講了些事情。最後，他告訴她，他打了一架，遭到單獨監禁一週。令人動容地，她描述了當時的情況——他一直在閱讀（「媽，你絕對不信。」他這麼告訴她），卻遭到一群年輕人嘲弄，最終引發群架。他說很糟糕，不過他撐過來了。他和監管人員深談，監管人員告訴他，他不是那種該待在監獄的年輕人，約翰提到他正在協商，希望將未繳的罰款轉為監獄服刑的一部分，這麼一來，出獄後他就可以重新開始。「約翰考慮得如此周到，正在努力地解決這個問題。」她說，想到自己為了保持平衡必須付出巨大的努力時咧嘴而笑。

> 我主動提出要幫他付罰款，也說我不想讓他在監獄裡待更久，但是他回信告訴我他想自己處理，會處理好的。不過，某個程度上，他認為我就是關鍵所在。

我談起她的困惑，亦即她希望能留在我心中，像約翰的名字那樣刻在我的水槽上，但又害怕我不讓她走，可能會監禁她。當她覺得我是一位需要抓住她的母親時，她難以相信也能在我身上找到像父親的一面，或許可以幫助她做好離開的準備。我詳細地說明這個想法——她在我心中是個活生生的獨立個體，即將結束在這裡的治療，繼續過她的生活，一如我會繼續過我的生活。

她繼續說起那位失去父親的侄子，她經常提供他忠告，也在約翰、侄子與移情等討論中探討尋找父親的聲音此一主題，接著她談起在大學那幾年，父親扮演著支持她的角色。「不過，後來他幫不了我。」她若有所思。令她驚訝的是，她發現自己憶起剛來倫敦生活和工作時，在一間德國難民時常光顧的咖啡館與父親見面。他帶一本書給她，內容是維克多・佐爾扎（Victor Zorza）描述女兒死於癌症。令人動容地，她提起父母完全無法談論兒子的疾病與死亡，她的父親向她述說閱讀這本書後感到寬慰，也邀請她讀一讀，但卻從來無法和母親談論這件事。

在那之後，她將這個未能分享、完成的哀悼歷程與近期一位姨媽的喪禮連結起來，也連結到侄子希望探訪他父親的墳墓、更換墓碑、納入自己的名字。

我描述，她渴望將我身上父親那面和母親那面集結在一起，強壯的父親讓她覺得能夠與我分享這些悲劇，一如咖啡廳裡難民的故事，挑戰她認為自己總是必須保護我、不能談她想結束治療與離開我的想法。我將這些與聖誕假期前的意外連結，並且讓她看到，她認為按照這種信念生活對她而言太危險了。我將她的願望化為語言，述說她希望能在我身上找到母親和父親能與彼此溝通的感覺。

她談起，在姨媽過世後，她首次和母親說起所有死於集中營的家族成員，以此話題為該次療程畫下句點。她發現，母親確實知道他們的名字、死於何處、葬在何方。一位最近前去奧斯威辛集中營（Auschwitz）的朋友，找到了他們的名字，並為他們頌讀神聖的祈禱（Kaddish）。

她說，「我回來這裡，是為了找到不同的方式離開。」我也同意確實如此。一月，她缺席的日子裡，我總覺得該幫助她回到診療室，這麼一來才能促成結案，而這將是艱鉅的任務。

這是一份非常濃縮的素材，但是我認為它明確說明了我所說的多層次工作，也就是在與父母工作時我們有時可以這麼做。儘管約翰不斷地遭遇難題，但他們兩人還是重新建立了真實的關係。當他聽到她的意外時，立刻趕到醫院；而他在最近一封來自獄中的信裡說，他意識到她不僅是一位好母親，也是他的好朋友。在這個巨大的轉變中，她的角色一直與個人的難題拉扯，包括建立獨立的身分認同、放棄強勢的躁狂式防衛系統，以及將那些（在她的夢中徘徊）未能哀悼的亡者與她收養的孩子分開來，因為某個程度上，他象徵著那些沒能夠逃出來、需要被拯救的、被遺棄的猶太人。無可避免地，她的家庭故事中的細節透露出罪惡感的可怕代價。這份工作提供了一個空間，讓她和她的兒子開始以新的方式認識彼此。

轉介

有時，我們會將經歷重大困難的父或母，轉介給兒童與家庭精神醫療部門之外的成人心理治療師或分析師。這麼做的劣勢之一在於，這樣一來可能較少關注當下家庭之中正發生的破壞性投射歷程。在塔維斯托克，我們發現，轉介一位父或母至成人部門接受心理治療，有時會造成痛苦的分裂——究竟該優先考慮患者自身嬰兒般原始的需求？還是以脆弱的兒童與青少年所需的保護為主？當成人心理治療服務接見一位成年患者時，對於患者內在的困難如何影響親職功能的關注，便不再是首要目標。具有與兒童工作經驗的治療師在兒童與家庭部門內提供的心理治療，往往特別適合那些因嬰兒般原始焦慮與幻想而對成人關係能力造成的阻礙，也會著重在描繪與區分人格中成人的一面與嬰兒般原始的一面（Harris, 1968）。這個方式取決於是否能在治療中穩定地搜羅嬰兒般原始的移情，藉以改善親職功能。

倫理議題

最後，我希望針對與父母工作時面對的倫理議題，分享一些我的反思，兩方面值得關注：其一是，父母拒絕認真看待孩子的福祉；其二是，父母的治療可能對他們維持自身成人功能的能力造成危害。在面對明顯的兒童虐待案例時，我們往往能決定該如何處理，即使社會服務資源有限、不適切的法律造成麻煩的阻礙。然而，情緒虐待才是更棘手的案例，舉一個典型的例子：我正和當地社區知名的公眾人物夫妻合作，治療他們收養的兒子羅伯特（Robert）。羅伯特在校表現不佳、在家偷東西，但他堅決否認竊盜行為。治療中，很快就出現防衛性的僵局。與這對夫妻的工作中，我得知身為基層司法官的父親威脅母親不許談論家庭關係中的問題，而他的制裁是缺席我們的會談，之後不再支持孩子的治療。某次，他們帶了羅伯特（他在藝術方面表現優良）做的小模型過來，一個令人極度不安的惡魔人偶，顯然與父親的外貌有關。父親表現出對兒子的技術自豪，沒有意識到模型和他有關，並且繼續用這個模型證明他的兒子會變壞。魔鬼的意象在他看來，是孩子由異常的親生父母那兒遺傳來的「壞血統」的確切證據。他的態度冷漠拒絕、漠視男孩的未來，相當驚人。在羅伯特那令人挫敗的治療結束一段時間後，母親找到合適的時間點回來見我，更加絕望，這個家庭建立在謊言之上——父親與一位法院女同仁有著秘密戀情，在她面質他時否認一切。事實上，他和羅伯特一樣，徹頭徹尾是個騙子。

此案例能工作的空間非常有限：母親太害怕失去既有的社會地位和相對應的經濟保障，不敢強迫丈夫處理問題；同時，此種虛偽的處境帶給孩子嚴重的傷害。對羅伯特愈演愈烈的違規行為，父親懷有偏激的絕望態度，也透過羅伯特危險的生活方式間接地感受樂趣。我試著協助母親認真看待，維持此種不誠實的結構所付出的代價，她終於從自我毀滅的共謀行為中掙脫出來。

C 太太

當我們面對父或母具有精神崩潰的風險時，會帶來另一種倫理議題，近來一個案例很清楚說明了這點。我非常感謝碧蒂・由耶爾（Biddy Youell）提供了這份素材。C 太太是一位經驗豐富的寄養媽媽，診所一週接見她一次，以支持她照顧兩位受到嚴重虐待的兒童，並維持帶他們來治療的承諾，孩子分別是八歲和六歲。

我想描述的危機，發生在 C 太太決定收養孩子們之後。她帶他們去紐西蘭過聖誕假期、拜訪她的母親和弟弟，回來後說她再也受不了孩子們的問題行為，希望送走他們。社福部門嚇壞了，因為 C 太太在他們眼中堅強如高塔，向來妥善應對一切。他們提供了額外的支持，但也告知 C 太太，如果她應付不來，那麼必須將孩子們安置到機構、由機構監護。這麼一來又讓她非常愧疚。社福部門一陣慌亂，因為這兩位孩子在先前的寄養家庭中都曾遭受性與身體虐待，因而鬧上法庭訴訟，數名社工因怠職受到懲處。

C 太太的治療師發現令自己糾結的，是非常痛苦且相互矛盾的問題。孩子的治療師和社工都希望說服 C 太太留下他們，但是在治療師眼前的C太太的則是一位情緒極度崩潰的女性，掩藏在拒絕與責備孩子們的表象之下。度假期間，他們的行為退化，她的親戚厭惡他們，很快地，C太太承認，她知道自己生病了。她顫抖、弓著身子暗自落淚，談起她不能吃家庭醫師開給她的抗鬱劑，因為她害怕這些藥丸會奪走她僅存的掌控力。她害怕掉回守寡那時的心理狀態，也述說她的惡夢，那個有成千上百條蟲和開車進入黑洞的夢。

治療師意識到，C太太這一生都在應付問題。透過成為一位能力超級好的照顧者，她為自己童年遭受的剝奪找到解方。然而這份身分認同已然崩塌，此刻的她顯然無法照顧孩子們。該如何恰當地繼續關注她的心理健康，成為令人苦惱的難題。她需要受到一些保護，遠離那無法容忍她精神崩潰的兒童照顧的職業要求。此外，每週支持C太太的工作，可能會幫助她更能接受潛藏的脆弱情緒狀態，也會削弱她非常死板的防衛，這點令治療師感到焦慮。

因此，此案例為我們的判斷帶來爭議，亦即防衛何時需要受到支持，例如接受C太太最初的堅持，也就是一個月一次的會談比較適合她，是不是更明智的選擇呢？在與受過嚴重剝奪或是具有邊緣性特質的父母工作時，有時讓投入程度降降溫才是明智的。在與成人工作時，我們打造的支持系統是讓我們恰當地獲得專業權威感的關鍵要素之一。

結論

想接受兒童心理治療師訓練並以此為業的人，往往會深深地認同孩子們的觀點，這個角度也讓我們更容易接觸到成年患者人格中的兒童面向。在有機會運用嬰兒般原始的移情進行心理治療工作時，我們豐富的經驗得以借鑑。這一點，必須結合我們對成人的生活與成人心理治療中的其他議題之認識。兒童／青少年精神分析工作的深入培訓，給予我們非常堅實的基礎進行這項工作。家庭生活中的激烈衝突，促使父母向我們尋求協助，而父母與孩子之間的紛擾所帶來的痛楚，往往能提供良好的開端，面對這些根本上的問題。有時，我們擁有特別的機遇來提供協助，也需要有信心這麼做。

【第十三章】與父母工作（1999／2021）

自從我針對這個主題發表的文章，以及一九九九年出版《兒童與青少年心理治療手冊》（*Handbook of Child and Adolescent Psychotherapy*）第一版以來，關於兒童心理治療師與父母工作範疇的思考脈絡有了巨大的變化。在國民保健署兒童／青少年心理健康服務，以及其他接受國家財政補助提供家庭支持的機構內進行的工作更是如此。公共政策之多項變革與服務型態變化帶來的全面性影響，至今仍在持續調整，但令人驚訝的是，公眾與政府始終持續高度關注育兒相關議題，例如期待兒童／青少年心理健康服務的官員應發展「育兒策略」和相應的服務計畫。假若我們將目光投向平面媒體和電視節目上關於育兒的專欄文章與節目的數量，就會看到持續不斷的焦慮、責備父母的顯著傾向，以及強調支持與教育父母履行責任義務之必要性。兒童心理治療師面臨的挑戰是，如何在育兒話題的激烈交鋒下找到工作的空間，我們的貢獻有哪些是只有我們能做的呢？有哪些機會能對人們的想法帶來廣泛性的影響？在當前的形勢下，哪些新型態的服務具有發展潛力？傳統的兒童心理治療取向，與父母工作的實證基礎如何？更重要的是，臨床實務的發展重點是什麼？以及，精神分析理解架構能帶我們探索哪些問題？

介紹

值得留意的是，兒童心理治療師之中很高比例會接受更進一步的訓練，可能是家庭治療、伴侶治療或者成人個別心理治療。造成這種傾向的緣由之一，或許是對於父母工作的關注，以及深信父母工作之重要性。在一開始的基礎訓練中，對這類經驗的要求相對較少，但仍然很重要。然而，在臨床工作的脈絡底下，要從其他專業背景的同事中找到一位能夠長期為父母提供服務的人，仍不斷遇到挑戰。就某方面而言，這樣的現象部分原因是，兒童／青少年心理健康服務團隊在臨床情境中潛意識因素與移情現象浮現時，關注潛意識與運用移情的工作經驗不足所致。政府部門重視的、首選的服務架構是短期介入，因此想擴大支持父母的規模是窒礙難行的。然而，〈運用精神分析和認知治療改善情緒〉（Improving Mood with Psychoanalytic and Cognitive Therapies, IMPACT）這份研究分析報告確實為我們提供了一個以跨越專業取向之新型態，共同思考父母工作的機會（Cregeen et al., 2017）。儘管短期介入的目標值得讚許，也就是確保專業資源能夠惠及更多的人並減少候診名單，但是卻對兒童心理治療之供給與效益帶來了負面的影響。實證基礎（Kennedy, 2003; Trowell et al., 2007）清楚說明，（在兒童治療的同時）與父母平行工作的重要性，正如我們一直以來所堅信的一樣。這意味著，假若兒童心理治療要實現其目的，必須由嫻熟的專業人員執行。在某些機構中，家庭治療師、社工、心理師和其他同僚能夠提供這類服務，但愈來愈多的現象說明無法仰賴這些支援，因此現在兒童心理治療師更頻繁地需要擔起與父母工作的責任。這麼合作的成果有效且愉悅，但卻為這份專業帶來兩個顯著的問題，其一是與父母工作的信心與能力之議題，其二是不同形式的臨床工作間的平衡議題，包括兒童和青少年工作、父母工作、家庭工作、短期和長期工作。如果父母工作的需求不斷增長，就會對兒童心理治療師的主要身分認同與訓練產生影響。

背景脈絡

不可諱言，二十一世紀的父母活在一個和五十年前截然不同的世界，當今的兒童心理治療也和以前非常不同。多數母親在孩子童年的大部分時間都在工作、單親家長數量大幅增加、離婚和家庭破碎的情況更為常見。除了直系親屬的變化，情況也大為不同，因為地域流動性，使得家族的支持愈來愈少；教育系統的競爭與壓力就擺在眼前；電視、網路、社交媒體的視覺與消費主義文化影響巨大。我們的城市裡文化與族裔多元的社區、對兒童在公共空間是否安全的擔憂、生理提早進入青春期和生殖模式的改變，包括人工協助生殖的各種選項，也是重要的因素。社會與科技變革的速度令人驚嘆，然而眾所皆知的是，因應變化是人類心理上的弱點，因此，這個階段見到人們試圖釐清當前的狀況，也就不足為奇。確實，在科技改變的速度和人類適應新環境帶來的生活型態之間，可能存在某種程度上的不協調。對於父母該做些什麼感到不確定的程度，以及現下十分普遍的想法，亦即父母需要被教導如何為人父母在在說明了，這麼多改變帶來的動盪影響著傳統身分認同和社會上對父母該是什麼模樣的見解，也說明我們的社會偏好以技術角度來處理「人」的問題這份事實。人們認為，困惑或失敗的父母需要認知心理技術來補足缺失，「超級保母」這種方式會成為潮流，對育兒課程充滿巨大熱情正是這個現象的一部分。

要理解父母們困擾什麼，這份背景非常重要，對於專家，他們期待、希冀或者恐懼什麼呢？思考負責此項服務的官員該找尋什麼？健康、社福、教育服務與志願機構之間的合作關係該是什麼模樣才能好好運作？這些面向同等重要。儘管，撰寫本書的重心放在臨床實務上，然而在我看來，若是我們的臨床工作要能回應不斷改變的社會對患者的內在世界所產生的影響，那麼就不可忽略整個大背景，我們需要和同事、研究人員、社會大眾保持良好的持續對話，討論如何協助那些和另一半、和孩子相處有困難的父母。

「育兒策略」是在許多的政策文件中常見的用語，例如關於兒童心理健康的國家服務架構之施行報告（Shribman, 2007）。對「每個孩子都重要」（Every Child Matters）之議程的解釋為，所有的機構皆應制定此種策略，其中一項特別的觀點是，重視父母患有精神疾病的兒童的需求——這是值得鼓勵的。雖然隨著政府更迭，此種協調連貫的構想失去了影響力，然而近來對青年的心理健康之高度關注，可能會創造出新的機會。即便如此，主要的論調仍是為父母提供資訊與教育，例如為具有寄養或親屬關係的照顧者提供「家長管理方案」和訓練。為父母提供的諮詢熱線似乎相當熱門，而社交媒體上的家長自助活動也很受歡迎。整體而言，重點往往放在提供資訊，即使如此電話諮商師的傾聽技巧與家長之間的經驗分享，提供了更具情感深度的內容。

合作關係，是另一個非常廣受支持的概念，在臨床脈絡下也是微妙的構想。某個程度上，我們可以確定，除非臨床工作者和父母能建立合作關係，否則再有益的工作也無立足之地，因此必須有一定的信任，對於問題是什麼、能做到什麼等等達到一些共識。過去所說的同意與治療同盟，是描述這段歷程的另一種方式。不過，按照目前的用語，合作關係可能有著截然不同的意思。父母能夠從清單上選取可選項目的想法，使得交流完全落入消費主義和狹隘的認知層次，並且將與家庭談論面臨的困境，亦即建立的合作關係的意義棄於一旁。就某種意義而言，一旦將合作關係理解成避免依賴治療師並且擁護平等，那麼潛意識就不再重要，儘管事實是有一方需要某些東西、而另一方能夠幫忙找到這些東西。「合作關係」之論述涉及權利議題，患者的充分知情權與選擇權有時卻被解讀成，用這種方式削弱他們獲得理解、照顧及依據專業觀點獲得適當服務的權利。有趣的是，此種困惑與兒童權利的思量相當近似兒童有權擁有任何他們想要的東西，這個想法可能會過度左右父母的決策，讓父母失去身為成年人的權威感、責任感，無法評判兒童的選擇對他而言是好還是不好。

受阻的父母功能

在許多的育兒論述之中，似乎都沒有提到焦慮這個概念，然而少了這個概念，就無法恰當地述說父母的經驗。這很奇怪，因為父母是如此頻繁地感受到各式各樣的焦慮，有時再尋常不過、有時則招架不住。無論我們腦海中想到的父母，是家中有痛苦或生病的寶寶、叛逆的幼兒、受欺凌的學童、憂鬱或行為失常甚或厭食的青少年，每位父母都在憂慮、恐慌與絕望中苦苦掙扎。從為人父母絕對避免不了的日常焦慮到極端的焦慮，是一道連續的光譜，這份焦慮引起了兒童心理治療師對家庭的關注。正是因為焦慮的程度超過了父母能容忍的程度，他們才會尋求外界協助，然而，記得父母擔心孩子是正常且必要的，這點非常有用。如果我們用依附一詞來解釋，可能會說正常的安全依附當然是兒童跟某個有能力為孩子焦急的人產生關係。比昂認為母親的遐想對思考能力的發展至關重要，深刻述說了最初的依賴之於一個人的發展而言有多麼重要。那是一顆心，一顆能夠注意到孩子的焦慮的心，這是一切的起點，而陷入困境的父母往往是在這項功能上遇到了困難。

支持兒童心理治療師的父母工作方式的核心、精神分析概念，也有不少在這一點上提出有益的綱領。有一些以不同的理路架構工作的治療師，也會一同使用這些概念，儘管在考量心智生活的潛意識面向時的見解或許各異。

嬰兒般原始的心智狀態和成熟的心智狀態之間的差異，是我們以發展的角度來思考的基礎。排山倒海而來的嬰兒般原始的情感與潛意識幻想，會侵蝕需運用成熟能力的父母的功能，這是非常常見的。找到一個能幫助父母覺察到自己正被侵蝕的方式，從而能夠保護自己，或許是我們最珍視的目標。第二種面向是，我們的性格與父母功能中母性面向與父性面向的特性。廣義而言，這說明了父母功能的兩種必要類型：接受、養育與更著重關係的母性模式，以及設定限制、更注重外在世界、孩子的野心、好奇心與潛在成就的父性模式。這種發展最豐碩的成效是在個人之內，或在父母雙方的合作找到平衡。第三組重要的觀念是，伊底帕斯情結和其後果。父母的性關係是他們關係的其中一面，而這一點對孩子而言往往難以接受，專業人員關注這一點時往往不容易，特別是他們的焦點主要是放在親子關係上時。父母之間的合作元素有時是家庭困難的金鑰，特別是在夫妻關係已經破裂、已分開的配偶必須找到方式繼續履行父母之責時，會更容易認識到這一點。當父或母有新的伴侶時，往往會帶來令人痛苦的問題——在性方面感到受拒、嫉妒。重組家庭的新增成員，例如繼父或母、前一段婚姻的孩子、再婚後的新手足等，都會使原本的問題更加複雜。最後，對於需要協助以因應孩子問題的父母而言，感到羞愧是一個重要的臨床問題——他們感到挫敗、無能、害怕被那些看起來更成功的成年人蔑視與羞辱，成為父母工作中的重大障礙。與此相關的是潛意識中的嫉羨，嫉羨會侵蝕關係，從而激發出需求感。

這裡需提及臨床工作中保密的複雜性，因為這可能會非常棘手地影響我們與以患者身分前來的父母的關係。若是一開始就涉及法律或法定機構，那麼必須將兒童保護議題、家庭暴力、家事法庭訴訟等法律脈絡納入考量。然而，當家庭是由他處轉介而來，期待全然保密時，一旦問題爆發或者依法需揭露時，將對雙方造成極大的張力與焦慮。此外，期待機構間的合作、常態性的分享大量資訊，會使專業人員在決策時面臨更大的困難，也會對公認的慣例帶來棘手的挑戰。

以下，是我為兒童心理治療師與父母工作之概述手冊第一版所撰寫的部分內容，以及一些反思評述。這些並非親職服務的藍圖，更像是敘述一些兒童心理治療師有能力執行的父母工作類型。

父母諮詢

傳統上，兒童心理治療師在與父母接觸時的角色限定於，不定期安排與父母的會面、回顧兒童的治療進展，目的在於維持治療師與父母的合作關係，讓治療師明白孩子在家庭、學校和社會中的發展狀況，也給家長機會了解治療的情況、檢驗治療師幫助孩子的能力是否值得他們信任。這類型的會談在最好的狀況下，能夠提供一個整合不同觀點、豐富父母與治療師雙方的見解的機會，但是也可能因為父母與治療師雙方的目標出現分歧而變得棘手。儘管如此，這類的回顧仍是重要的、良好的執業方式之一。

以下兩個例子說明這些觀點。

雅各

雅各（Jacob），十歲男孩，由離異的父母轉介而來，他的父母雖然仍生對方的氣，但是能夠彼此合作、支持雅各的治療。學校注意到他的極端好鬥與破壞行為，非常可能導致他被排斥，也讓他在家的關係艱難且令人挫敗。僵化的防衛讓他很難獲得協助，治療師也發現在雅各猛烈的蔑視攻擊之下，要保有希望是非常困難的。父母親個別與治療師進行期末回顧會談，因為他們都覺得無法在對方在場時繼續以父母的角度表達關切。當選擇就讀哪所中學的議題浮現時，父母之間爆發了衝突，可能會破壞雅各在學校已大有改善的行為（此刻，在他與治療師的關係中，他的問題已逐步整理歸納，並在某個程度上獲得控制）。回顧型會談可以支持父母人格中較成熟的面向，因而促使他們思考雅各在校的需求，而非捲入另一場以雅各為代價的爭鬥。治療師對雅各的觀察，包括他很容易因改變而不安、需要小心地準備與解釋、對中學生活感到恐慌卻又隱藏得很好等等，可幫助父母克制自己，以不是那麼粗暴的方式解決兩人之間的分歧。

要將此類工作放到服務發展的脈絡下，我們希望讓大眾關注的是，在父母離異的家庭中，父親持續參與有多麼重要。在這個特殊家庭中，雅各難以處理自己好鬥的心，也難以分辨正常的主張、霸凌，以及大膽或非法地挑戰成人權威之間的區別，這意味著他需要父親的關注，尤其是在青春期這幾年可能會非常強烈。

值得注意的是，關於父親、人格中的男性 / 女性元素、父母功能的母性 / 父性面向的精神分析理論，多年來不斷發展（Trowell & Etchegoyen, 2002; Britton, 1998; Houzel, 2001; Morgan, 2019），對於父母作為伴侶的關注，是當前伴侶心理治療的一個重要領域，這或許會讓兒童心理治療師更有信心地與矛盾相向的父母伴侶工作，事實上，愈來愈多的兒童治療師正接受伴侶治療師的訓練（Cregeen, 2017）。

伊莉莎白

伊莉莎白（Elizabeth），受收養的女孩，九歲，有過非常悲慘且混亂的早年生活，正接受密集心理治療。為了檢驗現實，頻繁提供回顧型會談是相當重要的。伊莉莎白經常以非常具說服力的方式，向治療師說明一些外來的事件，以致於打亂她的約診，讓治療師很不確定到底會發生什麼事。同樣的，她的父母也會在與學校和治療有關的故事聽到令人不安的內容，而他們無從評估這些內容的真偽。探究結果表明，伊莉莎白沒有說一丁半點謊，而是傳達出她難以區辨現實與幻想，也難以相信大人能夠合作並且堅守對她好的安排。生命的前五年，她幾乎沒有接觸過穩定照顧她的成人，而當她的信念「沒有人真的關心她」得到印證時，她不斷再造令自己失望的機會。就伊莉莎白的問題行為進行探究，能夠幫助伊莉莎白的父母不被捲入拒絕行為中，例如父親埋怨伊莉莎白總是對著他的耳朵尖叫，然而當我們指出伊莉莎白是在強迫父親替她體驗強烈的痛苦與驚嚇時，這對於父母思考該症狀是有幫助的。這或許能類比為哭泣的嬰兒的常見行為，只是在寶寶得不到回應時，尖叫聲會以令人難受的方式留在寶寶的小腦袋中。看見九歲女孩心中的寶寶，能夠幫助伊莉莎白的父母找到與她相處的方式。

與受收養或寄養的兒童工作已成為兒童心理治療實務工作愈來愈重要的一部分，這一點已受到廣泛認可。該如何回應這些兒童的父母面臨的問題？這個疑問催生了許多創新的作法（Cregeen, 2017）。除了前述的回顧型會談外，伊莉莎白的父母規律地以父母伴侶的身分與兒童治療師的同事會談。然而，養育孩子的問題非常複雜，這些孩子的生命往往以令人受創的方式開始、基本的信任能力嚴重受損，因此需要新形式的協助，包括相似處境的父母團體，這些團體通常可以在持續支持的基礎上提供一些資訊與行為策略；緊急情況下的電話會談服務（特別是生活經常受到緊急安置擾動的寄養家庭照顧者）；在考慮為有困擾的兒童提供個別治療之前，謹慎地長期與養父母工作或者進行家庭治療。養父母很容易覺得自己的能力被低估，或是感到自己因孩子從早年生活帶來的問題而受到指責，因此，有必要對這些焦慮保持警覺，此外介入的時機也是個微妙的問題。

個別工作

過去，支持父母的工作常常由精神科社工師提供，現在多由兒童心理治療師自己進行。父母工作可能和（由另一位治療師執行的）孩子的治療同時進行，也可以是單獨介入，因為旨在改變父母的工作被認為是最有益的工作。這項工作需要採取多種方式，範圍包括：支持嚴重失常且心理狀態可能對孩子造成傷害的父母、支持受剝奪且脆弱的父母（例如喪親、被伴侶遺棄的母親、難民家庭等），以及試圖探索父母功能如何受父母潛意識看待事務的方式影響的工作（Bailey, 2006）。一方面維持傾聽與接受的平衡、另一方面給予洞見的介入，這將取決於哪種方式最能幫助前來求助的父母。某些脆弱的父母或許難以接受帶有反思性質的評論，迫切地需要一段關係讓他們能夠表達困惑、憂鬱、絕望與自我懷疑，並且感到自己可以以原來模樣被接受。另一些父母性格中抱持更多的希望，他們會把握機會深入思考自己對孩子問題的影響，深思自己的家族史，以此作為理解家庭當前困境的一部分。

與父母工作時，治療師會提供一個因應情緒困擾的模式，其中有一些核心要素：首先是留心於建立與維持可靠的環境，這樣的環境能讓人放心地談論相當不安的事情。一如兒童治療，父母的療程有規律的時間與空間，有助於涵容療程中喚起的嬰兒般原始的元素。第二項要素是與父母一同創造共享的語言，用來述說痛苦的情感狀態。將這些令人傷心欲絕之痛化為言語，本身就是一種幫助，因為獲得理解而感到慰藉，因此不再獨自承受痛苦。許多孤單或情感匱乏的父母，透過被理解的經驗，以及習得對他們而言可能很陌生的思考情感的方式，找到了理解他們的孩子的資源。其三是，珍視界線與差異：父母與兒童之間的差異，人格裡成熟那面與嬰兒般原始那面之間的差異，能夠在有結構的治療環境中釐清，例如情感匱乏的父母可能發現，要區辨自己和孩子的需求與貪婪是非常困難的，因為當基本的需求從未恰當地滿足，設定不過分專制無常的規則幾乎是不可能的事情。第四要素是對人類的情緒與親密關係有充分且全面的理解，這涉及了探索內在世界，也探索外在現實的限制與創新的潛力。為了支持父母真正地發展父母功能，不僅要關注個人，也要關注婚姻關係——如果伴侶關係成立的話，還要關注工作對個人身分認同的意義、全面關注跨世代的家庭關係和社區環境。最後，也最重要的是，將焦點放在為行為賦予意義上。如果破壞性衝動的意義能夠獲得理解，最能幫助我們減低責備或拒絕自己與他人的衝動。

C 太太

C 太太，五十歲出頭，離異、獨自撫養兩位兒子，長子唐（Don）二十六歲，處於第三次思覺失調症發作的邊緣，也是那時 C 太太帶著次子，十四歲的托比亞斯（Tobias）前來求助。事情很快地明朗，托比亞斯想要的幫助是有人能照顧他陷入困境的母親，並且減輕他因過於沉重的負荷帶來的焦慮。C 太太開始接受一週一次的心理治療。她的生活模式緊密地與她對兩位兒子的掛念交織。她有過兩段重要的性關係，各自生育了一個孩子，只是沒有一位父親與兒子和她建立穩定可靠的關係。為了擺脫她心中那獨裁且無情的家庭氛圍，她努力尋找自我認同，而這影響她如何選擇伴侶，每一位伴侶都代表她徹底憎恨的限制的反叛與抗議。此刻的她正在兩股巨大的焦慮間掙扎：思覺失調的兒子無情地剝削她、竊取她的財物，以非常不公的方式佔據她努力提供的情緒與物理空間，她怎能抵擋得了他呢？當她愈來愈能接觸到自己從未對父母表達的憤怒（她的父母因出國工作，在她五歲時就將她送到寄宿學校），她也發展出挑戰大兒子的能力。第二件令她擔憂的是她的健康，過去五年，生病曾讓她兩次瀕臨生命之危，她擔心小兒子可能必須面對她的早逝。思考這些，意味著她必須面對所有令人痛楚的失落，隨之而來的憂鬱使她更深入自己的內在世界。漸漸地，C 太太愈來愈能接受與重視自己的感受，包括讓她自責的那些感受，也較少將這些感受投射到別人身上，她的創造能力因此開始重新出現。

當前重要的公眾醫療問題是，父母的心理疾病對兒童發展的影響。C 太太這個案例突顯出相反的問題，亦即家庭如何應對兒童與青年的心理疾病。一位兒童精神醫學的同事曾以相當令人信服的方式將這類提供給 C 太太的個別工作描述為，這類工作的特點是「透過個別心理治療實現家庭治療」。兒童心理治療師的觀點是具有包容性的觀點，因為這個觀點下家庭的動力會被接納，它承認家庭系統內的每一個人都會受到另一個人的影響。決定幫助誰，通常需要綜合資源與務實考量（誰在尋求幫助呢？C 太太，但她的兒子沒有，他不想顯得像哥哥那樣心理有問題，這種焦慮是可以理解的）。在我看來，作為兒童／青少年服務的一環，提供父母心理治療應該是優先選項，然而目前這項服務幾乎被完全漠視。將父母轉介至成人部門服務，可能導致無法持續關注孩子的需求，也較少關注父母持續丟到孩子身上的投射。

J 先生

J 先生，兩位男孩的父親，長子是自閉症患者。面對兒子退化的行為，他的態度消極也深感困擾。一開始治療師同時接見他和他的太太，談論他們孩子面臨的困難：小兒子的自大全能、狂躁行為與大兒子的自閉退縮、遠離生活，兩者似乎相輔相成，父母也漸漸意識到兩位男孩、兩位家長之間的分工，代價是犧牲所有人的獨立性。為了理解這段破壞性的歷程，治療師們分別向 J 先生和 J 太太提供協助。談話過程中，J 先生開始意識到，他在心中混淆了兩位兒子與他自己和他的弟弟。他的弟弟出生時就有心臟問題，童年時，為了照顧弟弟，J 先生不得不放棄許多尋常願望，因而引起了他未曾察覺的恨，而當弟弟離世時，他深感負疚，在剛成年那幾年折磨著他。在他眼裡，孩子的自閉症與隨之而來的特殊照顧需求都是他應得的懲罰。J 先生對生活的野心與渴望，以及不得不否認的憤怒，透過小兒子傳達出來。

一如許多著作呈現的那般，接受心理治療服務的自閉症兒童及其家人雖是小眾，但往往會衷心地感謝這項服務（Alvarez, 1992; Klauber, 1998; Alvarez & Reid, 1999; Rhode, 2008）。對於學習障礙兒童的心理健康服務的質量不佳的擔憂，已促進一些實質發展，然而也可能相對忽略了父母的需求，尤其是當兒童是在學校環境接受治療時。鑒於兒童自閉症的遺傳因素，盤踞 J 先生心思的代間壓力或許特別重要。

在自閉症領域進行預防性早期介入的可行性，來自於一項在自閉症狀出現時運用嬰兒觀察支持母親－幼兒關係的先導研究（Gretton, 2006）所提出的意見。在家中運用觀察作為心理治療的可行性，是能兼顧父母與兒童的服務。

現在，我想補充一個在我原本文章中沒有探討的工作類型。對於伴侶治療興趣的顯著成長，說明這是重大的遺漏。

以伴侶為核心

儘管受轉介來的是孩子，但是有時能夠清楚地看見問題的核心在於伴侶關係的困難。除非兒童心理治療師曾接受額外訓練，否則可能相當具有挑戰性。不過伴侶問題的精神分析式理解的成果可能相當豐碩，因此這是一個極待發展的領域，特別是在當今更開放地承認關係困難的背景之下。伴侶諮商往往不太關注兒童在家庭動力中的位置，然而伴侶衝突、家庭暴力和其他不明顯的家庭關係破裂之徵兆帶來的破壞性影響卻是巨大的。

與伴侶工作免不了涉及婚姻、性方面的議題，以及為人父母帶來的自我認同難題。以下是一個伴侶工作的例子，包含治療師對孩子的擔憂。

A 先生和 A 太太

這對夫妻處於半分居狀態，丈夫搬到隔壁，一棟十年前打算全家居住而購入的房子。那是一棟破敗的喬治亞風格大房子，購買時本來打算翻修，卻遲遲沒有動工，改為入住隔壁一間小公寓。妻子抱怨丈夫從來沒有真的和她討論過這個計畫，丈夫則覺得妻子憑空想出不切實際、永遠無法實踐的方案。這場爭執的結果是，他們的家當不能拆箱，公寓仍然塞滿木箱與紙箱，無論是在現實生活或是象徵意義上，都沒有挪動的空間，他們陷入了僵局，既沒有在婚姻內生活也沒有生活在婚姻之外。

A 太太傾訴委屈，A 先生則以簡短的回答為自己辯護。他的話非常少、沉悶，似乎難以捉摸，A 太太要不是尖叫著埋怨他的消極，要不就是保持沉默、守口如瓶、遙不可及。他們都埋怨對方沒有聽見自己的聲音，但是也沒有意識到自己對對方不聞不問。他們有一位八歲的女兒，在他們之間來來去去。就很多方面而言，女兒是他們的中間人，似乎努力為他們穿針引線；而他們搶奪女兒的關注，都想將她據為己有。

然而，在他們各自與女兒的關係中，他們身上更有生命力、也更吸引人的那面找到了表達的出口。他們稱她為「機靈鬼」，談到這裡，父母眼神亮了起來，她讓他們深感驕傲，異口同聲堅稱她的活力說明她沒有問題。我這才明白，我那麼努力要拉他們離開盲區，恰恰是重演了這點。這對夫妻告訴我，女兒說長大以後想要當園丁，她的夢想是有一座自己的花園，可以培育植物與花朵。基於我拚命地為這對夫妻注入生命活力的經驗，我恍然這位小女孩扛著巨大負擔，必須為父母的成長負責。為了防止父母關係破裂，並且為這貧瘠的家庭環境注入一些生命力與成長，她被捲入了與父母的三角關係中。

假如在協助之下，這對夫妻能認識他們關係的本質，那麼他們的女兒就有機會不用背負這些重擔，重新做一位八歲的女孩，一個父母關注她，而不是她關注父母的女孩。

團體工作

有些父母對團體治療比較感興趣，因為團體提供了一種安慰，其他人也和自己一樣感到挫敗，無論是情緒失控、無法讓孩子準時上學、在合理的時間上床睡覺，或是試著容忍孩子不佳的在校表現、手足間的爭執或是反社會行為等等。當父母在社會上感到孤立無援、極度失敗、缺少伴侶支持時，團體工作似乎非常有幫助。只要團體沒有太令人不安或者具破壞性的成員，團體文化就能打造出一個空間，容納每個人的脆弱；隨著時間推移，當每位成員感到對方將自己放在心中，更會創造出一種連貫的感覺。總體而言，與父母進行團體工作借助的是父母身分動用到的有建設性的潛力，而不過於積極地處理負面因素，因為這些負面因素更適合在個別治療中，在更保護的空間裡處理。這是因為團體成員的父母身分無法放在一邊，而在個別心理治療中，他們身上較為嬰兒般原始的那面或許能夠被涵容。然而，父母們確實經常借助幽默，挑戰彼此逃避責任的行為。

在我眼裡，兒童心理治療師在與父母工作方面具有一些特殊的能力：在訓練過程中觀察嬰兒、廣泛地學習兒童發展，加上自己的分析，讓他們能夠理解父母在孩子成長與發展過程中面臨的變化莫測的壓力，以及孩子的情感生活如何引發父母自身嬰兒般原始的困難。若是善用這些知識與敏感度，則能有效回應父母的焦慮，但若不然，也可能帶來問題。在父母自認為失敗時，試著提供協助的專業人士，可能會引來或多或少的競爭、嫉妒、嫉羨。圓融、謙卑、真誠地相信這是治療師與父母雙方共享的任務，都是兒童心理治療師必備的特質。唯有在父母希望自己成為患者，並且明確地同意後，方能直接地運用移情和反移情與詮釋。然而，藉由觀察父母與治療師建立關係而獲得的理解，可以為其他類型的對話提供資訊，很可能具有療效。能夠同時共情父母和孩子雙方的觀點，這種能力非常寶貴。

【第十四章】碎裂的身分認同與精神分析式心理治療的修復（1989／2020）

本章介紹一週一次的個別心理治療工作，C 太太（曾於第十三章「個別工作」提及），起初是以家長的身分前來診所為自己和兒子尋求協助。因此這是特定類型案例的示範，在兒童／青少年心理健康服務（CAMHs）內提供治療給父母，在我看來是很好的安排。也有一些案例會在家庭之內探索誰需要治療之後，以相似的方式為父母伴侶提供治療。這種作法與將焦點放在最初的患者，亦即指名的兒童或青少年，非常不同。

C 太太，四十五歲，女性。在她於治療過程中逐漸開展的故事裡，兩位兒子佔據重要分量：大兒子唐，二十六歲；小兒子托比亞斯，十四歲。一年之前，C 太太致電診所，為自己和小兒子尋求協助，以應對唐的思覺失調發作。一開始，我同時接見 C 太太和托比亞斯，進行探索性會談。那時，他們兩個人都對於唐到底怎麼了感到非常害怕與困惑，承受著極大的壓力，因為唐認為自己很明理，是那些擔心他的人病了。在初次諮詢中，當我提起他們的憤怒，和托比亞斯明確表示，他希望我能分擔一些他肩頭上沉重的、支持母親的責任時，他們明顯地鬆了一口氣。工作初期，我接著分別見了 C 太太和托比亞斯數次，後來則以短期工作為基礎隔週接見 C 太太，聚焦在協助她釐清該如何應對唐的精神崩潰、唐對她的大量要求，以及找到保護托比亞斯的方法，畢竟托比亞斯的日常生活面臨被同母異父的哥哥的精神病控制的風險。此刻，她需要協助的是，如何照顧兩位兒子。

在開始與我工作、唐主動接受精神醫療介入後，很快地，她自身的憂鬱與焦慮開始湧入療程中。她愈來愈難喚出人格中成熟的部分，和我一起思考如何處理這場家庭危機。事態愈來愈明朗，她覺得自己迫切地需要心理治療，而我直到幾個月之後才能為她提供心理治療。

早期生命故事

簡短介紹治療早期浮現的 C 太太的生命故事：她是三姊妹中的老大，父親是英國籍牧師，服務於駐紮印度的英國軍團，和父親一起留在印度的母親，後來成為成功的學者。生命最初四年，她待在印度，由印度籍保母照顧，換過無數次保母，接著安頓在英格蘭一所寄宿學校。她對父母的記憶是，他們處於非常冷漠、敵對、憤怒的婚姻關係，對孩子們非常嚴厲且寄予苛刻的期待，父母施行極端的紀律，宣稱這麼做是為了她們的靈魂。記憶中似乎無人理解過她，而是瀰漫著努力避免犯錯的感受，偶爾也有叛逆的片刻，當個壞女孩似乎是唯一讓她得以存活的方式。在父母終於回到英格蘭定居後，她仍留在寄宿學校。每個人似乎都不看好她的學業表現，因而更為她的好成績感到驚訝。家人反對她就讀藝術學校的願望，而她最終接受了幼教培訓。她在這行很成功，一度擁有自己的學校，並且非常喜歡與幼兒工作。

快三十歲時，某次叛逆深深影響了她：她懷孕了，她和該男子的關係幾乎是在懷孕那刻就結束了。她的家人用盡教會與醫療的力量與權威來說服她墮胎，但是她拒絕，相信生下這個寶寶對她而言相當重要。她獲得一位藝術家友人的支持，他們一起在地中海小島的山村居住了一段時間，重建一間危房——C 太太保留了這棟房子，去這裡渡假。這個寶寶就是唐。後來，她回到英格蘭，重啟教學生涯。她覺得唐有一段非常快樂的童年，決心把自己沒能擁有的親密與情感都給唐。唐是一位充滿活力、富有想像力又聰明的小男孩，在校表現與社交關係都非常優秀。唐十歲時，她遇到薩米（Sammy）並嫁給他，一位極具魅力的非裔加勒比男士，懷抱社會與政治理想情懷，托比亞斯是他們的孩子。然而，這段婚姻對彼此的期待帶來痛苦的衝突：薩米希望她全職工作以支持他的政治活動，更不想放棄他與其他女性的眾多關係。在她生下托比亞斯、從醫院返家後，竟發現另一位女人已經搬進她的公寓，她終於明白自己再也無法容忍了。最後，薩米搬了出去。他們仍然是朋友，他與托比亞斯的關係斷斷續續，但是對兒子投入甚深情感。

在婚姻破裂後，C 太太罹患乳癌，接受乳房切除手術。兩年後，另一側乳房復發癌症，她同意接受另一次切除手術，安排好手術日期。在等待手術的那十天裡，一場心理危機發生。她失眠，心中充滿對身體內部的想像，她在腦海中「看見」癌細胞、與之奮戰、致其死亡。她似乎靠著自己的力量發現這種視覺化的歷程，儘管不太正統，後來也成為一種成功的癌症療法。當她入院進行手術時，切開乳房後，癌症腫塊已經消失，萎縮成微小且乾燥的殘餘物，為她動手術的醫師非常驚訝。

這些事件後過了五年我才與她相遇。她意識到，儘管就某個觀點而言，她戰勝了那場危及生命的疾病，但是她卻覺得她的生命在那時就已經結束。我見到她時，她非常憂鬱，藏在內心深處，顯現在彎腰駝背與過早顯老的體態，以及她從舊貨拍賣添購的鬆垮衣服與毫無生氣的皮膚與頭髮內。儘管她的身體以這樣的方式述說事實，然而她的外在生活卻複雜得多。她太憂鬱了，無法回去工作，僅能靠福利津貼與微薄的收入勉強生活，無法想像與任何一位男士更進一步的關係。然而，她是社區的重要人物，為社區編輯雜誌，協助管理社區花園，還為許多人提供智慧、支持與良好的判斷力。當唐仍被疾病困擾時，托比亞斯儘管承受巨大的壓力，仍然是出色、活潑、有生命力的男孩，與母親有著親密的關係。就好像 C 太太現在是為了其他人活著，這些人也確實從她的愛中受益匪淺，然而她個人的生命早已終結，體現在她無法寫作或繪畫，儘管創作曾經帶給她快樂。

臨床素材

這次療程，C 太太以提起家庭醫師開給她的溫和抗憂鬱劑起頭，這些抗鬱劑提振了，讓她不再覺得「陷在洞裡」，並且睡得著，雖然還沒有做夢。她說，她覺得這多少有點算作弊。我問關於這個作弊或是被欺瞞的想法，她回答，卻迴避了某些東西。我猜想，是不是和她提到的沒有做夢有關，她回答：「是的。事實是，我四天前做了一場夢，夢到妮娜（Nina）要結婚了。托比亞斯跟我很不開心也很受傷，因為我們沒有受邀參加婚禮。」她向我解釋，妮娜是一位老友的女兒，也是托比亞斯的朋友。事實上，他們兩個人看起來像雙胞胎，都有白人媽媽跟黑人爸爸。妮娜的爸爸是牙買加人，在妮娜出生前就離開了。她繼續說：

> 妮娜小的時候和我很親，因為我是她的幼兒園老師。她以前喜歡和我回家，玩我的頭髮、為我造型。我有一盒緞帶、一盒髮夾和髮飾等等，她喜歡玩這些，一玩就是好幾個小時。妮娜的頭髮很粗，是很難整理的爆炸頭。

我問，對於這場夢她自己有沒有任何想法。她回答，她覺得妮娜可能代表某一面的自己。我問，她怎麼看待自己沒有受邀參加婚禮。停頓了一會後她說，她認為妮娜要嫁給一位白人，他們沒有接獲邀請，並不是妮娜的錯。在夢裡，好像某個程度上是C太太忽略了這場婚禮。我將這一點連結回到作弊這個主題：在夢裡被忽略的似乎是某個具有重大情感意義的東西，例如婚禮。「是的，」她回覆，「這整個禮拜我一直都很忙，準備把公寓的一間房間出租出去，工作量很大，昨天我花了一整天趕工處理社區花園的工作進度。」我說，她感覺自己非常活躍，但是沒有任何時間思考。隨後她談起薩米來訪，近來她才意識到自己不再愛他，也觀察到薩米與唐的關係很傷人，因為他覺得唐是逃避者。她告訴我，她跟唐說：「你不用覺得你必須和薩米競爭。」我將這點連結到那場夢：她和托比亞斯因為一場沒有受邀參與的婚禮而不開心，與她現在想著唐因為她與薩米的婚姻而不開心，因為她感覺這段婚姻讓唐覺得被排除在外。她說：「對！唐說他在治療（這是最近才安排的）的前幾週說的大多是他和薩米的關係與那段關係有多糟。」

一陣沉默之後，我說，在她的夢裡，她認為妮娜要嫁給一位白人，然而她和妮娜的媽媽都選擇了黑人。我思索這一點，跟她說：「對你來說，白皮膚和黑皮膚似乎有著重要的意義。」「噢！」她震了一下，深深地吸了一口氣，渾身發抖，花了一些時間才整理好自己。「是的！」她說。停了一會後繼續說：

> 當然，我在印度出生，第一件吸引我的事情，是我們家的印度廚師和他的家人的生活，在廚房和其他地方的生活。但是那些地方對我而言都是禁地。我有印度保母，很多位，根本記不住任何一張臉，她們換來換去的，因為和我媽媽吵架。我記得有一次爭吵過後，我的保母哭了，顯然被解雇了，而我媽媽則在大吼大叫。

她花了不小的時間談那棟房子（一棟殖民風格獨棟大別墅），她待的空間的冷漠氛圍、全是禁令與挨打，與想像中廚房的歡欣形成對比。當我開始把與僕人們待在一起的所有溫暖感受、食物、安心感連在一起時，她打斷了我（對她而言是非比尋常的勇敢！），說：「可是他們不准我擁有這些，那是禁止的。這一生，我想要黑人接受我，成為他們生活中的一部分。」她也將這一點與父親的家族史相連，父親的家族來自利物浦，曾經富甲一方。他研究過財富的來源，確定財富來自於販賣奴隸。這無疑是她強烈地受到與黑人的關係吸引的禁忌且複雜的起因。

接著，她把這些願望與她對婚姻的期望連結，也談起她在婚姻中承受的失望，特別是那些薩米不願意討論的事情。

修通反移情

這些聯想裡有許多值得探討之處，不過我想就這次療程添上一筆細節，這個細節也是我在當時沒能善用的重要事實。除了上述的對話之外，我自己還有兩種經驗，其一是，我在令人挫敗的信念中苦苦掙扎，因為我無法恰當地掌握該次療程內的移情（夢裡被忽略的婚禮，確切來說是在迴避什麼？接近強烈的情感經驗時，要閃避的究竟是什麼呢？）比起這種理性上的挫敗，令我更不舒服的是一種煩躁不安的焦慮狀態在我體內逐漸升高，特別是經驗到迫切地渴望吸吮或咬我的手指。我的任務是修通這些感受與衝動，修通這些強烈的、令人不安的反移情反應（Brenman Pick, 1985），並且理解它。

這些投射的意義於下次療程漸漸浮現。C 太太從詳細述說唐的事情開始這次療程，一個複雜的故事：他做了很多工作（他是能力很強的木匠與細木工），他們有了一些很有意義的對話，兩人已經好些年沒有像這樣好好談談了，唐重新和老朋友聯繫上。另一方面，雖然他承認自己酒精成癮，但是仍然大量飲酒，然後睡過頭好幾個小時，這讓托比亞斯很生氣。托比亞斯找到並且沒收了喝掉半瓶的威士忌，為唐睡了這麼久大發雷霆——他希望唐回去他自己的公寓。她接著透露唐偷她的酒，包括特別留著的自釀酒，並且很困惑，為什麼她不能質問唐為何從來不記得給她他答應的每週五英鎊的食材費。

當她說話時，我發現心中升起與上週療程類似的焦慮不適，這困擾著我。我和她一起探討財務安排，確定讓唐為他的食物付五英鎊是一個非常不切實際的過低金額。她再度反思，她把唐看成一位小男孩，覺得她必須允許他這麼做，這和她對唐偷東西時的憤怒形成了鮮明的對比。她描述自釀的酒幾乎被喝光時，她真的暴怒。「為什麼跟他要錢對我來說這麼難？」她問。我說，她把唐看成寶寶，還不懂他無權全然佔有母親；某一部分的她似乎同意唐的看法，也就是每件她擁有的東西自動等於是唐的東西，雖然另一部分的她對此感到氣憤，認為這是貪婪的剝削與不誠實，但是這一部分的她似乎放到了托比亞斯身上，藉由托比亞斯清楚地表達出來。她同意，描述唐坐在那兒、將拇指放在口中，誘惑性地說她的薑酒太美味了，她感到憤怒又不知所措。

那一刻，我因為思緒頓明而鬆了一口氣。唐把拇指放在口中的那幕，和過去兩次療程裡我想吸吮、啃咬手指的衝動——一個我覺得無法抵擋地投射給我的衝動，兩者連結了起來，我想現在我知道來自何處，所以，我把我能依循的線索串了起來。我提醒她，上一週我們談到她童年的第一個家與廚房——那個產出真正的生活與溫暖的地方，而她覺得被排除在外。我向她述說，她心中小女孩的那面，她曾感到也仍然覺得難以承受被那個地方拒之門外的剝奪感，被關在房子與父母的嚴厲裡，那些感覺起來情感上相當冰冷的區域。現在當她縱容唐的需要與匱乏感時，她餵養的是心中那位不快樂的小女孩，一位終生受盡剝奪與空虛的小女孩。「喔……喔……懂了……我懂了。」她痛苦地低語，接著落淚，「可憐的唐。」我談起她為自己這樣利用唐感到抱歉與擔憂，也指出這一刻她再度把痛苦的空虛感投射到唐身上，因此同情他。「而不是我自己。」她說，自行說完這句話。「是的！」「我也這樣對待托比亞斯嗎？」她緊張地問。我提醒她，先前她才告訴我托比亞斯必須承受憤怒，因為他必須處理一些唐的行為、阻止唐做某些事。

接著，她細細地向我講述，這些年來許多人都跟她說她和唐太親了，她知道有些東西不對勁，但從來沒弄懂那是什麼。她哭了好一會，我和她一起思索，她的眼淚是否不僅在表達對於清楚一些事情之後的鬆一口氣與感激，也在向我埋怨認識自己太痛苦了，讓她認識自己的我傷她太重了。「不，」她說。「這就像是揭開傷疤。」

後來，在那次療程的尾聲，她說，她從來沒能全然接受自己的內心情感。「情感總在不經意間洩露出來，是嗎？覺察到這一點能夠讓它不再外洩嗎？」

我認為，在這幾次療程中，我們非常清楚地看見移情之中她如何投射到孩子和我身上，例如透過我表達出她的嬰兒自體在面對無法實現的完滿時，內心深處的空虛與憤怒，以及她的成人自體對於唐的相對貧困、需要撫慰、放縱其貪婪所持有的懷疑態度。對她而言，我也是一個長期保有思考能力的人，能夠等待直到連結變得清晰，能夠耐受不舒服或是不確定。也有證據顯示，當她在思索洩露時接受了這個想法，也就是思索這種心智狀態能夠帶來改變。我認為在那一刻，她體驗到潛藏的認同，認同我在這次療程中做的事情。帶著震驚與痛苦，但也鬆一口氣，並且更清楚她的心裡會有一個地方，讓她覺得被涵容，那是一個心理空間，她緊緊抓住投射到托比亞斯身上的憤怒，也緊緊拉著明顯投射到唐身上的佔有欲、違逆的貪婪與困惑。

療程片段

現在，我想描述簡短的片段，這個片段來自那次療程兩週之後的一次療程。這次療程的前半，處理了 C 太太作為一位依賴強大權威孩子的感受，然而這些權威彼此之間卻或明或暗地有著衝突，因此她不知道如何安放自己，畢竟與任何一方結盟都會帶來可怕的後果。過去，這種衝突指的是她爭吵不休的父母，此刻，當醫療專業對於什麼是正確治療她兒子的思覺失調的方式有著不同的觀點時，這種衝突復甦了，也讓她困惑家庭醫師開的抗憂鬱劑是否損害她在治療中與我工作的能力。接著，她提到過去幾天奇怪的心理狀態。當我邀請她告訴我更多細節時，在一陣沉思之後，她開始告訴我週六在維特羅斯（Waitrose，診所附近的超市）的事情。那裡相當擁擠，她在長長的隊伍中等待，發現自己想著：「物質不過是能量……所以真的沒有道理，我不能化為純粹的能量漂過隊伍、收銀台，穿過厚厚的玻璃窗，這似乎是完全有可能的。」

這一刻，在療程裡，我清楚地理解移情的態勢，因此我對她說，我想這些想法的脈絡能夠幫助我們理解發生在她心裡的事情。她向我描述的是一個情景，在這個情景中她必須面對挫折，或許煩躁地在隊伍中等待，只為了得到她賴以維生的東西，也就是她想去維特羅斯買的食物。然而，這或許也象徵著治療——精神食糧，她為了精神食糧而來見我。我們談了不久之後我必須取消的一次療程和之後的復活節假期，我認為她在告訴我，對她而言這是非常具體的經驗：接近我的機會感覺有限又困難，從我這裡得到她想要的東西，現在被等待的畫面佔據。她似乎想像可以從隊伍中的位置溜走，迴避所有的挫折感，或許也迴避憤怒，這些待在那必然會有的情緒。從她的軀殼中游離出來，在她的幻想中她似乎得到想要的東西，不需要問任何人也不用告知任何人，而且不需要付出代價。留在療程的代價是她必須忍耐失望與憤怒的感覺。在她的幻想中，所有的界線都消失了，一如厚厚的玻璃窗。在她的心裡，她消蝕的是現實中令她不快的事實，也就是她將錯過的療程、即將到來的假期，以及此時的確接近今日療程的尾聲。

「這就是我感覺到的，」她說。「你說得很對。」我補充，她在想我是不是和她一樣，害怕她的憤怒。有趣的是，在她離開診療室時，她既沒有說謝謝也沒有其他（她通常會說的）感激之語，因此，那次療程的結束顯得更為尖銳。

現在的C太太變得更有能力在經驗到排除在外必須等待時，或是意識到同在隊伍中等待的他人與在她獲得關注的路上阻礙她的眾多競爭者時，擁有並且留住自己的感受。我們生動地看見，她的人格之中大量的分裂，消磨掉她的心理資源，當我們能重新與她嬰兒般原始的憤怒與狂暴接觸後，帶來的強大影響讓她更穩定更真實。

重新與自己連結

下次療程的尾聲，C太太描述一個有趣的畫面。她發現自己想著陽台上的植物，告訴我她在那裡和公寓種了很多植物。她想，為了讓植物長出更穩固的莖，需要修剪過度向上生長的茂盛枝葉。她解釋，這種野蠻生長就像她成年生活早期的寫照。她的身上長出許多藤蔓，然而這讓她必須仰賴支架，勉強撐住過度生長的狀態。有時，薩米對她而言就像是這種支架。不過現在事情不一樣了，她不再野蠻生長，取而代之的是從根開始茁壯。這種成長和來到診療室有關，來這裡思考變老、思考她想待在哪裡、放下唐與托比亞斯、仰賴自己。她非常喜歡能夠獨處。提到暑假的計畫時，她進一步發展這個想法，說她可以沿著海岸獨自行走、觀賞美人魚。「那是我想去的地方。」她說。我回覆，她想去一個能夠聽見自己的想法、感受與想像的地方，而她也放下我了，接受下一週沒有療程的她會獨自一人。

在這些對話中，患者和我分享的是她的成長的思維與自我觀察的力量，並且告訴我，她是如何開始對自己感興趣。她說，她覺得我就像個園丁，能夠分辨健康與不健康的生長，幫她看見她在關係裡過度生長地依賴支架，需要纏繞在支架上，這一點弱化了她自己的自我認同。修剪是一種比喻，代表撤回大量且非常廣泛的投射，並且將日益增長的努力專注於植物寶寶的莖，我們一起在治療中照顧它。

發生在我們關係之內的精神分析歷程，為她開啟了重新與自己的根連結的大門。確實，我們可以猜想，在她的心裡，童年那座家園的園丁是否與我有關（她曾深情地描述那座巨大的花園），現在，和我一起在治療裡，這個位置帶給她以更強壯的方式成長的機會。她使用的意象對她的身體而言格外貼切——她是一位很高的女士，更像是身材削瘦、四肢修長的青年，然而駝背卻傳神地表達出心理狀態的軟弱骨幹。

為了逃避焦慮與對內在父母的敵意依附帶給她的痛苦，她似乎退縮到非常原始的黏著式依附，緊緊抓著她的世界具有情感意義的他人，覺得這攸關生死。在她能夠認識自己有力量獨自牢牢握住生命之前，她必須放棄這種黏著式依附，允許其他人和她分離。

埃絲特・比克（1968, 1986）曾寫道，如果沒有獲得恰當的容器容納強烈的嬰兒般原始的焦慮，那麼嬰兒期心智生活的這種原始的黏著式認同就會持續存在。當移情關係為她嬰兒般原始的焦慮提供了母性的涵容時，C 太太具有的勇氣非常令人動容，我們想起她第二次罹癌時的自癒，這種奇特的使用治療師的能力說明了一部分的她仍然生氣勃勃，一生都在努力尋找她需要的東西。職業選擇讓她與現實生活的幼童保持接觸，也與她內心的幼童保持連繫。

我以區分我與她的工作的三種詮釋方式畫下句點。我的核心焦點在於描述她與我建立的關係，這是移情的核心所在，有時在植物與超市的素材中可以清楚地看見。詮釋這一點的目的在於，讓她能夠接觸到自己內在世界的原貌，從而賦予她自由、擺脫潛意識已為她寫定的關係。與這位在療程中能夠靠近自己的內在成見的患者（一開始，她只能談論其他人，從不討論自己，從不說「我」）工作，要描述她身上各種不同的部分、探索它們之間的內在關係，例如她對最初的父母的認同，代價是犧牲匱乏的小女孩自體，在她描述工作一整天，直到晚上九點半什麼都沒吃，也沒意識到為什麼自己這麼不舒服時，這一點變得非常明顯且令人心痛。最後，是仔細地檢視我的反移情經驗，這能夠為她的聯想意義提供線索。我的任務是在我的心中準確且審慎地思考她未能消化的內容，直到我能夠找到方式，幫助她將起初需要放到我身上的部分，收回到她自己身上。

【附錄一】參考書目

Ali, M. (2003) *Brick Lane*. London: Doubleday.

Alvarez, A. (1992) *Live Company: Psychoanalytic Psychotherapy with Autistic, Borderline, Deprived and Abused Children*. London: Routledge.

Alvarez, A. and Reid, S. (eds.) (1999) *Autism and Personality: Findings from the Tavistock Autism Workshop*. London: Routledge.

Bailey, T. (2006) 'There's no such thing as an adolescent'. In: M. Lanyado and A. Horne (eds.) *A Question of Technique: Independent Psychoanalytic Approaches with Children and Adolescents*. London: Routledge.

Barrows, P. (1995) 'Oedipal issues at 4 and 44'. *Psychoanalytic Psychotherapy*, 9 (1): 85–96.

Bick, E. (1964) 'Notes on infant observation in psycho-analytic training'. *International Journal of Psychoanalysis*, 45: 558–566.

Bick, E. (1968) 'The experience of the skin in early object relations'. *International Journal of Psychoanalysis*, 49: 484–486.

Bick, E. (1986) 'Further considerations on the function of the skin in early object relations: Findings from infant observation integrated into child and adult analysis'. *British Journal of Psychotherapy*, 2 (4): 292–299.

Bion, W. R. (1957) 'Differentiation of the psychotic from the non-psychotic personalities'. *International Journal of Psychoanalysis*, 38: 206–275.

Bion, W. R. (1959) 'Attacks on linking'. *International Journal of Psychoanalysis*, 40: 308–315. Reprinted in W. R. Bion: *Second Thoughts: Selected Papers on Psychoanalysis*. London: Heinemann, 1967.

Bion, W. R. (1962a) *Learning from Experience*. London: Tavistock Publications. Republished Maresfield Reprints, 1984.

Bion, W. R. (1962b) 'A theory of thinking'. International Journal of Psychoanalysis, 43: 306–310. Reprinted in W. R. Bion: *Second Thoughts: Selected Papers on Psychoanalysis*. London: Heinemann, 1967.

Bion, W. R. (1970) *Attention and Interpretation*. London: Tavistock Publications.

Bion, W. R. (1976 [1994]) 'Emotional turbulence'. In: F. Bion (ed.) *Clinical Seminars and Other Works*. London: Karnac.

Bion, W. R. (1979 [1994]) 'Making the best of a bad job'. In: F. Bion (ed.) *Clinical Seminars and Other Works*. London: Karnac.

Birksted-Breen, D. (1996) 'Phallus, penis and mental space'. *International Journal of Psychoanalysis*, 77 (4): 649–657.

Boston, M. (1972) 'Psychotherapy with a boy from a children's home'. *Journal of Child Psychotherapy*, 3: 53–67.

Boston, M., Lush, D. and Grainger, E. (1991) 'Evaluation of psychoanalytic psychotherapy with children: Therapists' assessments and predictions'. *Psychoanalytic Psychotherapy*, 5 (3): 191–234.

Boston, M. and Szur, R. (eds.) (1983) P*sychotherapy with Severely Deprived Children*. London: Routledge.

Britton, R. (1981) 'Re-enactment as an unwitting professional response to family dynamics'. In: S. Box, B. Copley, J. Magagna and E. Moustaki (eds.) *Psychotherapy with Families: An Analytic Approach*. London: Routledge.

Britton, R. (1983) 'Breakdown and reconstitution of the family circle'. In: M. Boston and R. Szur (eds.) *Psychotherapy with Severely Deprived Children*. London: Routledge.

Britton, R. (1989) 'The missing link: Parental sexuality and the Oedipus complex'. In: J. Steiner (ed.) *The Oedipus Complex Today: Clinical Implications*. London: Karnac.

Britton, R. (1998) *Belief and Imagination: Explorations in Psychoanalysis*. London: Routledge, New Library of Psychoanalysis.

Canham, H. (1999) 'The development of the concept of time in fostered and adopted children'. *Psychoanalytic Inquiry*, 19 (2): 160–171.

Copley, B. (1987) 'Explorations with families'. *Journal of Child Psychotherapy*, 13 (1): 93–108.

Cregeen, S. (2009) 'Exposed: Phallic protections, shame and damaged parental objects'. *Journal of Child Psychotherapy*, 35 (1): 32–48.

Cregeen, S. (2017) 'A place within the heart: Finding a home with parental objects'. *Journal of Child Psychotherapy*, 43 (2): 159–174.

Cregeen, S., Hughes, C., Midgley, N., Rhode, M. and Rustin, M. (2017) *Short-Term Psychoanalytic Psychotherapy for Adolescents with Depression: A Treatment Manual*. London: Karnac.

Dartington, A. (1998) 'The intensity of adolescence in small families'. In: R. Anderson and A. Dartington (eds.) *Facing It Out: Clinical Perspectives on Adolescent Disturbance*. London: Duckworth.

Daws, D. (1989) *Through the Night: Helping Parents and Sleepless Infants*. London: Free Association Books.

Department of Health (2003) *Getting the Right Start: National Service Framework for Children: Emerging Findings*. London: Department of Health.

Dockar-Drysdale, B. (1990) *The Provision of Primary Experience: Winnicottian Work with Children and Adolescents*. London: Free Association Books.

Emanuel, R. (1984) 'Primary disappointment'. *Journal of Child Psychotherapy*, 10: 71–87.

Etchegoyen, A. (1997) 'Inhibition of mourning and the replacement child syndrome'. In: J. Raphael-Leff and R. J. Perelberg (eds.) *Female Experience: Three Generations of British Women Psychoanalysts on Work with Women.* London: Routledge.

Freud, S. (1917 [1915]) 'Mourning and melancholia'. In: *The Standard Edition of the Complete Psychological Works of Sigmund Freud* (vol. 14, pp. 237–258). London: Hogarth.

Furniss, T. (1991) *The Multiprofessional Handbook of Child Sexual Abuse: Integrated Management, Therapy, and Legal Intervention.* London: Routledge.

Goodyer, I. M., Reynolds, S., Barrett, B., Byford, S., Dubicka, B., Hill, J., Holland, F., Kelvin, R., Midgley, N., Roberts, C., Senior, R., Target, M., Widmer, B., Wilkinson, P. and Fonagy, P. (2017) 'Cognitive behavioural therapy and short-term psychoanalytical psychotherapy versus a brief psychosocial intervention in adolescents with unipolar major depressive disorder (IMPACT): A multicentre, pragmatic, observer-blind, randomised controlled superiority trial'. Lancet, 4 (2): 109–119.

Gretton, A. (2006) 'An account of a year's work with a mother and her 18-month-old son at risk of autism'. *International Journal of Infant Observation*, 9 (1): 21–34.

Harris, M. (1966) 'Therapeutic Consultations'. *Journal of Child Psychotherapy*, 1 (4): 13–19. Reprinted in M. Harris Williams (ed.) *The Tavistock Model: Collected Papers of Martha Harris and Esther Bick.* Strath Tay: Clunie Press, 1987.

Harris, M. (1968) 'The child psychotherapist and the patient's family'. *Journal of Child Psychotherapy*, 2 (2): 50–63.

Harris, M. (1975) 'Some notes on maternal containment in "good enough" mothering'. *Journal of Child Psychotherapy*, 4 (1): 35–51.

Harris, M. and Meltzer, D. (1976) 'A psychoanalytic model of the child-in-the-family-in-the-community'. OECD report reprinted in: A. Hahn (ed.) *Sincerity and Other Works: Collected Papers of Donald Meltzer.* London: Karnac, 1994.

Harris, M. and Meltzer, D. (1986) 'Family patterns and cultural educability'. In: D. Meltzer (ed.) *Studies in Extended Metapsychology: Clinical Applications of Bion's Ideas.* Strath Tay: Clunie Press.

Henry, G. (1974) 'Doubly deprived'. *Journal of Child Psychotherapy*, 3 (4): 15–28.

Hindle, D. (2000) 'An intensive assessment of a small sample of siblings placed together in foster care'. Unpublished Tavistock/University of East London Prof Doc thesis.

Hodges, J. and Steele, M. (1995) 'Internal representations of parent–child attachments in maltreated children'. Paper presented to the Thomas Coran Foundation Conference 'New Developments in Attachment Theory', September.

Hoffman, E. (1989) *Lost in Translation: A Life in a New Language.* New York:

Penguin.
Hopkins, J. (1992) 'Infant-parent psychotherapy'. *Journal of Child Psychotherapy*, 18 (1): 5–17.
Houzel, D. (2001) 'Bisexual qualities of the psychic envelope'. In: J. Edwards (ed.) *Being Alive: Building on the work of Anne Alvarez*. Hove: Brunner-Routledge.
Isaacs, S. (1948) 'On the nature and function of phantasy'. *International Journal of Psychoanalysis*, 29: 73–97. Republished in: M. Klein, P. Heimann, S. Isaacs and J. Riviere (eds.) *Developments in Psycho-Analysis*. London: Hogarth, 1952.
Kennedy, E. (2003) *Child and Adolescent Psychotherapy: A Systematic Review of Psychoanalytic Approaches*. London: North Central London Strategic Health Authority.
Kennedy, E. and Midgley, N. (eds.) (2007) *Process and Outcome Research in Child Adolescent and Parent-Infant Psychotherapy: A Thematic Review*. London: NHS London.
Klauber, T. (1998) 'The significance of trauma in work with the parents of severely disturbed children, and its implications for work with parents in general'. *Journal of Child Psychotherapy*, 24 (1): 85–107.
Klein, M. (1935) 'A Contribution to the Psychogenesis of Manic-Depressive States'. In: *Love, Guilt and Reparation and Other Works 1921–1945* (The Writings of Melanie Klein, Volume 1). London: Hogarth Press. [Reprinted London: Vintage, 1988].
Klein, M. (1936) 'Weaning'. In: *Love, Guilt and Reparation and Other Works 1921–1945* (The Writings of Melanie Klein, Volume 1). London: Hogarth Press. [Reprinted London: Vintage, 1988].
Klein, M. (1940) 'Mourning and its relation to manic-depressive states'. In: *Love, Guilt and Reparation and Other Works 1921–1945* (The Writings of Melanie Klein, Volume 1). London: Hogarth Press. [Reprinted London: Vintage, 1988].
Klein, M. (1945) 'The Oedipus Complex in the light of early anxieties'. In: *Love, Guilt and Reparation and Other Works 1921–1945* (The Writings of Melanie Klein, Volume 1). London: Hogarth Press. [Reprinted London: Vintage, 1988].
Klein, M. (1946) 'Notes on some schizoid mechanisms'. In: *Envy and Gratitude and Other Works 1946–1963* (1975) (The Writings of Melanie Klein, Volume 3). London: Hogarth. [Reprinted London: Vintage, 1997].
Kraemer, S. (1997) 'What narrative?'. In: R. Papadopoulos and J. Byng-Hall (eds.) *Multiple Voices: Narrative in Systemic Family Psychotherapy*. London: Duckworth.
Levi, P. (1958) *If This Is A Man*. Harmondsworth: Penguin.

Lindsey, C. (1997) 'New stories for old? The creation of new families by adoption and fostering'. In: R. Papadopoulos and J. Byng-Hall (eds.) *Multiple Voices: Narrative in Systemic Family Psychotherapy*. London: Duckworth.

Malloch, S. and Trevarthen, C. (eds.) (2009) *Communicative Musicality: Exploring the Basis of Human Companionship*. Oxford: Oxford University Press.

Meltzer, D. (1967) *The Psychoanalytic Process*. London: Heinemann.

Meltzer, D. (1981) 'The Kleinian expansion of Freud's metapsychology'. *International Journal of Psychoanalysis*, 62 (2): 177–185.

Miller, L. (1992) 'The relation of infant observation to clinical practice in an under-fives counselling service'. *Journal of Child Psychotherapy*, 18 (1): 19–32.

Money-Kyrle, R. E. (1968) 'Cognitive development'. *International Journal of Psychoanalysis*, 49 (2): 691–698.

Morgan, M. (2019) *A Couple State of Mind: Psychoanalysis of Couples and the Tavistock Relationships Model*. Abingdon: Routledge.

O'Shaughnessy, E. (1989) 'The invisible Oedipus complex'. In: R. Britton, M. Feldman, E. O'Shaughnessy, H. Segal and J. Steiner (eds.) *The Oedipus Complex Today: Clinical Implications*. London: Karnac.

Pick, I. B. (1985) 'Working through in the countertransference'. *International Journal of Psychoanalysis*, 66 (2): 157–166.

Reid, S. (1999a) 'The assessment of the child with autism: A family perspective'. In: A. Alvarez and S. Reid (eds.) *Autism and Personality: Findings from the Tavistock Autism Workshop*. London: Routledge.

Reid, S. (1999b) 'The group as a healing whole: Group psychotherapy with children and adolescents'. In: M. Lanyado and A. Horn (eds.) *The Handbook of Child and Adolescent Psychotherapy*. London: Routledge.

Rhode, M. (2008) 'Joining the human family'. In: K. Barrows (ed.) *Autism in Childhood and Autistic Features in Adults*. London: Karnac.

Rosenberg, E. B. (1992) *The Adoption Life Cycle: The Children and their Families through the Years*. New York: Free Press.

Rustin, M. E. (2001) 'The therapist with her back against the wall'. *Journal of Child Psychotherapy*, 27 (3): 273–284.

Rustin, M. E. (2006) 'Where do I belong? Dilemmas for children and adolescents who have been adopted or brought up in long-term foster care'. In: J. Kenrick, C. Lindsey and L. Tollemache (eds.) *Creating New Families: Therapeutic Approaches to Fostering, Adoption, and Kinship Care*. London: Karnac.

Rustin, M. E. (2009) 'Esther Bick's legacy of infant observation at the Tavistock: Some reflections 60 years on'. *International Journal of Infant Observation*, 12 (1): 29–41.

Rustin, M. E. (2016) 'Infant observation: A method of psychoanalytic learning and an influence on clinical practice'. In: A. Elliott and J. Prager (eds.)

The Routledge Handbook of Psychoanalysis in the Social Sciences and Humanities. London: Routledge.

Rustin, M. E. and Rustin, M. J. (eds.) (2019) *New Discoveries in Child Psychotherapy: Findings from Qualitative Research*. London: Routledge.

Rustin, M. J., Rustin, M. E., Anderson, J., Cohn, N., Hindle, D., Ironside, L. and Philps, J. (2003) 'Borderline Organisations'. Paper given at conference of Tavistock Society of Psychotherapists.

Segal, H. (1957) 'Notes on symbol formation'. *International Journal of Psychoanalysis*, 38: 391–397.

Shribman, S. (2007) *Children's Health, Our Future. A Review of Progress against the National Service Framework for Children, Young People and Maternity Services 2004*. London: Department of Health.

Shuttleworth, A. (1982) 'Finding a way to the parent'. Unpublished paper given at the Inter-Clinic Conference in October 1982 as part of a Tavistock Clinic contribution on 'Concepts of Change'.

Sorenson, P. B. (1997) 'Thoughts on the containing process from the perspective of infant/mother relations'. In: S. Reid (ed.) *Developments in Infant Observation: The Tavistock Model*. London: Routledge.

The Stationery Office (2003) *The Victoria Climbié Inquiry Report*. London: The Stationery Office.

Steiner, J. (1985) 'Turning a blind eye: The cover up for Oedipus'. *International Review of Psychoanalysis*, 12: 161–172.

Steiner, J. (1993) *Psychic Retreats: Pathological Organizations in Psychotic, Neurotic and Borderline Patients*. London: Routledge.

Summit, R. C. (1983) 'The child sexual abuse accommodation syndrome'. *Child Abuse and Neglect*, 7 (2): 177–193.

Tanner, K. (1999) 'Observation: A counter culture offensive. Observation's contribution to the development of reflective social work practice'. *International Journal of Infant Observation*, 2 (2): 12–32.

Tischler, S. (1979) 'Being with a psychotic child: A psychoanalytical approach to the problems of parents of psychotic children'. *International Journal of Psychoanalysis*, 60 (1): 29–38.

Trowell, J. and Etchegoyen, A. (2002) *The Importance of Fathers: A Psychoanalytic Re-Evaluation*. London: Routledge.

Trowell, J., Joffe, I., Campbell, J., Clemente, C., Almqvist, F., Soininen, M., Koskenranta-Aalto, U., Weintraub, S., Kolaitis, G., Tomaras, V., Anastasopoulis, D., Grayson, K., Barnes, J. and Tsiantis, J. (2007) 'Childhood depression: A place for psychotherapy'. *European Child and Adolescent Psychiatry* 16 (3): 157–167.

Tsiantis, J. (ed.) (2000) *Work with Parents: Psychoanalytic Psychotherapy with Children and Adolescents*, EFPP Clinical Monograph. London: Karnac.

Tustin, F. (1981) *Autistic States in Children*. London: Routledge and Kegan Paul.
Waddell, M. (1998) *Inside Lives: Psychoanalysis and the Growth of the Personality*. London: Duckworth.
Winnicott, D. W. (1971) *Therapeutic Consultations in Child Psychiatry*. London: Hogarth and Institute of Psycho-Analysis.
Youell, B. (1999) 'From observation to working with a child'. *International Journal of Infant Observation*, 2 (2): 78–90.

【附錄二】作者著作，1971–2020

書

Understanding Your Nine-Year-Old (with E. O'Shaughnessy). Corgi, 1972.

Narratives of Love and Loss: Studies in Modern Children's Fiction (with Michael Rustin). Verso, 1987.

Closely Observed Infants (co-editor with L. Miller, Michael Rustin and J. Shuttleworth). Duckworth, 1989.

Psychotic States in Children (co-editor with A. Dubinsky, H. Dubinsky and M. Rhode), Tavistock Clinic Series. Duckworth, 1997.

Assessment in Child Psychotherapy (co-editor with E. Quagliata), Tavistock Clinic Series. Karnac, 1997.

Mirror to Nature: Drama, Psychoanalysis and Society (with Michael Rustin), Tavistock Clinic Series. Karnac, 2002.

Work Discussion: Learning from Reflective Practice in Work with Children and Families (co-editor with J. Bradley), Tavistock Clinic Series. Karnac, 2008.

Enabling and Inspiring: A Tribute to Martha Harris (co-editor with M. Harris Williams, M. Rhode and G. Williams), Karnac, 2012.

Young Child Observation: A Development in the Theory and Method of Infant Observation (co-editor with S. M. G. Adamo), Tavistock Clinic Series. Karnac, 2013.

Reading Klein (with Michael Rustin), New Library of Psychoanalysis Teaching Series. Routledge, 2016.

Short-Term Psychoanalytic Psychotherapy for Adolescents with Depression: A Treatment Manual (with S. Cregeen, C. Hughes, N. Midgley, M. Rhode, edited by J. Catty), Tavistock Clinic Series. Karnac, 2016.

New Discoveries in Child Psychotherapy: Findings from Qualitative Research (with Michael Rustin), Tavistock Clinic Series. Routledge, 2019.

發表的論文／文章

1971: Once-weekly work with a rebellious adolescent girl. *Journal of Child Psychotherapy*, 3 (1): 40–48.

1982: Finding a way to the child. *Journal of Child Psychotherapy*, 8 (2): 145–50.

1987: Encountering primitive anxieties: some aspects of infant observation as a preparation for clinical work with children and families. *Journal of*

Child Psychotherapy, 14 (2): 15–28.
1991: The strengths of a practitioner's workshop as a new model in clinical research. In Szur, R. and Miller, S. (eds.) *Extending Horizons: Psychoanalytic Psychotherapy with Children, Adolescents and Families*. Karnac.
1994: (with Michael Rustin) Coups d'état and catastrophic change. *British Journal of Psychotherapy*, 11: 242–259.
1995: What follows family breakdown: the psychotherapeutic assessment of fostered and adopted children. In Quagliata, E. (ed.) *Un Buon Incontro*. Astrolabio.
1997: Child psychotherapy within the Kleinian tradition. In Burgoyne, B. and Sullivan, M. (eds.) *The Klein-Lacan Dialogues*. Karnac.
1998: Dialogues with parents. *Journal of Child Psychotherapy*, 24 (2): 233–252.
1998: Observation, understanding and interpretation: the story of a supervision. *Journal of Child Psychotherapy*, 24 (3): 433–448.
1999: Age. In: Taylor, D. (ed.) *Talking Cure: Mind and Method of the Tavistock Clinic*. Duckworth.
1999: Are children innocent? In: Taylor, D. (ed.) *Talking Cure: Mind and Method of the Tavistock Clinic*. Duckworth.
1999: Beginning of the mind. In: Taylor, D. (ed.) *Talking Cure: Mind and Method of the Tavistock Clinic*. Duckworth.
1999: Food for the mind. In: Taylor, D. (ed.) *Talking Cure: Mind and Method of the Tavistock Clinic*. Duckworth.
1999: Multiple families in mind: Clinical Child Psychology and Psychiatry, 4 (1): 51–62.
1999: The place of consultation with parents and therapy of parents in child psychotherapy. In Lanyado, M. and Horne, A. (eds.) *The Handbook of Child and Adolescent Psychotherapy: Psychoanalytic Approaches*. Routledge.
1999: The training of child psychotherapists at the Tavistock Clinic: philosophy and practice. *Psychoanalytic Inquiry*, 19: 125–141.
2000: Beckett: dramas of psychic catastrophe. In Cohen, M. and Hahn, A. (eds.) *Exploring the Work of Donald Meltzer: A Festschrift*. Karnac.
2001: Harry Potter's power to enchant. *Books for Keeps*, 130.
2001: The therapist with her back against the wall. *Journal of Child Psychotherapy*, 27 (3): 273–284.
2001 (with L.T. Buck): Thoughts on transitions between cultures: Jonathan moves from home to school and from class to class. *Infant Observation*, 4 (2): 121–133.
2002: Struggles in becoming a mother: reflections from a clinical and observational standpoint. *Infant Observation*, 5 (1): 7–20.
2002: (with R. Emanuel and L. Miller) Supervision of therapy of sexually abused girls. *Clinical Child Psychology and Psychiatry*, 7 (4): 581–594.

2003: (with R. Davenhill, A. Balfour, M. Blanchard, K. Tress) Looking into later life: psychodynamic observation and old age. *Psychoanalytic Psychotherapy*, 17 (3): 253–266.

2003: (with Michael Rustin) Where is home?: an essay on Philip Pullman's Northern Lights, Vol 1 of His Dark Materials. *Journal of Child Psychotherapy*, 29 (1): 93–105.

2003: (with Michael Rustin) A new kind of friendship: an essay on Philip Pullman's The Subtle Knife, Vol 2 of His Dark Materials. *Journal of Child Psychotherapy*, 29 (2): 227–241,

2003: (with Michael Rustin) Learning to say goodbye: an essay on Philip Pullman's The Amber Spyglass, Vol 3 of His Dark Materials. *Journal of Child Psychotherapy*, 29 (3): 415–428.

2004: Pullman's daemons. *Books for Keeps*, 145.

2004: Psychotherapy and community care. In: Rhode, M. and Klauber, T. (eds.) *The Many Faces of Asperger's Syndrome*. Karnac.

2005: Conceptual analysis of critical moments in Victoria Climbié's life. *Child & Family Social Work*, 10 (1): 11–19.

2005: (with Michael Rustin) Narratives and phantasies. In Vetere, A. and Dowling, E. (eds.) *Narrative Therapies with Children and their Families: A Practitioner's Guide to Concepts and Approaches*. Routledge.

2006: Where do I belong?: dilemmas for children and adolescents who have been adopted or brought up in long-term foster care. In: Kenrick, J., Lindsey, C. and Tollemache, L. (eds.) *Creating New Families: Therapeutic Approaches to Fostering, Adoption and Kinship Care*. Karnac.

2007: John Bowlby at the Tavistock. *Attachment and Human Development*, 9 (4): 355–359.

2007: Taking account of siblings: a view from child therapy. *Journal of Child Psychotherapy*, 33 (1): 21–25.

2008: The place of siblings in psychological development. In M. Klett-Davies (ed.) *Putting Siblings on the Map: A Multi-disciplinary Perspective*. Family and Parenting Institute.

2009: Esther Bick's legacy of infant observation at the Tavistock – some reflections 60 years on. *Infant Observation*, 12 (1): 29–41.

2009: (with B. Miller) Observation observed: closely observed infants on film. DVD-PAL. Tavistock & Portman NHS Trust.

2009: The psychology of depression in young adolescents: a psychoanalytic view of origins, inner workings and implications. *Psychoanalytic Psychotherapy*, 23 (3): 213–224.

2010: The complexities of service supervision: an experiential discovery. *Journal of Child Psychotherapy*, 36 (1): 3–15.

2010: (with L. Emanuel) Observation, reflection and containment: a psychoanalytic approach to work with parents and children under five. In A. Lemma and M. Patrick (eds.) *Off the Couch: Contemporary Psychoanalytic Applications*. Routledge.

2010: (with Michael Rustin) States of narcissism. In A. Varchevker and E. McGinley (eds.) *Enduring Loss: Mourning, Depression and Narcissism Throughout the Life Cycle*. Karnac.

2011: Passion in the classroom: understanding some vicissitudes in teacher-pupil relationships and the unavoidable anxieties of learning. In: Harris, R., Rendall, S. and Nashat, S. (eds.) *Engaging with Complexity: Child and Adolescent Mental Health and Education*. Routledge.

2012: Discussion of Rosemary Randall's chapter 'Great expectations: The psychodynamics of ecological debt'. In S. Weintrobe (ed.) *Engaging with Climate Change: Psychoanalytic and Interdisciplinary Perspectives*. Routledge.

2012: Dreams and play in child analysis today. In: Fonagy, P., Kachele, H., Leuzinger-Bohleber, M. and Taylor, D. (eds.) *The Significance of Dreams: Bridging Clinical and Extraclinical Research in Psychoanalysis*. Karnac.

2012: (with Michael Rustin) Fantasy and reality in Myazaki's animated world. *Psychoanalysis, Culture and Society*, 17 (2): 169–184.

2013: Finding out where and who one is: the special complexity of migration for adolescents. In A. Varchevker and E. McGinley (eds.) *Enduring Migration through the Life Cycle*. Karnac.

2013: (with S. M. G. Adamo and C. F. Pantaleo) An outsider in the nursery. *Infant Observation*, 16 (3): 230–243.

2014: The relevance of infant observation for early intervention: containment in theory and practice. *Infant Observation*, 17 (2): 97–114.

2016: A brief comment on Meltzer's approach to sexuality. *International Journal of Psychoanalysis*, 97 (3): 967–968.

2016: Doing things differently: an appreciation of Meltzer's contribution. *Journal of Child Psychotherapy*, 42 (11): 4–17.

2016: Infant observation. In A. Elliott and J. Prager (eds.) *The Routledge Handbook of Psychoanalysis in the Social Sciences and Humanities*. Routledge.

2016: Some comments on 'The absent object' by Edna O'Shaughnessy. *Journal of Child Psychotherapy*, 42 (2): 217–221.

2017: Creative responses to compromised beginnings in life: how to support families struggling with early difficulties. *Infant Observation*, 20 (2–3): 148–160.

2018: Psychoanalytic work with an adopted child with a history of early abuse and neglect. In P. Garvey and K. Long (eds.) *The Klein Tradition: Lines of Development – Evolution of Theory and Practice over the Decades*. Routledge.

2018: (with Michael Rustin) Work discussion presentations at the Vienna Conference in June 2016: introduction to the presentations. *Infant*

Observation, 21 (2): 174–188.
2019: The inspiration of the ancients: the myth of Narcissus and Echo. *Infant Observation*, 22 (2–3): 86–91.
2020: Extending the reach of the 'talking cure'. In M. Waddell and S. Kraemer (eds.) *The Tavistock Century: 2020 Vision*. Phoenix.

心靈工坊 PsyGarden
Psychotherapy 077

走進孩子的內心
精神分析視角下兒童與家庭的心理治療

Finding a Way to the Child: selected clinical papers 1983-2021

瑪格麗特・羅斯汀（Margaret Rustin）著
凱特・史崔騰（Kate Stratton）、西蒙・克雷格恩（Simon Cregeen）編
王映淳　譯

雅緻文化有限公司（愛兒學母公司）——合作出版

出版者—心靈工坊文化事業股份有限公司
發行人—王浩威　總編輯—徐嘉俊
責任編輯—黃心宜　特約編輯—周旻君
內頁排版—龍虎電腦排版有限公司
通訊地址—10684 台北市大安區信義路四段 53 巷 8 號 2 樓
郵政劃撥—19546215　戶名—心靈工坊文化事業股份有限公司
電話—02）2702-9186　傳真—02）2702-9286
Email—service@psygarden.com.tw　網址—www.psygarden.com.tw

製版・印刷—彩峰造藝印像股份有限公司
總經銷—大和書報圖書股份有限公司
電話—02）8990-2588　傳真—02）2290-1658
通訊地址—248 新北市五股工業區五工五路二號
初版一刷—2024 年 12 月　ISBN—978-986-357-412-5　定價—560 元

國家圖書館出版品預行編目資料

走進孩子的內心：精神分析視角下兒童與家庭的心理治療 / 瑪格麗特・羅斯汀 (Margaret Rustin) 著；王映淳譯 . -- 初版 . -- 臺北市：心靈工坊文化事業股份有限公司 , 2024.12
面；　公分 . --（Psychotherapy；077）
譯自：Finding a Way to the Child: selected clinical papers 1983-2021
ISBN 978-986-357-412-5（平裝）

1.CST: 心理治療　2.CST: 兒童心理學　3.CST: 精神分析　4.CST: 文集

178.807　113018918